머리말

　바리스타가 외식산업 분야에서 새로운 전문직업 분야로 등장하고 있다. 현재 많은 대학교에서 바리스타 전공 과정을 개설하여 전문적으로 커피교육을 실시하고 있고, 직업전문학교나 사설학원뿐만 아니라 문화센터, 주민센터 등 다양한 기관과 단체에서도 바리스타 자격증 취득을 위한 커피교육을 진행해 많은 바리스타를 배출하고 있다.

　이렇게 여러 기관에서 바리스타 교육을 실시하고 있지만 바리스타로서의 직무수행능력에 필요한 지식이나 기술 등의 수준에 많은 차이가 있는 것이 현실이다. 그래서 무엇보다도 바리스타 직무에 대한 능력표준을 만들고 산업현장에서 해당 직무를 수행할 때 필요한 지식이나 기술적인 소양 등을 체계화하는 것이 필요하다. 이를 위해서는 일·교육·훈련·자격이 체계적으로 연계되어야 한다.

　국가직무능력표준제도(NCS, National Competecy Standards)는 산업현장에서 직무를 수행하기 위해 요구되는 지식, 기술, 태도 등의 내용을 국가가 체계화한 것이다. 직무능력은 직업인이 갖추어야 할 기본적인 능력 및 해당 직무를 수행하는 데 필요한 지식, 기술, 서비스 마인드 등의 역량을 말한다. 쉽게 말하면 외식산업에서 능력을 발휘할 수 있는 개인의 능력(On-spec)을 말하는 것이다.

　NCS의 다양한 직무능력 중 '커피 바리스타 직무'는 "커피에 대한 지식과 이해를 바탕으로, 다양한 기법으로 커피를 제조하여, 고객에게 서비스하고, 커피매장을 관리·운용하는 일"이라고 정의하고 있다. NCS의 바리스타 직무는 '식음서비스'의 큰 활동 영역 틀에서 '식음료조리·서비스'의 중분류, '식음료서비스'의 소분류를 거쳐야 비로소 도달하여 관련 내용을 찾아볼 수 있다.

　NCS는 일반적으로 8단계 등급으로 직무능력 수준을 정하고 있으나, 바리스타 직무의 경우 현재까지는 5단계의 등급을 정하여 단계별로 성취하여야 하는 능력수준을 구분하고 있다. 하위단계에서는 짧은 경력기간 동안 필수적으로 알아야 하는 기술 및 지식 수준을 다루고 있으나, 상위단계로 올라갈수록 긴 시간의 경력기간 동안 직무수행 중 발생하는 여러 가지 문제를 독립적으로 해결해 낼 수 있는 전문적이고 통합적인 직무능력에 도달하는 것에 초점을 두고 있다.

　커피산업은 앞으로 여러 외식산업에서 멀티 매장의 브랜드화가 점차 가속되면서 제4차 산업혁명에 맞춰 빠르게 전문성을 가지고 발전해 나갈 것이다. 이에 따라 바리스타의 직무 또한 다양하게 변화될 것으로 예상되며, 이와 같은 새로운 직무능력은 NCS 기반 바리스타 교육과정에도 반영되어야 한다. 그래야 이에 대한 체계적인 교육 훈련이 이루어질 것이다.

　NCS를 통하여 산업현장과 교육기관이 바리스타 직무능력에 대해 끊임없이 피드백을 주고받아야 커피산업을 지속적으로 발전시킬 수 있을 것이다.

저자 일동

차 례

01 NCS 기반 커피 & 음료의 기초 • 9

1. 음료의 역사 ··· 9
   - 1) 봉밀_9
   - 2) 레몬과즙과 맥주_10
   - 3) 포도주_10
   - 4) 천연광천수_11
   - 5) 유성음료제품_11
   - 6) 커피_12
2. 커피의 역사 ·· 12
   - 1) 커피의 전설_12
   - 2) 커피의 어원_15
   - 3) 커피 문화전파 및 발전사_15
   - ■ 커피의 역사와 문화 필기예상문제_33

02 NCS 기반 커피의 생산 & 수확 & 가공 • 43

1. 커피나무의 특성 ··· 43
2. 생두 품종 분류 ··· 47
3. 커피 수확 ·· 50
4. 커피의 가공 ··· 51
5. 생두 등급 ·· 53
   - 1) 생두의 등급 분류_53
   - 2) 생두의 결점두_53
   - 3) 생두의 등급분류표_54
   - 4) 생두의 보관환경_55
   - 5) 국제커피기구_56
6. 커피 제조 ·· 56
7. 로스팅 및 냉각, 포장 ··· 57
   - 1) 로스팅 중 물리적 변화_57
   - 2) 보편적 기준의 3단계_59
   - 3) Roasting 방식_59
   - 4) 로스팅 냉각 방식_60
   - 5) 로스팅 기계의 부품들_60
   - 6) 포장_61
   - 7) 원두의 보관 방식_62
8. 커피의 성분 ··· 62
   - ■ 커피나무의 특성 필기예상문제_64
   - ■ 생두 품종 분류 필기예상문제_73
   - ■ 커피의 수확 필기예상문제_79
   - ■ 커피의 가공 필기예상문제_83
   - ■ 생두의 등급 분류 필기예상문제_92
   - ■ 커피의 블렌딩 필기예상문제_100
   - ■ 로스팅 및 냉각, 포장 필기예상문제_102
   - ■ 커피의 성분 필기예상문제_115

03 NCS 기반 카페 카푸치노 • 121

1. Caffè Cappuccino의 유래 ··· 121
2. 우유의 역사 ·· 122

3. 유제품의 종류 …………………………………………………………… 123
4. 액상유제품 우유의 종류 ………………………………………………… 124
   1) 백색시유_124   2) 저지방우유_125   3) 강화우유_126
   4) 유당분해우유_126   5) 가공유_127
5. Caffè Cappuccino의 포인트 …………………………………………… 128
6. 카푸치노 우유 …………………………………………………………… 128
   1) 우유 성분_128   2) 우유 거품의 종류_129
7. 스팀피처 ………………………………………………………………… 130
   1) 스팀피처의 재질_130   2) 스팀피처의 형태_130   3) 스팀피처의 종류_130
8. Caffè Cappuccino의 우유 거품 만들기 ……………………………… 131
   1) 공기주입_131   2) 혼합_132   3) 가열_132
9. Caffè Cappuccino의 우유 거품 만드는 순서 ………………………… 132
   1) 스팀피처에 우유 붓기_132   2) 스팀 빼주기_133   3) 스팀노즐의 각도 잡기_133
   4) 스팀노즐 담그기_134   5) 우유에 스팀분사_134   6) 거품 만들기_135
   7) 노즐청소 스팀분사_137   8) 큰 거품 없애기_137
10. 커피머신 스팀밸브 ……………………………………………………… 138
    1) 스팀밸브_138   2) 커피머신 스팀노즐_139   3) 스팀노즐 청소_140
    ■ 카푸치노 필기예상문제_142

04 NCS 기반 에스프레소 • 151

1. 에스프레소 역사 ………………………………………………………… 151
2. 에스프레소 추출 원리 …………………………………………………… 152
3. 에스프레소의 추출의 특징 ……………………………………………… 153
   1) 즉석 추출_153   2) 가압 추출_154   3) 신속한 추출_154
4. 에스프레소의 모든 것 …………………………………………………… 155
   1) 에스프레소 추출시간에 따른 추출되는 성분 변화와 맛의 변화_155
   2) 에스프레소 맛에 변화를 주는 요인_155
   3) 에스프레소 추출에 따른 원인과 해결 방안_156
   4) 에스프레소 추출 시 잔에 찌꺼기가 남는 이유_156
   5) 에스프레소에 크레마가 적은 원인_156
   6) 에스프레소 추출 시 포터필터 옆으로 새어 나오는 원인_157
   7) 에스프레소의 데미타세 잔_157
5. 크레마의 모든 것 ………………………………………………………… 159
   1) 크레마의 정체_160   2) 추출조건에 따른 크레마 차이_160
6. 에스프레소 머신 부분별 명칭과 도구 ………………………………… 162
   1) 포터필터_162   2) 스팀피처_162   3) 포터필터 바스켓_163
   4) 탬퍼_164   5) 샷 글라스_165   6) 온도계_165
7. 에스프레소 커피를 추출하기 위한 조건 ……………………………… 165

8. 에스프레소 커피 추출하기 …………………………………………… 166
9. 에스프레소 그라인더 청소 …………………………………………… 167
10. 진한 에스프레소 커피 ……………………………………………… 167
11. 에스프레소의 종류 ………………………………………………… 168
   1) 솔로_168   2) 도피오_168   3) 트리플_168
   4) 리스트레토_168   5) 롱고_168
12. 여러 가지 재료를 가미한 에스프레소 커피 ………………………… 169
   1) 아메리카노_169   2) 롱 블랙_169   3) 카페라테_169
   4) 카페모카_183   5) 모카치노_184   6) 콘빠나_184
   7) 카페 비엔나_184   8) 아포가토_185   9) 에스프레소 마끼아또_185
   ■ 카푸치노 필기예상문제_186

05 NCS 기반 **기계학** • 203

1. 에스프레소 머신 ……………………………………………………… 205
   1) 역사_205   2) 구동 매커니즘_205   3) 피스톤 구동_206
   4) 스팀 구동_206   5) 펌프 구동_206
2. 커피머신의 종류 ……………………………………………………… 207
   1) 수동식 커피머신_208   2) 반자동 커피머신_209
   3) 자동 커피머신_209   4) 전자동 커피머신_209
3. 커피머신의 구조와 역할 ……………………………………………… 210
   1) 전기의 역할_211   2) 220V 단상_211   3) 380V 3상_212
   4) 차단기의 용량_212   5) 전압, 전류, 전력의 상관관계_212
4. 커피머신의 부분별 명칭과 역할 ……………………………………… 214
   1) 커피머신 메인 스위치_214   2) Drip Tray_214   3) Drip Tray Grill_216
   4) Steam Pipe_216   5) Steam Valve_217   6) Hot Water Dispenser_218
   7) 커피머신 펌프 압력계_218   8) 커피머신 보일러 압력계_219
   9) Dispensing Group Head_219   10) 커피 그라인더의 모든 것_224
   11) Adjustable Foot_227   12) Hot Water Dispensing Buttons_228
   13) Coffee Control Buttons_228   14) 커피머신 그룹 헤드_228
   15) 그룹 가스켓_229   16) 샤워홀더_230
5. 커피머신 내부의 구조와 명칭 ………………………………………… 234
   1) 온수 전자밸브_234   2) 과수압 방지밸브_235
   3) 펌프모터_236   4) 역류 방지밸브_237
   5) 물 공급 전자밸브_237   6) 플로미터_238
   ■ 기계관리 필기예상문제_245
6. 커피머신의 설치 방법 ………………………………………………… 238
   1) 커피머신의 설치 기본요건_239   2) 안정적인 설비 조건_240

06 NCS 기반 **식품의 안정성에 대하여** • 259

07 **실기시험 규정** • 291

   ■ 실기시험 규정 필기예상문제_293

01
커피 & 음료의 기초

커피
바리스타
이론과
문제

01 NCS 기반 커피 & 음료의 기초

1 음료의 역사

1) 봉밀

음료에 관한 역사를 살펴보면 정확하게 알 수는 없으나, 1919년경에 발견된 스페인 동부 발렌시아주 부근의 아라니라고 하는 동굴 속에서 약 일만 년 전의 것으로 추측되는 암벽조각에 한 손에 바구니를 들고 봉밀을 채취하는 인물 그림이 있는데 이것이 인간이 마신 최초의 음료라고 전해지고 있다.

2) 레몬과즙과 맥주

다음으로 인간이 발견한 음료는 과즙이다. 고고학적 자료에는 기원전 6000년경 바빌로니아에서 레몬과즙을 마셨다는 기록이 전해지고 있으며, 그 후 이 지방의 사람들은 밀빵이 물에 젖어 발효된 맥주를 발견하여 음료로 즐겼다고 한다.

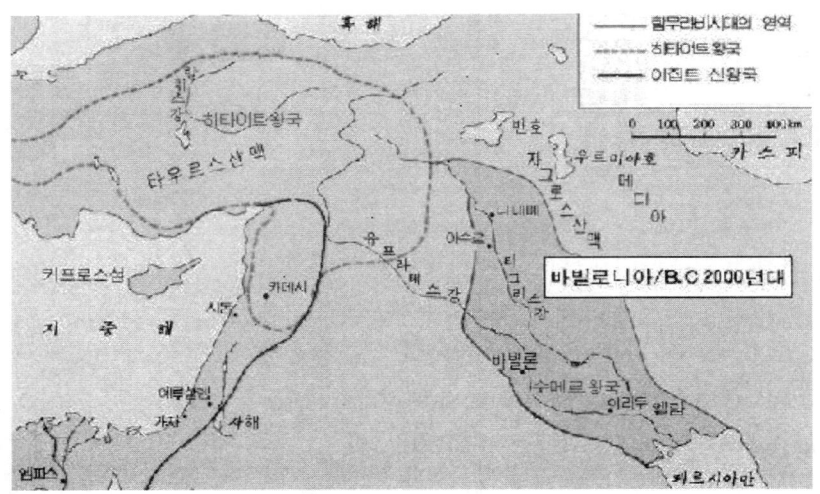

3) 포도주

중앙아시아 지역에서는 야생의 포도가 자연적으로 떨어져 쌓인 곳에서 포도의 껍질에 들어 있는 천연효모(이스트)에 의하여 발효된 포도주를 발견하고 이를 마셨다고 전해지고 있다.

4) 천연광천수

천연광천수는 그리스의 기록에 의하면 인간이 탄산음료를 발견한 것은 자연적으로 솟아 나오는 천연광천수를 마시게 된 데서 비롯되었다고 한다.

어떤 광천수는 보통 물과 달라서 인체와 건강에 좋다는 것을 경험 및 효험으로 알게 되어 몸이 아픈 사람에게 마시게 하였다.

광천수에서 탄산가스가 발견된 것은 18세기경인데 약효를 믿고 청량한 맛을 알게 되었으나, 그것이 물속에 함유된 이산화탄소(CO_2) 때문이란 것은 발견하지 못하였다. 탄산가스의 존재를 발견한 것은 영국의 화학자 조셉 프리스트리(Josqph Pristry)이며, 탄산가스의 발견이 인공적인 탄산음료 발명의 계기가 되었다.

1807년경 탄산음료에 주스를 혼합하여 상품을 판매하기 시작했으며, 그때부터 탄산음료가 기호품과 청량음료의 역사로 새로운 장을 열기 시작하였다. 그러나 탄산가스가 액체 속에서 용해되어 용기 내에 압력이 발생하기 때문에 완전하게 밀봉하지 않으면 안 되었다. 따라서 대량생산이 가능해진 것은 1892년 미국의 윌리엄 페인터가 밀봉시키는 21개의 톱니바퀴 형태로 병마개를 발명한 이후이다. 그 후 청량음료의 역사에 크게 기여하게 되었다고 볼 수 있다.

5) 유성음료제품

인류가 오래전부터 마시게 된 음료로는 동물에서 얻은 유성음료제품이 있다.

유목민들은 목축을 하면서 양이나 염소에서 우유를 생산하여 음료로 마셨다.

6) 커피

커피의 발견은 AD 6세기 에티오피아이다.

2 커피의 역사

1) 커피의 전설

(1) 기독교 전설 : 칼디의 전설

어느 날, 칼디가 산양 무리를 새 목초지로 데리고 갔는데, 산양들이 흥분을 해서 밤늦게까지 잠들지 않았다. 당황한 칼디는 근처의 수도원을 찾아갔다. 수도원장 스키아들리(Sciadli)가 조사를 해보니, 산양들이 어느 작은 나무의 열매를 먹었다는 것을 알게 되었다. 그는 그 열매를 이런저런 방법으로 먹어보다가 한 번은 끓여서 마셔보았다. 그러자 그날 밤에 잠이 오지 않았다. 그때 문득 그의 머릿속에 한 가지 생각이 떠올랐다. 수도원에서는 밤에 예배를 볼 때마다 앉아서 꾸벅꾸벅 조는 수도사들이 있었다. 수도원장은 그 열매 끓인 음료를 그들에게 마시게 했다. 효과는 금세 나타났다. 그 후로 수도원에서는 저녁예배 때마다 그 검은 음료를 마시게 되었다. 이런 대강의 줄거리를 가진 전설이 조금씩 다른 이야기로 변형되어 널리 전해지고 있다. 위의

▲아라비아의 산양치기 칼디의 커피 발견

전설은 17세기 이탈리아 출신의 동양학자 파우스테 나이로니가 쓴 이야기를 바탕으로 하고 있는데, 산양과 양치기가 등장하는 목가적인 이야기 구성이 어딘가 유럽적인 냄새가 난다. 이슬람권에는 커피의 발견 혹은 탄생에 산양이 중요한 역할을 했다는 설화는 없는 것으로 알려져 있다. 예외적으로 어느 성자가 뿌린 산양의 분비물에서 커피나무가 자랐다는 이야기가 있지만, 이는 커피콩이 산양의 분비물과 닮은 데서 유래된 내용일 것이다.

(2) 이슬람 전설 : 오마르의 전설

이슬람권에 널리 퍼진 커피 기원설로는 모카의 성자 알리이븐 오마르의 이야기가 있다.

헤지라(이슬람력) 656년, 율법학자 샤드힐리는 제자인 오마르와 함께 메카로 성지 순례를 떠난다. 에머럴드 지역(우자프)의 산에 도착하자, 샤드힐리는 오마르에게 이렇게 말했다. "내 생명은 이곳에서 끝날 것 같구나. 내 영혼이 사라지면 베일을 쓴 누군가가 나타날 것이다. 그러고는 네게 무언가를 명령할 것이다. 실패 없이 그 명령을 실행토록 하여라."

존경하는 스승은 그렇게 숨을 거두었다. 흰 베일을 쓴 거대한 유령이 나타난 때는 한밤중이었다.

"누구시오?" 오마르는 물었다. 유령이 베일을 벗자 오마르는 소스라치게 놀랐다. 그 유령은 다름 아닌 키가 5m는 자란 듯한 샤드힐리였다. 샤드힐리는 땅을 파기 시작했다. 그러자 기적처럼 지하수가 솟았다. 샤드힐리의 영혼은 오마르에게 그 물을 그릇에 담아 길을 떠날 것을 명했다. 그릇의 물이 더 이상 찰랑거리지 않을 때까지 계속 여행해야 한다고 했다.

"그릇의 물이 잠잠해지는 그곳에서 너는 거역할 수 없는 운명을 만나게 될 거다."

오마르는 길을 나섰다. 그릇의 물이 잠잠해진 때는 예멘에 도착해서였다. 목적지였다. 그런데 당시의 아름다운 모카 마을은 역병으로 난리를 겪고 있었다. 오마르는 마호메트를 섬기는 충실한 수도자로, 환자들을 위해 기도를 올렸다. 그러자 많은 이들이 치유되기 시작했다. 그러나 역병은 계속 확산됐고 모카 왕국의 공주마저 역병에 걸렸다. 모카 왕은 회교 금욕파 수도사인 오마르에게 공주를 데려갔고 병을 고쳐 줄 것을 부탁했다. 그런데 너무도 아름다운 공주에게 반한 오마르는 병을 치료하고는 공주를 납치하기로 마음 먹었다. 국왕이 이를 허락할 리 없었다. 이 때문에 모카에서 쫓겨난 오마르는 우자프 산에 유배됐다. 약초와 동굴이 그가 가진 전부였다.

"존경하는 샤드힐리 스승님, 모카에서 벌어진 일이 모두 저의 운명이라 한다면, 결국은 여기에 버려지고 말 것을……, 그때 왜 제게 그릇을 주셨나이까?"

가엾은 오마르는 울부짖었다. 그때였다. 이 울부짖음에 대답이라도 하듯 형언할 수 없이 아름다운 화음이 들려왔다. 역시 형언할 수 없이 아름다운 깃털을 가진 새 한 마리가 나무 위로 날아드는 것이 보였다. 오마르는 새가 있는 곳으로 재빨리 뛰어갔다. 하지만 나뭇가지 위에 있던 것은 꽃과 열매뿐이었다. 오마르는 그 열매에 손을 뻗어 맛을 보았다. 맛이 있었다. 오마르는 큰 주머니에 열매를 가득 담아 동굴로 돌아갔다. 그리고 약초를 데치며 저녁을 만들다가 초라하기 그지없는 약초즙 대신 아까 따 온 열매를 달여 먹기로 했다. 이것이 바로 맛 좋고 향기로운 음료, 커피의 기원이다.

그때 모카에는 옴이 맹위를 떨치고 있었다. 오마르를 기억하고 있던 사람들은 다시 그를 찾아 우자프의 산 속까지 들어왔다. 오마르는 그 사람들을 위해 기도했고, 커피를 마시게 했다. 검은 액체를 들이키는 것을 두려워하는 사람들에게 오마르는 이렇게 말했다.

"이 속에는 잠잠성수와 같은 힘이 들어 있습니다."

잠잠성수라는 것은 메카의 카바 신전 옆에 있는 우물물을 말한다. 그 크고 깊은 우물은 먼 옛날 아브라함의 아들 이스마엘을 낳은 하갈이 사라로 인해 아들과 함께 추방되었을 때 마실 물이 고갈된 황야에서 아들의 죽음을 눈앞에 두고 소리 높여 울부짖자 신이 하갈의 눈을 뜨게 해서 발견했다고 전해진다. 메카를 순례하는 이슬람교도라면 반드시 그곳에서 잠잠성수를 마셨고, 혹시 집안에 환자가 있으면 가져가서 마시게 하면 병이 낫는다고들 했다. 이스마엘의 민족, 아라비아인이라면 누구나 알고 있는 영험한 물인 것이다. 오마르가 그렇게 말하자 사람들은 안심하고 커피를 마셨다. 그러자 옴이 말끔히 나았고 마을로 돌아간 그들은 사람들에게 오마르와 검은 잠잠성수에 대해 전했다. 그를 추방했던 왕은 깊이 뉘우쳤다. 그러고는 오마르를 위해 암자를 지어 그에게 바쳤고 성자로 추대하면서 다시 마을로 불러 맞이했다.

2) 커피의 어원

아랍어가 어원인 카와(Khawah 또는 qahwa)라는 설이 있다.

영국, 미국은 커피(coffee) / 프랑스어 카페(cafè) / 독일어 카페(kaffee) / 네덜란드어 코피(koffie) / 이탈리아어 카페(caffe) / 터키어 카베(kahve) / 에티오피아어 카파(kaffa)가 커피의 어원이라는 설이 있다. 카파는 에티오피아에 있는 지역 이름이며 또한 에티오피아어로 '힘'을 뜻한다.

3) 커피 문화전파 및 발전사

6세기경 에티오피아에 자생했다.

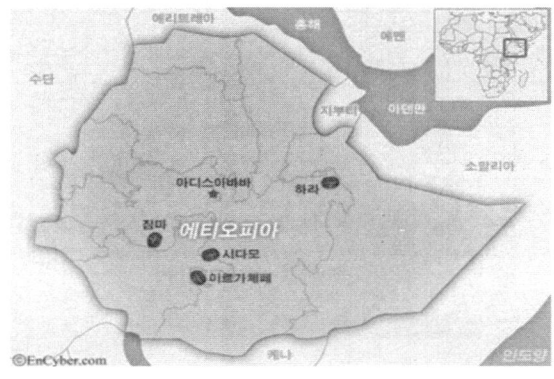

처음 커피열매의 활용 : 과일, 술, 식재료

문헌기록은 900년경 페르시아 의학자 라제스가 의학을 집대성한 자신의 저서 '의학집성'에서 '분춤(Bunchum)' 또는 '분카(Bunca)'라는 커피에 대한 최초의 기록이 발견됐다.

라제스는 "분춤의 성질이 뜨겁고 건조하며 위장에 좋다"고 설명한 바 있다. 고대 아러비아인들은 콩과 나무를 '분(bunn)'이라 불렀고, 그 콩으로 만든 음료를 분춤이라고 했다.

1000년경 아랍 의사 아비세나가 쓴 '의학법전'에서 커피의 약리 효과를 기술하였으며, 11세기에 에티오피아가 예멘을 점령하여 최초로 커피를 경작했다.

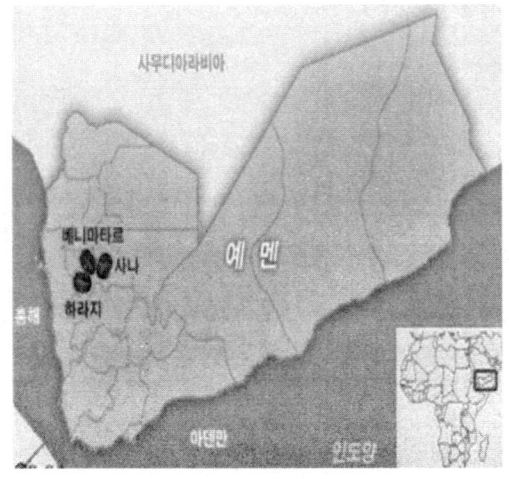

■13세기 수피파 수도승 음용

앞서 살펴본 커피의 전설 두 가지에는 주목해야 할 공통점이 있다. 칼디 이야기에 나오는 수도원장 스키아들리는 알리 이븐 오마르의 스승인 알 샤드힐리(al-Shadhili)가 이탈리아어로 표기되면서 스키아들리(Sciadli)로 바뀐 것은 아닐까? 파우스테 나이로니의 커피 전설에는 아이드루스(Aidrus)라는 수도사도 등장하는데, 이슬람권에서도 역시 산속에서 심신이 지쳤을 때 커피 열매를 먹고 힘을 냈다는 아이다루스(Aidarus)라는 수도사를 커피를 마신 최초의 사람으로 묘사한 기원전설이 있다고 한다. 나이로니는 이렇게 이슬람권에 널리 알려진 몇 가지 기원전설에서 이름을 빌려와서 새로운 전설을 창작한 것으로 보인다.

커피의 기원전설은 모두 이슬람의 수도사가 등장하는 이야기인데, 그것은 단순히 위대한 수도사를 말하는 것이 아니라 특정 종파를 지목하고 있다. 모두 '수피'라고 불리는 이슬람 신비주의 수도사들이며, 좀 더 한정을 지으면 알 샤드힐리가 창시한 것으로 알려진 샤드힐리 교단의 수피들이다. 이 교단과 커피는 깊은 관련이 있어서 알제리에서는 커피를 '샤딜리에'라고 부른다.

따라서 동아프리카가 원산지인 커피나무에서 커피라는 음료를 만들어낸 것은 이슬람 신비주의 수도사, 즉 수피들이 크게 기여했다고 할 수 있다.

초기에는 두 가지 방식으로 커피 음료를 만들었다. 커피 원두를 싸고 있는 외피와 과육을 달여서 마시거나 또는 커피 원두만을 달여 마셨다. 로스팅 방식은 이후에 등장했는데 페르시아인들이 고안했다고 전해진다.

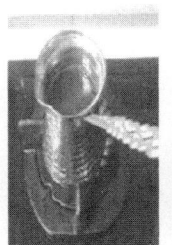

1300년 볶은 커피 열매를 절구와 절구공이를 이용해 부순 다음, 커피 가루를 끓는 물에 넣고 커피 찌꺼기 등 모든 내용물을 따른 다음 마셨다.

1400년~1500년 오스만투르크와 페르시아에서 그물 국자 형태의 다공성 질그릇 또는 철제 그릇을 커피 볶는 도구로 이용했다. 잘 알려진 원통형의 터키식 원두 분쇄기와 터키식 철제 커피 주전자 역시 이 시기부터 이용했다.

15세기 예멘에 대규모 경작 조성 : 커피를 출하하는 곳 중 모카 항만이 영국, 프랑스, 네덜란드 등의 유럽선박이 직접 기항을 허락받은 곳이었다. 모카항에서 베니스를 거쳐 유럽에 수출됐다.

    15세기 말 메카와 메디나에 이슬람 수도승들에 의해 커피가 전파됐다.

    1517년 오스만제국의 술탄 셀림 1세가 이집트를 정복한 후 그 당시 수도였던 콘스탄티노플(지금의 이스탄불)에 커피를 소개하였다. 콘스탄티노플에 소개된 커피는 사람들에게 사랑을 받는 음료가 되었다.

    1554년 터키에 커피하우스가 등장하였다. 콘스탄티노플(이스탄불) 최초의 '카흐베하네(Kahvehane : 커피의 집)'는 1554년 시리아 출신의 형제(하쿰과 샴스)가 '차이하나'라는 이름의 커피하우스를 열었다. 그 수는 점점 더 늘어났고, 술레이만 2세의 치세 때(1566~1574) 아스탄불에는 이미 600곳이 넘는 커피의 집이 생겼다.

　1600년 이슬람 성직자 바바 부단은 마이소르(인도 남부의 도시) 산기슭의 치크마글러라는 마을의 자신이 머물던 오두막 부근에 커피 종자를 심었다. 그로부터 불과 몇 년 지나지 않아 이 종자에서 번식한 커피나무가 밀림에서 자라났다. 마이소르와 쿠르그 원주민들이 재배하던 커피나무는 이 종자에서 유래한 것이다.

　17세기 초 네덜란드의 동인도 회사가 모카 항에 무역기지를 건설하였고, 1616년 네덜란드 암스테르담 식물원에서 재배에 성공했다.

유럽 최초의 커피하우스는 1645년에 물의 도시 베네치아의 산 마르코 광장에 문을 연 '카페 플로리안(Caffe Florian)'이다. 플로리안은 라틴어로 '꽃다운'이라는 의미로, 현존하는 가장 오래된 카페이자 가장 아름다운 카페로 유명하다.

1650년 영국의 옥스퍼드에 유태인 야곱이 영국 최초의 커피하우스('1페니 Penny University'이라 불림)를 개장했다.

영국의 커피하우스는 우체국의 역할, 증권거래소, 공간제공, 상품거래소, 보험, 공론의 장, 국가의 중요한 재원(커피하우스 한 곳의 연간 평균 영업세는 12펜스)이었다.

　1652년 런던에 커피하우스를 개장했으며, 1658년 네덜란드의 식민지인 실론 섬에 커피를 이식하였으나 병충해(녹병)로 실패했다.

　1666년 네덜란드 암스테르담에 커피하우스를 오픈했으며, 1696년 네덜란드 암스테르담 당시 시장이었던 니콜라스 빗센(Nicolaas Witsen)의 설득으로 인도 말라바르의 사령관이었던 아드리안 판 오먼이 커피나무를 말라바르 칸누르에서 자바로 이식한다. 이 나무는 아라비아에서 말라바르로 처음 들여온 '아라비카 커피 종자'에서 자란 나무였다. 이를 빌럼 판 아우츠호른 총독이 바타비아(자카르타의 옛 이름) 근처의 케다웅 정원에 옮겨 심었지만 지진과 홍수 때문에 재배에 실패한다. 즉 인도네시아 자바섬에 첫 커피 묘목을 이식하였으나 실패했다.

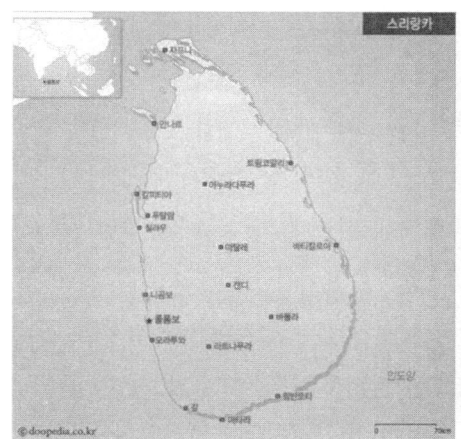

    1699년 네덜란드령 동인도(오늘날의 인도네시아)의 총독이었던 헨리퀴스 즈바르데크론이 접지용 묘목을 말라바르에서 자바로 옮겨 심어 이식에 성공한다. 이후 네덜란드령 동인도(오늘날의 인도네시아)에서 재배되는 커피의 원종이 된다. 이처럼 당시 네덜란드는 커피 재배의 보급에 가장 적극적이었다. 두 번째 커피 묘목 이식 재배 성공으로 식민지 커피가 탄생하였다.

    1706년에는 자바에서 수확한 첫 번째 커피 샘플과 커피나무를 네덜란드 암스테르담 식물원으로 들여온다. 이 식물원에서는 자바커피 종자에서 묘목을 얻은 후 유럽의 유명 식물원과 귀족들의 온실에 전파했다.

    네덜란드가 커피 재배를 수마트라, 셀레베스, 티모르, 발리와 그 외의 네덜란드령 동인도(오늘날의 인도네시아)에 전래할 동안, 프랑스는 프랑스령 식민지에 커피 재배를 도입하기 위한 방법을 궁리한다.

    이를 위해 암스테르담 식물원에서 자란 커피 묘목을 파리의 식물원으로 옮겨 심는 작업을 수차례 시행했다. 그러나 실패에 실패를 거듭하였을 뿐이다.

    1714년 프랑스 정부와 암스테르담 시 정부 간의 협상에 따라 암스테르담 시장이 키가 30센티미터 정도 되는 어리고 생명력 강한 커피나무를 말리 성에 있던 루이 14세에게 바친다. 이 묘목은 바로 다음날 파리 식물원으로 옮겨 심어졌고, 식물학자인 앙투안드 쥐시외가 이식 기념식을 진행했다. 이 묘목은 훗날 프랑스 식민지에서 생산된 대다수 커피의 원종이 됐고, 더 나아가 멕시코와 중남미 커피의 원종이 됐다.

1722년 네덜란드령 가이아나(수리남 : Guyana)로 커피나무를 이식했다.

1723년 프랑스 해군장교인 가브리엘 매튜 드 클리외가 서인도 제도의 마르티니크 섬으로 커피나무를 가져가 커피 재배에 성공해 카리브해와 중남미로 전파하고, 루이 14세가 선물로 받은 커피나무의 종자에서 자란 커피 묘목은 앤틸리스 제도로 날아가서 두 번의 시행착오를 거쳐 결국 번식하는데 성공했다. 이 성공 뒤에는 당시 마르티니크(카리브해 서인도 제도의 프랑스령 섬) 보병대 대장으로 복무했던 가브리엘 마티외 드 클라외라는 노르망디 출신의 젊은 신사이자 해군 장교가 있었다. 클리외 장교의 이야기는 커피 전래의 역사에서 가장 흥미진진한 이야기로 기록될 만하다.

개인적인 용무로 프랑스에 가야 했던 클리외는 마르티니크로 돌아올 때 커피를 들여올 수 있는 방법을 궁리했다. 하지만 무엇보다도 파리에서 재배한 커피 묘목을 확보하는 것이 관건이었다. 결국 궁중 의사였던 시라크의 도움으로 묘목을 확보할 수 있었다.

또한 클리외가 자필 편지에서 밝히고 있듯이, 지체 높은 여성이 중간에서 시라크에게 도움을 요청한 결과라고도 전한다. 확보한 커피 묘목은 마르티니크로 출발할 때까지 프랑스 서부의 로슈포르에 보관됐다. 로슈포르 병참지 장교였던 M. 베공이 보관을 맡았다. 클리외가 마르티니크에 도착한 정확한 시기에 대해서는 의견이 분분하다. 1720년이라는 기록도 보이고 1723년이라는 기록도 있다. 자르뎅은 이처럼 두 가지 설이 분분한 것에 대해 클리외가 경외할 만한 인내심을 발휘하여 프랑스와 마르티니크를 두 차례 오갔기 때문이라고 설명했다. 자르뎅은 덧붙여 첫 번째 여행 때에는 묘목이 죽어버렸지만 두 번째 여행 때에는 프랑스를 떠나기 직전 커피 종자를 심는 데 성공을 하였으며, 마르티니크에 도착할 때까지 묘목이 살아 있었다고 전언했다. 클리외가 배 위에서 부족한 식수를 배급받으면서도 아끼지 않고 커피 묘목에 물을 주었기 때문에 가능한 일이었다고 한다. 그런데 클리외가 1774년 《문예연보》에 보낸 서한에서는 첫 번째 여행에 대한 기록을 찾아볼 수 없다.

클리외는 1723년 프랑스 낭트에서 승선했다고 한다. 그는 귀한 묘목을 유리 상자 안에 심었는데, 햇빛 흡수율을 높여 흐린 날에도 상자 속의 온도를 높게 유지하기 위해서였다. 그런데 여행객 중에는 클리외를 시샘한 나머지 그의 계획을 망치고자 온갖 책략을 꾸미는 이가 있었다. 그러나 다행히도 그 비겁한 시도는 모두 수포로 돌아갔다.

클리외는 《문예연보》에 보낸 서한에서 당시의 상황을 이렇게 설명한다. "긴 여정 동안 이 예민한 식물에게 쏟아야 했던 나의 끝없는 정성에 대해 시시콜콜 이야기하는 것은 의미가 없을 것입니다. 또한 당시에 내가 조국을 위해 봉사하는 것을 시기한 나머지 누군가가 제 커피 묘목을 강탈하려 했고, 그 때문에 고생했다는 이야기를 다시 꺼내는 것도 의미가 없을 겁니다."

클리외가 타고 있던 배는 상선이었고, 승객과 선원 모두에게 위험천만한 사건들이 많이 발생했다. 튀니지의 수도에서는 해적선을 만나 간신히 탈출했다. 또한 배를 전멸시킬 듯한 사나운 폭풍우를 만나기도 했다. 폭풍우가 지나간 다음에는 여느 때보다 평화로운 나날이 지속됐다. 그런데 식수가 바닥을 드러내고 있었기 때문에 남은 여정 동안을 버티기 위해서는 승객들에게 식수를 배급할 수밖에 없었다.

"여정이 한 달여 남은 상황에서 물이 부족했다. 배급받은 물이 부족한 가운데 내 희망과 기쁨의 원천인 커피 묘목까지 돌봐야 했다. 가냘픈 나뭇가지가 성장을 멈춘 듯할 때에는 물을 더 많이 줬다."

이 같은 클리외의 희생 정신은 그의 명성을 드높였고, 훗날 여러 작가들이 기록을 통해 찬미했다.

마르티니크에 도착한 클리외는 커피 묘목을 프레쇠르의 사유지에 옮겨 심었다. 레이날(프랑스 작가이자 계몽주의 시대의 사상가)은 "이곳에서 엄청난 속도로 커피 종자의 번식이 이루어졌다."고 말했다. 앤틸리스 제도에서 재배된

대부분의 커피나무는 이 묘목에서 번성한 것이다. 첫 수확은 1726년에 이루어졌다.

클리외는 마르티니크에 도착한 뒤의 상황을 다음과 같이 기록했다.

집에 도착한 후, 우선 묘목이 성장하는데 최적인 장소를 골라 정성스럽게 옮겨 심었다. 그리고 나서 누군가 어린 나무를 훔쳐가지는 않을까 노심초사했다. 결국 나는 묘목 주위에 가시덤불을 설치해 묘목이 어느 정도 성장할 때까지 보호대 역할을 하도록 했다. (…) 이 귀한 식물을 지키는 과정에서 위기의 순간도 있었고, 그만큼 내가 애지중지 키웠기 때문에 나에게는 더욱 귀한 존재가 됐다.

이처럼 불철주야 묘목에 매달리는 충성스러운 심복이 있었기에 이 작은 식물은 머나먼 이국 땅에서 튼튼히 자랄 수 있었다. 이 작은 묘목 하나가 결국은 서인도 제도와 멕시코만 인접 지역에 부를 안겨 주었다.

1727년 프랑스의 식민지였던 기아나(Guiana)를 통해 북부 브라질에 커피를 전파했으며, 영국은 산업혁명 당시 노동자에게 커피를 제공했다.

▲산업혁명기 영국의 면방직 공장

1730년 영국이 자메이카에서 커피 재배를 시작하였다.

1769년 치커리 커피 특허신청(독일커피=대용커피) : 군인 폰 하이네 소좌부인은 몇 년 동안 담낭 병으로 고생을 했는데, 의사가 치커리의 뿌리를 달여 마시라고 권했다. 치커리는 얼핏 보면 생강과 비슷한 풀로, 잎은 샐러드로도 먹는데 쓴 맛이 난다. 맛이 쓰다면 무조건 커피가 될 수 있다고 생각한 걸까, 폰 하이네 소좌부인은 치커리 뿌리를 달여 마셔봤더니, 아니나 다를까 커피와 비슷한 맛이 났다. 사실, 여기까지는 그저 그런 이야기다. 귀가 솔깃해지는 이야기는 이 부부가 특허신청을 했다는 사실이다. 등록상표는 바다 위에 떠 있는 네덜란드 배를 배경에 두고, 가운데에 치커리 씨를 뿌리고 사람을 그려놓고는 그 위에 '너희가 없어도 건강하고 풍요롭게'라고 쓰여 있다.

잎은 샐러드로, 뿌리는 대용커피로! 이야말로 '실질강건'을 모토로 내세웠던 '프로이센 사회주의'의 정신에 합치하는 것이었다. 그 후로 맥아, 보리, 호밀, 사탕수수, 무화과, 땅콩, 도토리 등등 땅에서 나는 모든 열매에서 커피를 만들어내기 시작했다. 땅에서 나는 열매뿐만 아니라 바다에서 나는 열매도 사용했다. 해초로 만든 커피까지 등장했다. 건강에 해로운 재료로 커피를 만드는 것을 금지하는 법률도 마련되었다. 어쨌든 화학산업을 자랑하는 독일의 열정은 무시무시할 정도였고, 덕분에 '독일커피'라고 말하면 한동안 '대용커피'의 총칭이 되었다.

덧붙여서, 제대로 된 커피를 마시고 싶었던 시민의 대응책은 단 하나, 소량의 커피를 최대한 묽게 해서 마시는 것이었다. 그야말로 '물 탄 커피(Kaffeepantsch)'이다. 이를 우아하게 표현한 것이 '작은 꽃커피(Blumchenkaffee)'이다. 당시 밑바닥에 작은 꽃 모양을 그려 넣은 마이센 공방의 커피잔이 유행했는데, 커피가 너무 묽어서 밑바닥의 꽃 모양이 그대로 보였기 때문에 붙여진 이름이다.

1840년 스코틀랜드의 로버트 네이피어(Robert Napier)가 사이폰의 원형인 진공 추출 기구를 개발하였다. 이 기구는 플라스크를 가열하여 발생하는 증기압에 의해 뜨거운 물이 가는 연결 관을 통해 커피가루를 담은 용기로 이동하여 커피가루와 섞인 후 추출된 액이 불을 끄면 관을 통해 다시 플라스크 쪽으로

돌아오는 원리이다. 그 후 1841년 프랑스의 바슈(M. Vassieux) 부인에 의해 오늘날의 사이폰과 같이 두 개의 유리로 된 구를 상하로 연결한 기구가 만들어졌다고 한다.

이런 진공식 추출 기구는 Vacuum coffee pot(maker), Vac pot, Vacuum brewer, Siphon coffee maker 등 명칭이 다양한데 사이폰(syphon)이라는 명칭은 1924년 일본인 고노에 의해 상품화에 성공하여 '사이폰'이라고 상품명을 붙인데서 유래한다. 특히 사이폰은 추출 커피의 향이 좋고 연출 효과가 뛰어나며 산뜻하고 깨끗한 맛을 표현할 수 있다. 사용되는 열원은 가정용으로 쓰이는 알코올 램프와 전기식이 있으며 업소용인 할로겐 램프와 가스 등이 있다.

1850년 프랑스에서 처음 금속 재질의 프렌치프레스(French press)를 만들었으며 1930년 이탈리아인 칼리마니(Attilio Calimani)가 유리와 금속 재질을 이용해 현재의 모습으로 만들게 되었다. 커피 플런저(coffee plunger), 플런저 포트(plunger pot)로도 불린다. 커피 플레이버 성분과 에센셜 오일(essential oil) 성분이 컵 안에 남게 되어 바디■가 강한

커피를 추출할 수 있으며 물과의 접촉 시간이 길어 풀 시티 정도의 원두를 굵게 분쇄하여 사용해야 한다.

1869년 영국의 식민지였던 실론(Ceylon)지역에서는 커피 경작이 병충해(녹병)로 실패하고, 1870년 벨기에령 콩고에서 로부스타를 발견했다.

1884년 한국에서 선교사로 활동한 알렌(Allen)의 저서에는 '궁중에서 어의로서 시종들로부터 홍차와 커피를 대접받았다'고 기록했다.

1888년 인천에 위치한 대불호텔을 통해 커피를 일반인들에게 판매했고 당시에는 커피를 가배차(珈琲茶)·가비차(加比茶) 또는 양탕(洋湯)이라고 불렀다.

1896년 '아관파천' 때 러시아 공사 베베르(Veber)의 권유로 고종이 커피를 접했다(커피애호가로 '정관헌'을 지음).

▲정관헌

▲정관헌 내부

1901년 이탈리아 밀라노의 루이지 베제라(Luigi Bezzera)는 증기압을 이용하여 커피를 추출하는 에스프레소 머신의 특허를 출원하였다. 이 기계는 수직형의 원통 안에 담겨 있는 물을 가열하여 발생하는 1.5기압의 증기를 이용하여 보일러 내의 뜨거운 물을 밀어내어 커피를 추출하는 방식이었다. 또한 한 개 이상의 그룹을 통해 커피가 바로 컵에 추출되는 방식을 채택하였는데 이는 오늘날에도 에스프레소 추출에 사용되는 방식이다. 따라서 베제라의 발명은 현재의 에스프레소 머신의 기본적인 방식을 확립한 것으로 간주하고 있다.

- 향을 맡고 맛을 느끼는 것이 화학적인 과정이라면 바디감은 물리적인 과정이다. 커피가 입 안으로 들어왔을 때 주는 무게감, 입 안에서 느껴지는 감촉을 말한다.

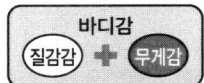

 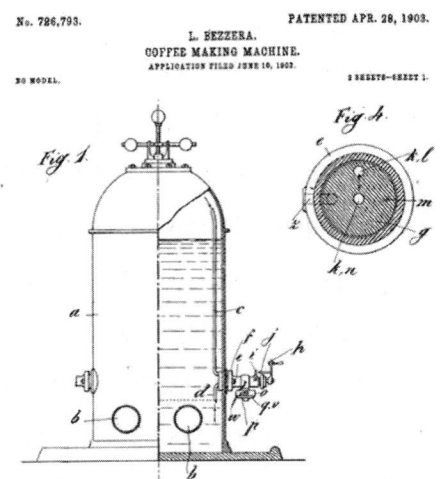

▲루이지 베제라 에스프레소 머신

  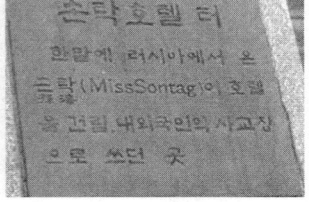

▲1902년 커피하우스 독일 여성 손탁의 "손탁호텔"

　　　　　　　　1908년 독일 멜리타(Melitta) 회사를 설립하여 드립퍼와 종이 필터를 개발하였다. 페이퍼를 이용한 추출이 있기 전까지는 천이나 금속 기구를 이용하여 커피를 걸러 마셨는데 비위생적이거나 커피 찌꺼기가 제대로 걸러지지 않는 문제가 있었다. 그러다가 1908년 독일의 드레스덴 지역에 살던 메리타 벤쯔(Melitta Bentz) 부인이 우연히 종이를 이용하여 커피를 거르는 방법을 발견하였으며 이로부터 페이퍼 드립이 시작되었다.

　　처음에는 구멍이 뚫린 금속 기구 위에 종이를 올려놓고 커피를 추출하는 방법이었으며 그 후 개량되어 1937년 추출구가 8개인 원추형의 기구가 탄생하게 되고, 1960년에 추출구가 한 개인 현재의 메리타 드리퍼가 탄생되었다.

1933년 이탈리아의 알폰소 비알레띠(Alfonso Bialetti)에 의해 모카 포트가 탄생하였으며 사용법이 간단하고 가격이 저렴하여 가정에서 손쉽게 즐길 수 있는 에스프레소 추출 기구이다. 재질은 주로 알루미늄인데 그 외에도 스테인리스 스틸, 도기 재질의 모카 포트도 있으며 불에 직접 올려놓고 가열하는 직화식으로 이탈리아에서 Macchinetta라 하며 스토브 탑(stove top)으로도 부른다.

인스턴트 커피의 대중화를 가져오게 된 계기는 다방(茶房)의 급격한 증가였다. 과거 일제 강점기의 지식인 계층이 주로 출입하며 정치와 사회를 논하던 장소에서 일반시민, 대학생 등의 주요 약속장소가 되었고 제공되는 커피는 대부분 미군 부대에서 제공되었다. 그 후 커피의 합법적인 유통질서를 확립하고 외화 낭비를 막기 위하여 우리나라 자체 인스턴트 커피의 생산을 허가하였다.

1970년대 초 동서식품은 미국회사와 손을 잡고 맥스웰 하우스라는 브랜드를 만들어 커피를 생산하였으며, 1970년대 후반까지 한국 커피시장의 대부분을 점유하며 호황을 누렸다.

1999년 스타벅스가 국내에 진출하여 이화여대 앞에 1호점을 연 것을 기점으로 국내 에스프레소 커피전문점이 확대되었으며, 현재 각종 프랜차이즈(franchise) 가맹점에 키오스크(KIOSK) 복합점까지 성업 중이다. 스타벅스, 커피빈과 같은 외국계와 파스쿠치, 엔제리너스, 할리스, 이디야 등의 국내 업체들이 치열한 경쟁을 벌이고 있다.

> **Tip 커피의 전파 경로**
>
> 에티오피아 → 예멘 → 터키 → 유럽 → 인도 → 이탈리아 → 네덜란드 → 실론 → 인도네시아 → 영국 → 프랑스 → 마르티니크 → 기아나 → 콜롬비아 → 브라질

커피의 역사와 문화 필기예상문제

1. 다음 중 6세기경 발견된 커피의 최초 원산지는?

① 에티오피아　　② 브라질　　③ 콩고
④ 콜롬비아　　⑤ 과테말라

2. 다음 중 커피에 관한 첫 기록인 '반캄(Bunchum)' 작성자로 옳은 것은?

① 바바부단(Baba Budan)　　② 린네(Linnaeus)
③ 드 클리외(de Clieu)　　④ 라제스(Rhazes)
⑤ 마호메트(Mahomet)

3. 다음 중 최초로 커피 묘목을 아시아로 전파한 나라는?

① 영국　　② 네덜란드　　③ 예멘
④ 브라질　　⑤ 프랑스

4. 다음 중 유럽 최초의 커피하우스가 생긴 나라는? (21쪽)

① 프랑스　　② 독일　　③ 영국
④ 오스트리아　　⑤ 이탈리아

5. 다음 중 오스만 투르크제국의 콘스탄티노플(이스탄불) 최초의 '카흐베하네(Kahve-hane)'는 언제 문을 열었는가?

① 1517년　　② 1727년　　③ 1616년
④ 1554년　　⑤ 1600년

6. 다음 중 커피를 부르는 용어를 나라별로 올바르게 짝지은 것은? (15쪽)

가. 터키-kahve　　나. 이탈리아-kaffee　　다. 독일-caffè
라. 프랑스-cafè　　마. 네덜란드-koffie

① 가, 라　　　　② 가, 나, 라　　　　③ 가, 라, 마
④ 다, 마　　　　⑤ 가, 나, 다, 라

7. 다음 중 아라비카(Arabica)종의 최대 생산 국가는?
① 에티오피아　　② 코스타리카　　③ 과테말라
④ 인도　　　　　⑤ 브라질

8. 다음 중 커피의 유래 중 하나로 레바논의 언어학자 파우스트 나이로니(Faustus Nairon) 저서「잠들지 않는 수도원」속에 나오는 6세기경 염소치기 목동 이야기의 주인공 이름은?
① 마호메트(Mahomet)　　　② 린네(Linnaeus)
③ 칼디(Kaldi)　　　　　　④ 오마르(Omar)
⑤ 카이르 베이(Khair Bey)

9. 다음 중 커피가 전파되는 과정 중 올바르지 않은 것은? (21쪽)
① 11세기 - 에티오피아에서 아라비아의 예멘으로 전파되어 처음 재배가 시작
② 15세기 말 - 메카와 메디나에 이슬람 수도승들에 의해 커피 전파
③ 17세기 말 - 네덜란드인들이 커피 묘목을 인도네시아 자바와 서인도 섬에서 재배 시작
④ 16세기 - 터키의 전 지역과 중동 및 아랍지역에서 커피의 대중화가 시작
⑤ 16세기 말 - 유럽지역의 커피하우스 확산과 더불어 대중화를 이룸

10. 다음 중 홍차로 유명한 '실론(Ceylon)' 지역은 원래 커피를 재배하던 곳이었으나 1800년대 후반부터 커피나무 대신 차나무를 심게 된 계기는 무엇인가? (22쪽)
① 큰 홍수로 커피농장의 시설과 작물이 대부분 파괴되었다.
② 극심한 가뭄으로 농장의 커피나무가 고사하였다.
③ 커피나무의 병충해(녹병)로 경작을 실패하였다.
④ 커피보다 차의 수입이 더 좋아져 커피나무에서 차나무로 재배종목을 바꾸었다.
⑤ 기후가 변하여 커피나무 생육에 문제가 생겨 차나무로 재배종목을 바꾸었다.

11. 다음 중 커피가 전파된 시기가 올바르게 짝지어진 것은?

가. 예멘 – 11세기경	나. 브라질 – 1727년
다. 인도 – 1600년	라. 영국 – 1650년

① 가, 나　　　　② 다, 라　　　　③ 가, 나, 라
④ 가, 다, 라　　⑤ 가, 나, 다, 라

12. 다음 중 1870년 최초로 로부스타 커피를 발견한 나라는? (29쪽)
① 베트남　　　② 가나　　　③ 인도
④ 예멘　　　　⑤ 콩고

13. 다음 중 커피 어원의 한 가지 설로 이야기되며, 에티오피아(Ethiopia)에 있는 지역 이름이고 에티오피아어로 '힘'을 뜻하는 이 단어로 옳은 것은?
① Khawah　　② Kaffee　　③ Kahveh
④ Koffie　　　⑤ Kaffa

14. 다음 중 우리나라 최초의 커피하우스가 문을 연 곳은? (29쪽)
① 대불호텔　　② 손탁호텔　　③ 스트워드호텔
④ 카카듀　　　⑤ 정관헌

15. 다음 중 1723년 프랑스 해군장교 '가브리엘 매튜 드 클리외(Gabriel Methieu de Clieu)'는 그가 관리하는 서인도 제도의 마르티니크(Martinique)섬으로 커피나무를 가져가 커피재배에 성공한다. 이를 계기로 커피가 전파된 지역으로 옳은 곳은? (24쪽)
① 카리브 해와 중남미　　② 인도　　③ 동남아시아
④ 지중해　　　　　　　　⑤ 페르시아 만과 서남아시아

16. 다음 중 아관파천으로 러시아공사관 생활을 하게 된 고종에게 커피를 소개해 준 러시아 공사의 이름으로 옳은 것은? (29쪽)

① 손탁(Sontag)　　　　　② 셀림(Selim)
③ 카이르 베이(Khair Bey)　④ 베베르(Veber)
⑤ 베제나(Bezzera)

17. 유럽 제국들 중 가장 먼저 커피나무를 경작하기 시작한 나라는?
① 프랑스　　　② 영국　　　③ 네덜란드
④ 오스트리아　⑤ 독일

18. 다음 설명하는 추출법에서 사용되는 도구의 이름으로 바른 것을 고르시오.

> 터키식 커피는 이집트 카이로에서 유래하여 중동 지역에 널리 퍼져 있었는데, 오스만 튀르크 제국이 이 지역을 정복한 후 이 추출법이 터키에도 전파되어 오늘날 터키식 커피로 알려지게 되었다.

① Macchinetta　　② Moka pot　　③ French press
④ Cezve　　　　　⑤ Syphon

19. 다음 중 커피 전파 경로로 올바르게 나열한 것은?
① 에티오피아 - 예멘 - 터키 - 유럽 - 인도
② 에티오피아 - 예멘 - 유럽 - 터키 - 인도
③ 에티오피아 - 예멘 - 이탈리아 - 네덜란드 - 실론
④ 에티오피아 - 예멘 - 인도 - 터키 - 이탈리아
⑤ 에티오피아 - 예멘 - 네덜란드 - 이탈리아 - 브라질

20. 다음 중 커피문화에 대한 설명으로 틀린 것은?
① 커피문화는 유럽에서부터 시작하여 전 세계에 퍼지게 되었다.
② 종교적인 의식에서 수도승들이 수행의 묘약으로 음용하였다.
③ 커피는 초기에는 음용수가 아니라 식재료나 과일열매로 또는 술을 담가 먹었다.
④ 상류층에서나 향유할 수 있는 귀한 음료였다.
⑤ 초기에는 캐러밴들에 의해 커피가 보급되었다.

21. 에티오피아에서 자생하던 커피를 처음 옮겨 경작한 나라는?

① 브라질　　　　② 콩고　　　　③ 콜롬비아
④ 과테말라　　　⑤ 예멘

22. 커피가 최초로 발견된 시기는?

① 4세기　　　　② 7세기　　　　③ 13세기
④ 6세기　　　　⑤ 15세기

23. 다음이 의미하는 것은 무엇인가?

> 예멘의 항구 이름이다. 초콜릿이나 초콜릿이 들어간 음료에 붙는다. 예멘과 에티오피아에서 생산되는 최상급 커피의 총칭이다.

① 모카　　　　② 산토스　　　　③ 케냐
④ 상하이　　　⑤ 나폴리

24. 1000년경 '의학법전'에서 커피의 약리효과를 기술한 사람은? (16쪽)

① Rhazes　　　　② Babe Budan　　　　③ Avicenna
④ Carl Linn　　　⑤ Luigi Bezzera

25. 예멘에 커피가 전파된 시기는?

① 15세기　　　　② 11세기　　　　③ 17세기
④ 6세기　　　　⑤ 9세기

26. 커피가 발견된 초기의 열매 활용법으로 맞는 것은?

> ㉠ 식재료　　　　㉡ 음용수　　　　㉢ 과일열매
> ㉣ 열매를 발효한 술　　㉤ 연료 활용

① ㉠, ㉤　　　　② ㉠, ㉡, ㉢, ㉣　　　　③ ㉠, ㉢, ㉣
④ ㉣, ㉤　　　　⑤ ㉡, ㉤

27. 커피의 유래 중 이슬람에서 전해 내려오는 전설로 왕에게 추방당한 이 사람이 오자브산에서 새의 도움으로 커피 열매를 발견했으며, 그 열매를 이용하여 병든 사람들을 치료한 이는 누구인가?

① 무라드4세　　② 마호메트　　③ 아비세나
④ 칼디　　　　　⑤ 오마르

28. 한국에 인스턴트 커피가 보급된 시기는?

① 1950년　　② 1960년　　③ 1970년
④ 1940년　　⑤ 1980년

29. 커피가 가지고 있는 카페인 성분을 최초로 제거하는데 성공한 나라는?

① 독일　　　② 영국　　　③ 프랑스
④ 네덜란드　⑤ 미국

30. 드립퍼와 종이필터를 개발하여 보급한 나라는? (30쪽)

① 터키　　　② 이탈리아　　③ 독일
④ 네덜란드　⑤ 영국

31. 이탈리아에서 만들어진 것으로 가정에서 에스프레소를 손쉽게 즐길 수 있도록 고안된 것은?

① 체즈베　　② 멜리타　　③ 프렌치 프레소
④ 모카포트　⑤ 커피메이커

32. 모카포트가 처음 개발된 나라는?

① 프랑스　　② 이탈리아　　③ 독일
④ 스위스　　⑤ 영국

33. 인도네시아 자바에 커피나무를 옮겨 심은 나라는?

① 영국　　　② 이탈리아　　③ 프랑스
④ 네덜란드　⑤ 스웨텐

34. 프랑스 해군장교 '가브리엘 매튜 드 클리외Gabriel Methieu de Clieu'가 커피 재배에 성공한 섬은?

① 마르티니크섬　　② 델로스섬　　③ 발리섬
④ 수마트라섬　　⑤ 부르봉섬

35. 1727년 프랑스 식민지였던 기아나(Guiana)를 통해 커피가 전파된 나라는? (26쪽)

① 브라질　　② 예멘　　③ 자바
④ 실론　　⑤ 마이소르

36. 1850년 프랑스 메리오르사가 개발한 기구로 침점법으로 커피를 추출하는 기구는? (28쪽)

① 모카포트　　② 멜리타　　③ 프렌치 프레소
④ 에스프레소 머신기　　⑤ 체즈베

37. 에스프레소머신 처음으로 9bar의 압력으로 황금의 크레마를 발견 특허 출원한 사람은?

① 쥬세페 밤비　　② 산타이스　　③ 크레모네시
④ 베제라　　⑤ 아킬레스 가지아

38. 1730년 자메이카에 커피나무를 이식한 나라는? (27쪽)

① 프랑스　　② 네덜란드　　③ 이탈리아
④ 스위스　　⑤ 영국

39. 1600년 인도의 Mysore 지역에 커피나무를 옮겨 심은 사람은? (20쪽)

① 끌리외　　② 마호메트　　③ 바바 부단
④ 라제스　　⑤ 야곱

40. 1901년 최초로 인스턴트 커피를 개발한 사람은?

① 가지아　　② 비알레띠　　③ 나피어
④ 카토 사토리　　⑤ 베제라

 **정답**

1.①	2.④	3.②	4.⑤	5.④	6.③	7.⑤	8.③	9.⑤	10.③
11.⑤	12.⑤	13.⑤	14.①	15.①	16.④	17.③	18.④	19.①	20.①
21.⑤	22.④	23.①	24.③	25.②	26.③	27.⑤	28.③	29.①	30.③
31.④	32.②	33.④	34.①	35.①	36.③	37.⑤	38.⑤	39.③	40.④

37번 문제 해설

19세기에 들어오면서 산업화가 빠르게 진행되며 커피를 추출하는데 걸리는 시간을 줄이기 위한 여러 방법을 찾게 되었다. 1901년 이탈리아 밀라노 출신의 루이지 베제라(Luigi Bezzera)가 에스프레소 머신을 개발하고 특허 출원을 하면서 커피머신 생산의 효시가 되었다.

최초의 머신은 1.5기압의 낮은 압력으로 커피를 추출하는데 그쳤으나 1940년대 후반 이후 유럽의 기계산업 부흥을 타고 가찌아(Achille Gaggia)에서 처음으로 9bar의 압력으로 커피를 추출하였고 여기서 예상치 못했던 황금의 크레마를 발견하는 큰 수확을 얻었다. 이를 가찌아에서는 커피크림이라 이름 붙이며 홍보를 하기도 하였다.

02

커피의 생산 & 음료 & 가공

커피 바리스타 이론과 문제

02 NCS 기반 커피의 생산 & 음료 & 가공

1. 커피나무의 특성

- 1753년 식물학자 칼 폰 린네(Carl von Linn)에 의해 커피나무는 꼭두서니과 코페아속에 다년생 쌍떡잎식물로 분류
- 아열대 관목식물
  식물계 → 속씨식물 → 쌍떡잎식물감 → 용담목 → 꼭두서니과 → 코페아속
- 3대 품종 : 코페아 아라비카, 코페아 카네포라, 코페아 리베리카
- 고온다습한 열대성, 아열대성 지역에서 재배
- 커피 벨트(커피존) : 북위 28도~남위 30도
- 커피콩의 재배 과정 : 파치먼트 상태로 심으면 약 1개월 후 떡잎 → 10~12주 후 본잎 → 직사광선을 피하기 위한 못자리에서 6개월 정도 키움(커피나무가 30~50cm) → 경작지로 옮겨 심음(약 1년) → 약 3년 커피 수확 가능 → 잘 관리된 커피나무는 6~10년째 수확이 가장 많음(평균 수명 20~30년, 그 후 50~60년까지 수확 가능)

- 야생에서 아라비카종은 약 5~6m, 로부스타는 약 12m 성장(2~3m 관리 : 수확에 알맞은 모양, 살균제와 해충제 살포 용이, 기생충과 질병 퍼짐을 최소화)
- 커피나무 경작법
  Shade Grown(Shade Tree) : 커피나무 중간 중간에 키 큰 나무나 잎이 넓은 나무를 심음(수분 증발, 토양 침식, 주야 간 온도차 완화, 잡초 성장 억제, 토양을 비옥하게 하며 커피 외관과 맛을 좋게 하고 안정적인 생산 가능)
  Free Shade : 구름층이 그늘 막을 형성

- 3년 정도 후 개화, 하얀색 꽃, 재스민향, 잎겨드랑이에 3~7개씩 꽃이 모여 달림. 화관의 지름은 1cm, 꽃은 통 모양이며 끝이 5개로 갈라짐. 수술은 5개이고 암술은 1개, 꽃이 떨어지며 열매가 맺고 6~11개월 정도 익음. 열매는 녹색 열매 → 노란색 열매 → 붉은색 열매(커피체리 : Coffee Cherry)

- 커피체리 구성 : Outer Skin(외과피) → Pulp(과육) → Parchment(내과피/내피) → Silver Skin(은피/종피) → Green Bean

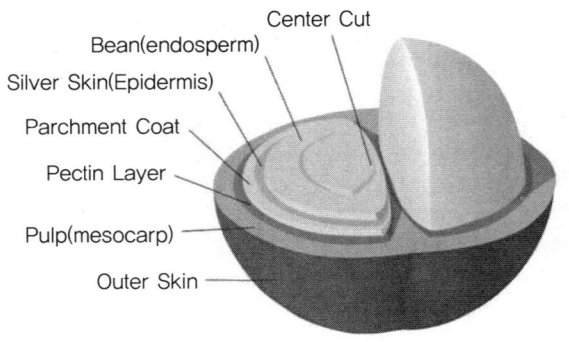

▲커피체리 구성

▲건조하기 전 상태

▲건조된 상태

- 2개의 그린빈(플랫빈)/하나의 둥근 그린빈(피베리)/세모 모양의 세 개의 그린빈(트라이앵글빈)—피베리, 트라이앵글빈은 노쇠한 나무에서 많이 수확됨. 돌연변이에 속함
- 그린빈의 가운데 홈 : 센터 컷
- 커피나무 재배에 좋은 토양 : 유기물이 풍부한 화산재 토양, 배수가 잘되고 약산성이며 표토층이 깊은 토양

- 커피나무의 뿌리는 주근(Tap Root), 곧은 뿌리(Axial Root), 곁뿌리(Lateral Root)로 구성
- 커피나무의 일조시간은 연 1,900~2,200시간 정도
- 커피생산의 저해요인 : 서리, 녹병, 사이클론, 허리케인, 엘니뇨, 라니냐, 가뭄

■ 커피나무 가지치기의 목적

- 재배된 지 7년 후부터는 본격적으로 함
- 생산성을 높이기 위해 늙고 병든 가지를 제거함
- 생산성을 높일 수 있는 가지들만 발달시킴
- 수확하기 좋은 형태로 만듦
- 살균제와 해충제를 살포가 용이하도록 함
- 기생충과 질병이 퍼지는 것을 최소화

2. 생두 품종 분류

■ 커피의 3대 품종

- 코페아 아라비카 : 티피카, 버번, 문도노브, 카투라, 카투아이 등

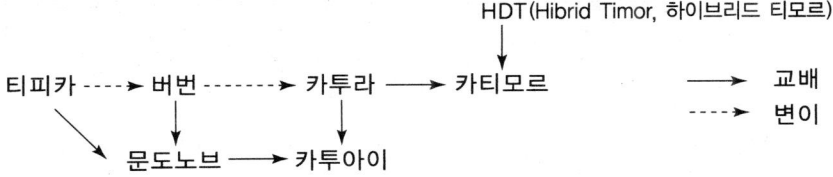

❶ 티피카(Typica) : 아라비카 원종에 가까운 품종, 네덜란드에 의해 예멘에서 아시아로 유입된 품종, 1720년대 카리브해 지역과 라틴 아메리카 지역으로 전파, 현재 중남미와 아시아에서 주로 재배, 생두의 크기는 작고 모양은 길고 얇으며 타원형, 뛰어난 향과 신맛을 가짐, 병충해에 약하고 생산성이 낮음

❷ 버번(부르봉 : Bourbon) : 예멘의 모카 품종의 나무로 프랑스에 의해 인도양의 레위니옹(Reunion)섬에 이식된 품종, 생두는 작고 둥글고 향미가 우수함, 열매의 숙성도는 빠르나 질병에 취약하고 강한 바람이나 비에 체리가 잘 떨어짐, 수확량이 점차 줄고 있음, 체리의 색상에 붉은색과 노란색이 있음

❸ 몬도노브(Mundo Novo) : 브라질의 레드 버번과 티피카 계열의 수마트라의 자연교배종, 생두의 크기 다양, 신맛과 쓴맛의 밸런스가 좋음, 환경 적응력이 좋고, 거의 브라질에서만 재배

❹ 카투라(Caturra) : 브라질에서 발견된 레드 버번의 돌연변이종, 브라질에서는 적응하지 못하고 콜롬비아, 코스타리카에 적응하여 생산됨, 녹병에 강함, 생산성이 좋음, 신맛이 좋고 품질이 좋음

❺ 카투아이(Catuai) : '아주 좋다'란 뜻으로 몬도노브와 카투라의 인공 교배종, 비바람에도 체리가 잘 떨어지지 않음, 생산성은 좋지만 생산기간은 짧음

❻ 카티모르(Catimor) : HDT와 카투라의 교배종

❼ 하이브리드 티모르(HDT, Hibrid Timor) : 카네포라 자연교배종

 • 코페아 카네포라 : 로부스타

 • 코페아 리베리카(아프리카 서부지역에서 생산, 생산량 아주 적음)

 • 아라비카종 주 생산국 : 브라질, 콜롬비아, 멕시코, 과테말라, 코스타리카, 하와이, 인도, 에티오피아, 케냐, 탄자니아 등

 • 로부스타종 주 생산국 : 베트남, 우간다, 콩고, 가나, 필리핀, 인도네시아 등

아라비카와 카네포라 비교

코페아 아라비카(Coffea Arabica)	코페아 카네포라(Coffea Canephora) 로부스타(Robustas)
원산지 : 에티오피아 기온 : 15~25℃ 재배고도 : 800m 이상(고지대) 강수량 : 1,200~1,500mm(1000mm 이하는 재배되지 않음) 지방 함량 : 카네포라 2배 고급의 향기, 신맛이 풍부 카페인 함량 : 1.4%(낮음) 원두커피용, 가격이 비싸다. 시간에 따른 변화 심하다. 재배습도 : 60% 자가수분, 전체 생산량의 70% 재배 조건이 까다롭고, 병충해 약하며, 뿌리가 깊다. 맛과 향이 뛰어나다. 아라비카 커피(Arabica Coffee)로 부름	발견지 : 콩고 기온 : 24~30℃ 재배고도 : 800m 이하 강수량 : 1,500~2,000mm 지방함량 : 아라비카 절반 향미 부족, 쓴맛이 강함 카페인 함량 : 2.2% 인스턴트 및 블렌딩용, 가격이 싸다. 시간에 따른 변화 적다. 재배습도 : 70~75% 타가수분 : 비나 바람 전체 생산량의 43% 병충해 강하며, 뿌리가 얕다. 코페아 카네포라는 현대인에게 로부스타가 1898년 처음 발견된 것은 우간다 서쪽으로 국경을 맞대고 있는 콩고의 오지였다. 루비아과과에 속하는 꽃식물 종으로 코페아 로부스타로 널리 알려져 있지만, 이 식물은 과학적으로 코페아 카네포라로 확인된다. 코페아 카네포라는 두 가지 주요 품종인 로부스타와 응간다가 있다.

  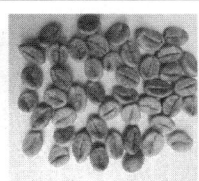 

 ## 세계커피기구(ICO)의 기준에 따른 커피의 4가지 품질그룹

```
Arabicas ──── mild ─┬── Colombian mild arabicas
                    ├── Other mild arabicas
                    └── Brazilian naturals

Robustas ─────────── Robustas
```

3. 커피 수확

■ **커피의 수확시기**

- 적도 이북지역 : 9월~3월(멕시코, 인도, 에티오피아, 과테말라, 자메이카 등)
- 적도 이남지역 : 4월~8월(브라질, 페루, 짐바브웨 등)
- 적도 지역 : 연중 수확
  - 건기와 우기가 구별되는 지역 : 수분 스트레스나 기온의 갑작스런 하강에 의해 균형이 깨지며 이러한 자극들은 건기가 끝나고 우기를 알리는 첫 번째 비에 의해 동시에 발생하며 비가 그치고 5~12일이 지나면 개화한다.
  - 건기와 우기가 구별되지 않는 지역 : 1년에 두 번의 개화기가 있어 수확기도 두 번이다.

 커피의 수확방법

핸드 피킹 (Hand Picking)	스트리핑(Stripping)	메커니컬 피킹 (Mechanical picking)
- 소규모 농장 - 고산지대 - 수세식 커피 생산지역 - 고품질 아라비카 - 익은 체리만 채취 - 장점 : 품질 우수 - 단점 : 인건비 부담, 숙련된 피커 조달 어려움	- 수확량이 많은 지역 - 건조식 커피 생산지역 - 품질이 낮은 로부스타 - 나무에서 체리가 70% 익었을 때 수확 - 장점 : 인건비 절감 - 단점 : 품질이 낮음, 수확시기 결정이 어려움, 나무에 손상을 줌	- 대규모 경작지(대표지역 : 브라질) 낮은 저지대 - 품질이 낮음 - 나무에서 체리가 70% 익었을 때 수확 - 장점 : 인건비 대폭 절감, 다량수확 가능 - 단점 : 고가의 장비구입비, 기계사용 가능 지역 한정, 선별 수확 어려움, 나무 손상

그린빈 수확 후
: 1년 내 → New Crop / 1~2년 → Past Crop / 2년 이상 → Old Crop

4 커피의 가공

- 체리 수확 후 20시간 이내에 처리해야 하며, 그린빈의 적정 수분함량 10~13%
- 건조온도 : 체리 상태에서는 45℃ 이하, 파치먼트 상태에서는 40℃ 이하
- 파티오건조 : 콘크리트, 아스팔트, 타일로 만든 건조장, 약간 경사져 있다.
- 아프리칸 베드(African bed) : 그물망으로 선반을 만들어 여기에 체리를 건조, 파티오건조보다 훨씬 빨리 건조됨. 건조기간 5일~10일

구분	내용
자연 건조법 (Natural Dry Process)	- 수확 후 체리 자체 건조(파티오건조는 약 15일 정도, 그린빈 수분함량 10~13%) - 커피 열매를 건조하는 동안 일정하게 뒤집기 반복 - 물 사정이 좋지 못한 지역(아프리카)에서 주로 사용 - 생산 단가가 싸고 친환경적 - 품질이 낮고 불균일 - 실버스킨이 남아 있음 - 단맛과 바디감이 강하고 복합적인 맛 - 전체적으로 노란빛을 띠며, 센터 컷도 노란색
세척 건조법 (Washed Wet Process)	- 수확 → 이물질 제거 & 분리 → 세척 → 펄핑(과육제거) → 발효 → 세척 → 건조 - 비교적 물 사정이 좋은 지역에서 사용하는 방식 - 품질이 높고 균일 - 실버스킨 없음 - 발효과정에서 자주 저어 주어야 하며, 악취가 날 확률 높음 - 물을 많이 사용해 오염으로 환경문제를 일으킬 수 있음 - 신맛이 강하며 향이 좋고, 맛이 깔끔하며 섬세함 - 콩은 녹색을 띠며, 센터 컷은 흰색 - 자연 건조법보다 깔끔하고 관리가 용이함 - 스페셜티 커피시장에서 가장 많이 사용하는 방식
반수세식 건조법(Semi Washed)	- 수확 → 이물질 제거 & 분리 → 펄핑 → 세척 → 건조 - 세척 건조의 단점을 보완하기 위해
펄프드 내추럴 (Pulped - Natural)	- 수확 후 체리의 과육을 제거한 후 파치먼트에 점액질이 붙어 있는 상태로 건조 - 1990년 초 브라질에서 처음 시도

구분	내용
자연 건조 가공 방법	
세척 건조 가공 방법	

5) 생두 등급

1) 생두의 등급 분류

등급	등급기준
스크린 분류	생두 300g을 다양한 크기의 망에 통과시켜서 분류(20번부터 8번까지) 20번은 약 8mm, 8번은 약 3mm, 1스크린=1/64inch(약 0.4mm)
기계적 분류	컴퓨터화된 기계 시스템을 이용한 분류
고도에 따른 분류	SHG & SHB : 해발 1,500m 이상에서 생산된 커피콩 HG & HB : 해발 1,000m 이상에서 생산된 커피콩
SCAA 분류법 (미국 스페셜티 커피협회 Specialty Coffee Association of America)	스페셜 그레이드(Special Grade) : 생두 350g당 풀 디펙트가 5점을 넘지 않아야 하며, 프라이머리 디펙트는 한 개도 없어야 한다. 원두일 경우에는 100g당 퀘이커는 1개도 허용되지 않는다. 프리미엄 그레이드(Premium Grade) : 생두 350g당 풀 디펙트가 8점을 넘지 않아야 하며, 프라이머리 디펙트는 허용된다. 원두일 경우에는 100g당 퀘이커는 3개까지 허용된다.
NYBT (뉴욕커피거래소)의 결점두 수에 따른 분류	등급 / 등급의 명칭 / 결점기준 / 비고 (아래 표 참조)

등급	등급의 명칭	결점기준	비고
Class 1	Specialty Grade	defect : 0~5	300g/5 이하
Class 2	Premium Grade	defect : 0~8	
Class 3	Excellent Grade	defect : 9~23	
Class 4	Below standard Grade	defect : 24~36	
Class 5	Off Grade	defect : >86	300g/86 이상

2) 생두의 결점두

구분	특징	발생원인
Black Bean	커피콩 내부나 외부 색이 검게 변한 상태	수확이 시기가 너무 늦었거나 땅에 떨어진 체리가 흙과 접촉하여 발효한 경우
Mouldy Bean	곰팡이에 의해 노란색이나 적갈색을 띈 콩	곰팡이가 성장할 수 있는 온도와 습도에서 발생

구분	특징	발생원인
Insect Bean =Broca Bean	벌레 먹은 커피콩 구멍이 한 개나 여러 개 뚫어져 있음	벌레의 공격
Shell= Malformed Bean	조개나 귀 모양의 기형적인 콩	유전적인 원인
Broken Bean	깨진 콩	펄핑 과정이나 탈곡 과정에서 발생
Immature Bean	미성숙 커피콩	익지 않은 상태에서 수확해 크기가 작고 겉표면이 쭈글쭈글하며 끝이 날카로움
White Bean	수확 후 오랜 기간이 지난 커피콩	커피콩의 고유의 빛깔은 잃고 흰색을 띰
Quaker Bean	콩의 색이 다소 붉게 변한 커피콩	익지 않은 상태에서 체리를 수확해 떫은 맛이 남
Withered Bean	햇빛이 강해 쭈글쭈글 검정색에 가까운 녹색	체리 내에 시들어 버린 커피콩

3) 생두의 등급분류표

나라명	지역명 or 항구명	등급		
Brazil	Santos Moziana Cerrado	No.2	4개 이하	생두 300g당 결점두 개수
		No.3	12개 이하	
		No.4	26개 이하	
		No.5	46개 이하	
		No.6	86개 이하	

나라명	지역명 or 항구명	등급		
Colombia	Medellin Huila	Supremo	17	스크린 사이즈 (1스크린 사이즈 =0.4mm)
		Excelso	16	
		U.G.Q	15~16	
		C	14	
Guatemala	Huehue Tenango Antigua	SHB	1400m 이상	해발고도
		HB	1,200~1,400m	
		SH	1,000~1,200m	
		EPW	900~1,000m	
Mexico	Chiapas Veracruz	SHG	1,700m 이하	해발고도
		HG	1,000m	
		Prime Washed	700~1,000m	
		Good Washed	700m 이하	
Ethiopia	Yirgacheffee Harrar Sidamo	Grade 1	3개 이하	생두 300g당 결점두 개수
		Grade 2	4~12개 이하	
		Grade 3	13~25개 이하	
		Grade 4	26~45개 이하	
Kenya	Mt.Kenya Mt.Elgon	AA	18 이상	스크린 사이즈 (1스크린 사이즈 =C.4mm)
		A	17	
		AB	15~16	
		C	14	
Hawaii	Kona Kauia	Extra Fancy	19	10개 이내	스크린 사이즈 결점두 개수
		Fancy	18	16개 이내	
		Caracoli No.1	10	20개 이내	
		Prime	-	25개 이내	

4) 생두의 보관환경

- 온도 : 18~20℃ 이하(고온에서는 부패, 저온에서는 백화현상)
- 습도 : 보관 시 상대습도는 55~60% 정도

- 보관 장소 대기성분 : 이산화탄소일 때 저장수명이 길어진다.
- 고지대에 보관하는 것이 저지대 보관하는 것보다 저장수명이 길어진다.

5) 국제커피기구(International Coffee Organization, ICO)

국제커피기구는 커피의 가격 안정과 수급 조절, 시장을 안정시키기 위한 목적으로 유엔이 원조해 1963년에 런던에 창설된 기구이다. 커피를 생산하고 소비하는 주요한 국가 간의 기구이다.

ICO는 쿼터제에 의해 생산·무역·가격을 통제하였으며, 이것은 현재 7차례의 국제커피협정(Internation Coffee Agreement, ICA)을 통하여 유지되고 있다. 수출입국 간의 분쟁을 예방하고 커피 교역의 유통 체제를 원활하게 하는 것이 목적이다.

여기에는 생산지의 각종 정보 교환, 생산지 커피의 품질 향상, 무역 정보 분석 등의 활동을 하고 있으며, 개발도상국을 위한 공정거래, 커피와 관련된 객관적인 통계와 시장연구 등으로 다양한 자료를 제공하고 있다.

6 커피 제조

■ 커피의 Blending

- 블렌딩(Blending)의 목적
  - 단종에서의 단점을 보완하여 새로운 맛과 향을 창조
  - 특정한 지역의 커피에 의존도를 낮춤
  - 새롭고 차별화된 커피맛을 창조
  - 생산단가를 조절하기 위함

- Blending 방법
  - Roasting 전 Blending : 동일한 포인트로 로스팅하여 균일한 맛과 향을 얻을 수 있음. 로스팅 전 블렌딩으로 그린빈을 배합 후 로스팅하기 때문에 손이 덜 가고 로스팅 과정에서 아로마가 균일해지는 장점이 있다.
  - Roasting 후 Blending : 원두의 특성을 살려 로스팅하여 비율로 블렌딩함. 특성이 다른 그린빈을 싱글 로스팅 후 블렌딩하기 때문에 개성있는 맛을 낼 수 있다. 하지만 자칫 원두의 향과 맛이 균일하지 않을 수 있는 단점이 있다.

7. 로스팅(Roasting) 및 냉각(Cooling), 포장(Packaging)

- Roasting
- 생두(Green Bean) → 양질의 생두 선택 → Roasting Point 선택 → Roasting
- 원두조직을 최대한 팽창시켜 원두가 지니고 있는 맛과 향을 표현
- 생두의 수분함량을 Roasting Point에 맞게 최대한 방출시키는 과정

1) 로스팅(Roasting) 중 물리적 변화

- 칼라의 변화(Change of Color)
  Green → White → Yellow → Light Brown → Medium Brown → Dark Brown → Dark

- 향의 변화(Change of Aroma)
  - 생두 고유의 향 → 수분증발 → 단향 → 신향 → 고유의 향 → 향의 감소

- 형체의 변화(Change of Shape)
  - 생두 → 주름 발생(수분의 증발) → 흡열 과정 → 주름의 변화(깊이와 칼라) → 주름의 펴짐 → 발열 과정 → 완전한 주름의 펴짐 상태(원두 부피의 변화)
  - 생두 → 원두조직의 팽창 → 목표하는 Roasting Point에서 Stop
- 무게의 변화(Change of Weight)
  - 약(Light Roast) : 10% 정도 감소
  - 중(Medium Roast) : 15% 정도 감소
  - 강(Dark Roast) : 20% 정도 감소
- SCAA의 로스팅(Roasting) 단계와 우리나라, 일본의 로스팅 8단계 분류법, 미국 스페셜티 커피 협회(SCAA : Specoalty Coffee Association of America)의 SCAA 분류법. 우리나라와 일본은 8단계 전통분류법을 많이 사용하고 있다.

8단계 분류법			SCAA 분류법	
단계	색	특징	Extra-Light	
라이트 (Light)	밝고 연한 황갈색	신향, 아주 강한 신맛 생두가 열을 흡수하는 초기 단계	Very Light	Tile #95
시나몬 (Cinnamon)	연한 황갈색	다소 강한 신맛 약한 단맛과 쓴맛이 나기 시작 silver skin이 제거되기 시작하는 시점	Light	Tile #85
미디엄 (Medium)	밤색	중간 정도의 신맛과 단맛, 약한 쓴맛, 단향이 남. 1차 크랙이 시작되는 시점의 배전도	Midium Light	Tile #75
하이 (High)	밝은 갈색	신맛이 줄어들고 단맛이 나기 시작 약간의 쓴맛이 나기 시작함.	Midium	Tile #65
시티 (City)	갈색	2차 크랙이 일어나기 직전 단계 강하게 느껴지는 단맛과 쓴맛, 신맛의 균형 잡힌 맛과 강한 향미가 나타남.	Midium Dark	Tile #55
풀 시티 (Full-City)	진한 갈색	신맛은 줄어들고 쓴맛 증가 2차 크랙이 일어난 직후 단계 아이스용 베리에이션 음료에 사용하기 좋음.	Dark	Tile #45

8단계 분류법			SCAA 분류법
단계	색	특징	Extra-Light
프렌치 (French)	흑갈색	쓴맛이 강하며 신맛과 단맛이 약하게 느껴짐. 커피 오일이 돌기 시작하는 단계	Very Dark　Tile #35
이탈리안 (Italian)	흑색	로스팅의 마지막 단계 쓴맛이 아주 강하며 색도 아주 진한 흑색을 띰.	Extra Dark　Tile #25

2) 보편적 기준의 3단계

로스팅 정도를 구별하는 여러 가지 기준 방법이 있지만 로스팅 과정을 간략하게 약(Light roasting), 중(Midium roasting), 강(Dark roasting)의 3단계로 나누어 보편적인 기준으로 사용한 방법이다.

단계	Coffee Bean의 변화
약 (Light roasting)	조직이 팽창하여 부피가 증가한다. 색은 서서히 밝은 갈색으로 변하며 곡물, 풀향 등이 난다. 풍미와 향이 약하며 강한 신맛이 난다.
중 (Midium roasting)	Coffee Bean의 부피가 최대치로 증가한다. 신맛이 줄어들지만 쓴맛과 신맛, 단맛의 균형이 있다. Coffee Bean의 표면에 기름이 돌기 시작. 풍미가 증가한다.
강 (Dark roasting)	지속적인 열기로 인해 많은 가스가 빠져나와 Coffee Bean 자체의 향이 감소한다. 어두운 갈색을 띠며 표면에 기름이 가장 많이 분출한다. 강한 쓴맛이 난다.

3) Roasting 방식

- 사용 연료로 인한 분류
  - 가스식
  - 전기식
  - 기타 연료(오일 or 숯)

- 열 전달 방식에 의한 분류
  - 직화식 : 드럼에 타공이 되어 있어 생두에 직접 열이 전달되는 방식
  - 열풍식 : 열원에서 고온의 열을 발생하여 뜨거운 공기에 의해 생두에 열을 전달시켜 볶는 방식으로 온도와 시간조정이 가능하고 대량 생산 가능 (표준화된 품질)
  - 반열풍식 : 직화식과 열풍식의 장점을 결합한 방식으로 일부는 타공된 드럼에 직접 열이 전달되고 일부는 뜨거운 공기로 드럼을 가열하는 방식

4) 로스팅(Roasting) 냉각(Cooling) 방식

- 공냉방식 : 찬 공기를 유입해서 냉각
- 수냉방식 : 물을 분사시켜 냉각

5) 로스팅(Roasting) 기계의 부품들

- 호퍼 : 생두를 담는 곳
- 호퍼 여닫이 레버 : 호퍼에 담긴 생두를 드럼 안으로 들어가게 열어주는 레버
- 드럼 내부 확인창 : 유리로 되어있어 생두가 볶아지는 과정을 눈으로 확인할 수 있는 곳
- 원두 확인봉 : 드럼 안의 생두 볶음 정도와 냄새를 확인하는 봉
- 드럼 여닫이 레버 : 다 볶아진 원두를 냉각 회전판으로 배출시키는 레버
- 불꽃 감지창 : 화력을 눈으로 감지할 수 있는 창
- 배기댐퍼 : 공기의 흐름을 조절하는 장치
  - 드럼 내부의 열량 조절
  - 로스팅 단계 조절, 향미조절
- 메인 전원 : 로스터기 전기연결 전원
- 냉각기 배출구 : 냉각된 원두를 배출시키는 곳
- 냉각 회전판 : 다 볶은 원두를 식혀주는 회전판
- 냉각기 스위치 : 냉각 회전판이 돌아가게 하는 스위치
- 배기팬 스위치 : 연기를 빠지게 하는 팬이 돌아가게 하는 스위치
- 드럼 스위치 : 드럼이 돌아가게 하는 스위치
- 점화 스위치 : 로스팅 기계를 점화하는 스위치

6) 포장(Packaging)

- Roasted Coffee Bean : 로스팅 후 탄산가스가 방출되어야 하기 때문에 약 8시간 후 포장

구분	내용	보관기간
밀폐용기	대기와 같은 환경(온도 약 15℃ 내외, 습도 약 40% 내외)	약 10~15일
밸브포장	가장 많이 사용하는 방법. 1960년대 후반 이탈리아의 Luigi Goglio에 의해 개발, 원웨이밸브(One way valve 또는 아로마밸브, 프레시밸브)를 포장재에 부착. 탄산가스가 방출, 습기의 유입 방지	약 1년
진공포장	내부의 공기를 제거하는 포장방식	약 2년
질소포장	포장재 속의 공기를 없애고 질소가스를 채우거나 내부의 공기 자체를 질소로 치환하는 포장방식	약 2년

7) 원두의 보관 방식

- 냉암 장소-빛이 없는 어두운 곳, 서늘하고 습도가 낮은 곳

8) 커피의 성분

- 커피의 맛과 향을 좌우하는 것은 어떤 Green Coffee Bean이냐에 따라 결정
- Green Coffee Bean 구성 성분

성분	함유량
탄수화물	50%
단백질	13%
지방	12%
수분	11%
유기산	8%
무기질	4%
기타	2%

(Coffee Bean의 품종, 토양, 취급방법에 따라 함유량이 달라질 수 있다.)

- 휘발성 유기산의 종류 : 커피의 향은 품질을 결정짓는 중요한 요소 중의 하나이다.
  - 아세톤(Acetone)
  - 이메틸 푸란(2-Methyl Furan)
  - 피리딘(Pridine)
  - 푸르푸랄(Furfural)
  - 피롤(Pyrrole)

- 포화지방산 : 팔미트산(Palmitic acid), 스테아르산(Stearic acid)
- 불포화지방산 : 올레산(Oleic acid) 리놀레산(Linoleic acid) : 물에 빠르게 용해되며 신맛을 결정
- 클로로겐산(Chlorogenic acid)
  - 폴리페놀 화합물의 일종
  - 생체 내에서 과산화지질의 생성 억제효과, 콜레스테롤 생합성 억제효과 및 항산화 작용, 항암작용 등을 한다.
  - 떫은맛을 내는 탄닌의 주성분으로 커피콩을 볶거나 가열에 의해 감소한다.
  - 탄닌 성분이 적을수록 덜 자극적이고 고급스러운 맛을 낸다.
  - 숙취의 원인이 되는 아세트알데히드 분해 촉진
  - 포도당 농축과 혈당 수치를 감소시키며 당뇨병에 도움이 된다.(당뇨병 예방 차원에서 커피를 하루 3~4잔(한 잔 당 150ml) 섭취 시 당뇨병에 걸릴 확률이 20~40% 낮아짐)
  - 지방을 분해하여 체중유지에 도움을 준다.
  - 아데노신 수용체를 차단하여 파킨슨씨병 예방에도 도움이 된다.
- 단당류(Monosaccharide) : 탄수화물의 단위체. 볶으면 캐러멜화 반응을 일으켜 물에 잘 녹는 갈색의 물질로 변하며 단맛을 낸다.
- 트리고넬린(Trigonelline) : 쓴맛은 카페인에 1/4 정도이며 다른 성분과 반응하여 향기를 형성, 치매 예방, 공기와 반응하여 니코틴산+니코틴산아니드로 변한다.
- 카페인(Caffeine) : 쓴맛을 내는 성분 중의 하나 중추신경 흥분제, 심장 수축력 증가, 위액 분비 촉진, 이뇨효과가 있다. 인체에 섭취된 카페인이 절반으로 줄어드는 시간은 정상적인 사람의 경우 2~3시간이다. 카페인의 역사는 1820년 스위스의 생리학자 루게(Ruge)에 의해 커피콩에서 처음 발견되었고, 1827년 영국의 오드리(Oudry)가 녹차 잎에서 발견했다.

커피나무의 특성 필기예상문제

1. 다음 중 커피나무에 대한 설명으로 옳은 것은?
① 기온이 높고 건조한 지역에서 잘 자란다.
② 직사광선을 맞으면 훨씬 좋은 열매를 맺는다.
③ 다년생에 외떡잎식물이다.
④ 아열대 관목식물로 꼭두서니과 코페아속으로 분류한다.
⑤ 커피나무의 크기는 3~12m까지 성장하지만 손쉬운 경작을 위해 6~7m로 관리한다.

2. 다음 중 계통분류학적으로 커피나무의 과명(科名)은?
① 동백나무과　　② 운향과　　③ 차나무과
④ 장미과　　⑤ 꼭두서니과

3. 다음 중 Coffee bean의 재배과정으로 틀린 것은? (43쪽)
① 파치먼트 상태로 심으면 약 1개월 후 떡잎이 난다.
② 10주에서 12주 후 본 잎이 나온다.
③ 직사광선을 받으며 못자리에서 6개월 정도를 키운다.
④ 약 1년 후 경작지로 옮겨 심는다.
⑤ 약 3년이 지나면 커피 수확이 가능하다.

4. 다음 중 커피나무에서 커피 꽃이 개화하는 시기로 옳은 것은? (45쪽)
① 1년　　② 2년　　③ 3년
④ 4년　　⑤ 5년

5. 다음 중 일반적으로 커피 체리에는 두 개의 콩이 마주보고 들어 있는 것을 무엇이라 하는가? (46쪽)
① peaberry　　② flat bean　　③ Green bean
④ soy bean　　⑤ twice pea

6. 다음 중 커피나무를 재배할 때 가지치기에 대한 설명으로 틀린 것은? (47쪽)

① 관리-수확에 알맞은 모양을 유지한다.
② 살균제와 해충제 살포가 용이하게 한다.
③ 기생충과 질병 퍼짐을 최소화시킨다.
④ 웃자란 가지와 병든 가지를 제거한다.
⑤ 더 많은 수확을 위해서는 가지치기를 하지 않는 것이 좋다.

7. 일반적인 커피체리에는 두 개의 생두가 있는데 간혹 환경이나 영양 상태에 따라서 커피콩이 하나밖에 없는 생두의 명칭으로 올바른 것은? (46쪽)

① 플랫빈(Flat Bean)   ② 그린빈(Green Bean)
③ 트라이앵글빈(Triangular Bean)   ④ 피베리(Peaberry)
⑤ 퀘이커(Quaker)

8. 다음 중 커피나무에서 피는 커피 꽃의 특징으로 틀린 것은? (45쪽)

① 꽃잎의 색은 하얀색이며 재스민과 같은 향이 난다.
② 잎이 떨어져 있는 가지 부분의 송이에서 자라고 핀다.
③ 꽃이 피어 있는 기간은 일주일 미만으로 짧다.
④ 한 나무에서 꽃이 피었다 지는 시기는 약 한 달 정도 걸리며 모든 지역에서 다양하다.
⑤ 꽃잎은 5장, 수술 5개, 암술 1개로 구성되어 있다.

9. 다음 중 커피체리의 구성을 외측 면에서 내측 면의 순서대로 나열한 것은? (45쪽)

① Outer Skin - Pulp - Parchment - Silver Skin - Green Bean
② Outer Skin - Parchment - pulp - Green Been - Silver Skin
③ Outer Skin - Pulp -Silver Skin - Parchment - Green Bean
④ Outer Skin - Silver Skin - Pulp - Silver Skin - Green Bean
⑤ Outer Skin - Parchment - Pulp - Sliver Skin - Green Bean

10. 다음 중 커피생산의 저해요인을 모두 고르시오. (46쪽)

가. 녹병	나. 사이클론
다. 1,500~2,000mm의 강수량	라. 엘니뇨
마. 15~25℃의 기온	

① 가, 나 　　　　② 다, 라 　　　　③ 가, 라, 마
④ 가, 나, 라 　　　⑤ 가, 나, 다, 라

11. 다음 중 커피체리에 관한 설명으로 틀린 것은? (45쪽)
① Outer Skin은 체리의 겉껍질을 말한다.
② 과육은 커피열매의 내과피에 포함되는 2mm 두께의 점액질과 과육부분을 칭한다.
③ Parchment는 실버스킨에 붙어 있는 딱딱한 껍질을 의미한다.
④ Silver Skin은 생두에 붙어 있는 얇은 막을 말한다.
⑤ Green Bean은 가공되지 않은 상태의 콩을 말한다.

12. 다음 중 커피를 재배하기에 알맞은 조건으로 옳은 것은? (46, 49쪽)
① 커피재배에 좋은 토양은 표토층이 깊고 투과성이 좋으며 약알칼리성이다.
② 커피는 재배고도가 높을수록 생두의 밀도가 떨어지며 맛과 향이 좋지 않다.
③ 재배 온도와 습도가 높은 지역에서 커피체리가 빨리 익으며 맛과 향이 좋다.
④ 커피 재배에 적당한 습도는 85% 이상이다.
⑤ 커피 열매의 원활한 수확을 위해서는 연 2,200~2,400시간의 일조량이 필요하다.

13. 다음 중 생두에 관한 설명으로 옳지 않은 것은? (46쪽)
① 생두의 가운데에 있는 홈을 센터 컷이라 부른다.
② 생두는 평균적으로 하나의 체리에 두 개가 존재한다.
③ 하나의 체리에 하나의 생두가 있는 경우 플랫빈이라 부른다.
④ 피베리는 고령의 커피나무에서 수확된다.
⑤ 생두의 색깔은 대체로 연녹색, 녹색, 갈색 등이다.

14. 다음 중 커피나무에 대한 설명으로 옳지 않은 것을 고르시오.
① 뿌리 성장의 최적 조건은 26℃이며, 야간에도 20℃ 이상은 되어야 한다.
② 커피나무의 뿌리 중 주근은 지표면에서 45cm까지 뻗는다.
③ 커피나무의 잎은 긴 타원형의 모양을 지닌다.
④ 성장한 커피나무의 잎은 짙은 녹색을 띠며 광택이 있고 끝이 둥글다.
⑤ 야생의 커피나무는 4~12m 정도 자란다.

15. 다음 중 커피나무를 1753년에 종별로 분류한 스웨덴의 식물학자는? (43쪽)
① 피에트로 로시(Pietro Rossi) ② 이래즈머스 다윈(Erasmus Darwin)
③ 윌리엄 왓슨(William Watson) ④ 그레고어 멘델(Gregor Mendel)
⑤ 칼 폰 린네(Carl von Linn)

16. 다음 중 셰이드 트리(Shade Tree)의 역할에 대한 설명으로 틀린 것은? (42쪽)
① 대규모 농장에서 사용한다.
② 커피 재배의 온도를 일정하게 제어하는 역할을 한다.
③ 직사광선과 수분 증발을 막아준다.
④ 토양의 침식을 막아주고 잡초의 성장을 억제한다.
⑤ 꽃이 많이 피거나 가지가 말라가는 것을 방지하는 역할을 한다.

17. 다음 중 커피나무의 식물학적 분류로 올바른 것은? (43쪽)
① 꼭두서니과 코페아속 티피카 ② 꼭두서니과 코페아속 카투라
③ 꼭두서니과 코페아속 아라비카 ④ 꼭두서니과 코페아속 카투아이
⑤ 꼭두서니과 코페아속 버번

18. 커피나무에서 꽃이 피고 열매가 열리는 시기가 뚜렷이 구분되는 지역은?
① 고산지대 ② 저지대
③ 대규모 농장 ④ 비가 많이 오는 다습한 지역
⑤ 일조량이 많은 곳

19. 다음 중 커피나무에 대한 설명으로 옳은 것을 모두 고르시오. (43쪽)

| ㉠ 꼭두서니과 | ㉡ 다년생 | ㉢ 외떡잎식물 |
| ㉣ 관목 | ㉤ 상록수 | |

① ㉠, ㉡
② ㉡, ㉢, ㉣
③ ㉡, ㉢, ㉣, ㉤
④ ㉠, ㉡, ㉣, ㉤
⑤ ㉢, ㉣, ㉤

20. 커피나무에서 피는 꽃에 대한 특징으로 옳은 것은? (45쪽)

| ㉠ 재스민 같은 향 | ㉡ 흰 색 |
| ㉢ 나무의 모든 꽃의 함께 개화 | ㉣ 8장의 꽃잎 |

① ㉠
② ㉡
③ ㉠, ㉡
④ ㉢, ㉣
⑤ ㉠, ㉡, ㉢, ㉣

21. 커피체리가 익어가면서 나타나는 색의 변화로 옳은 것은? (45쪽)

① 초록 – 노랑 – 빨강 – 검붉음
② 초록 – 노랑 – 갈색 – 검붉음
③ 노랑 – 초록 – 갈색 – 빨강
④ 노랑 – 초록 – 빨강 – 검붉음
⑤ 초록 – 노랑 – 빨강 – 갈색

22. 다음 글에서 설명하는 커피체리는 어느 부분은? (45쪽)

> 색은 연노란 색으로 신맛과 약간의 단맛을 가지고 있다. 특이한 향이 있으며, 두 겹의 얇은 막으로 싸여 있는 씨를 품고 있다.

① 외과피
② 중과피
③ 은피
④ 내과피
⑤ 생두

23. Peaberry에 대한 설명으로 바르지 않은 것을 모두 고르시오.

㉠ 일반적인 커피 체리에서 나오는 생두이다.	㉡ 하나의 둥근 씨를 말한다.
㉢ 고령의 커피나무에서 수확된다.	㉣ 6년 정도 된 나무에서 잘 발견된다.
㉤ 결점두로 취급되며 좋지 않은 맛을 낸다.	

① ㄱ, ㄴ, ㄹ   ② ㄱ, ㄴ, ㄷ   ③ ㄹ, ㅁ
④ ㄱ, ㄹ, ㅁ   ⑤ ㄷ, ㄹ, ㅁ

24. 다음 설명 중 ( ) 안에 들어갈 말로 옳은 것은?

> 커피나무는 고온 다습한 열대. 아열대 지역의 (　　)에서 자라며, 야생의 커피나무는 약 3~12m로 성장한다. 그러나 수월한 경작을 위해 농장에서는 (　　)로 관리한다.

① 고지대/3~5m   ② 고지대/2m 이하   ③ 저지대/3~5m
④ 저지대/2m 이하   ⑤ 평야/3~5m

25. 다음 중 커피체리의 명칭이 바르게 연결된 것을 모두 고르시오. (45쪽)

> ㄱ 은피 - Silver skin   ㄴ 콩 - Bean   ㄷ 내과피 - Pulp
> ㄹ 외과피 - Outer skin   ㅁ 중과피 - Parchment

① ㄱ, ㄴ, ㄷ, ㄹ, ㅁ   ② ㄱ, ㄴ, ㄹ   ③ ㄴ, ㄷ, ㅁ
④ ㄱ, ㄹ, ㅁ   ⑤ ㄴ, ㄷ, ㄹ

26. 다음 글에서 ( ) 안에 들어갈 숫자로 옳은 것은? (49쪽)

> 카페인은 커피의 종에 따라 다르게 포함되어 있다. 아라비카종에는 평균 (　)%의 카페인이, 로부스타종에는 평균 (　)%의 카페인이 들어 있다.

① 0.2%/1%   ② 0.5%/2%   ③ 1.2%/2.2%
④ 2.2%/1.2%   ⑤ 2%/3%

27. 다음 중 아라비카(Arabica)의 주생산국이 아닌 곳은? (49쪽)

① 브라질   ② 코스타리카   ③ 콩고
④ 케냐   ⑤ 탄자니아

28. 다음 설명하는 커피의 종으로 옳은 것은? (49쪽)

> 최초 발견지는 에티오피아의 고산지대이다. 여러 세기 동안 꾸준히 재배되었으며 높은 품질을 지녔다. 아직까지 가장 널리 재배되며 전체 커피 생산량의 70%를 차지하는 커피이다.

① 로부스타 ② 카네포라 ③ 리베리카
④ 아라비카 ⑤ 문도노보

※ 다음 글을 읽고 문제에 답하시오.

> 아라비카종은 해발 약 (㉠) 이상에서 자라고 다 자랄 경우 높이가 (㉡)이다. 기온은 (㉢)가 적합하며, 질병에 매우 취약하다. 또한 미네랄이 풍부한 (㉣)이 필요하다.

29. ㉠에 들어갈 숫자로 옳은 것은? (49쪽)

① 100m ② 300m ③ 800m
④ 1000m ⑤ 1500m

30. ㉡에 들어갈 숫자로 옳은 것은?

① 1m ② 2~3m ③ 5~6m
④ 7~8m ⑤ 10m 이상

31. ㉢에 들어갈 온도로 옳은 것은?

① 10~20℃ ② 15~25℃ ③ 20~30℃
④ 25~35℃ ⑤ 35℃ 이상

32. ㉣에 들어갈 단어로 옳은 것은?

① 토양 ② 물 ③ 기후
④ 비료 ⑤ 농약

33. 다음은 아라비카와 카네포라의 차이점을 설명한 글이다. 다음 글에서 옳지 않은 부분을 고르시오. (49쪽)

> 아라비카종은 카네포라종과 잎의 모양과 꽃, 생두의 모양과 품질에서 차이를 보인다.
> ① 아라비카는 카네포라에 비해 카페인 함량이 적다.
> ② 아라비카는 카네포라에 비해 질병에 취약하다.
> ③ 카네포라는 아라비카에 비해 생산이 쉽고 용이하다.
> ④ 전 세계적으로 가장 많이 재배되는 종은 카네포라종이다.
> ⑤ 카네포라는 아라비카보다 맛과 향이 떨어져 인스턴트 커피에 많이 사용된다.

34. 일반적으로 커피나무 재배에 알맞은 기후와 토양조건을 갖추고 있는 지역을 지도에서 보면 하나의 띠를 이루고 있는데 이를 부르는 명칭으로 옳은 것은? (43쪽)

① Coffee district ② Coffee area ③ Coffee band
④ Coffee spot ⑤ Coffee belt

35. 커피 존(Coffee zone) 중에서도 커피재배의 최적지는 남북회귀선 ( )의 고산지대이다. 옳은 것은? (43쪽)

① 20도 ② 21.5도 ③ 23.5도
④ 25도 ⑤ 30도

36. 커피나무의 재배에 영향을 주는 요소로 옳지 않은 것은?

① 온도 ② 고도 ③ 강수량
④ 경도 ⑤ 경작 시스템

37. 커피나무가 자라기 좋은 토질에 대한 설명으로 옳지 않은 것은?

① 비옥한 토양이어야 한다.
② 약산성 토양에서 잘 자란다.
③ 인, 염소산칼슘, 마그네슘의 비율이 잘 어우러져야 한다.
④ 토양에 미네랄 성분이 부족할 경우 비료를 이용한다.
⑤ 배수가 잘되는 모래가 가장 적합하다.

38. 다음 ( )에 들어갈 단어로 적절한 것은?

> 커피 재배에 가장 적합한 토양은 미네랄이 풍부한 ( )토양이며, 가장 적정한 온도는 15~25℃이다.

① 모래 ② 진흙 ③ 화산재
④ 황토 ⑤ 부엽토

39. 커피나무의 평균적인 수명으로 옳은 것은? (43쪽)

① 1~5년 ② 5~10년 ③ 10~15년
④ 20~30년 ⑤ 50년 이상

40. 아라비카(Arabica)종의 커피나무가 첫 개화를 하는 시기로 옳은 것은?

① 5개월 ② 1년 ③ 3년
④ 6년 ⑤ 8년

41. 다음은 가지치기에 대한 설명이다. ( )에 들어갈 말을 고르시오?

> 가지치기의 목적은 다양하다. 우선 늙은 가지를 제거하고, 새로운 가지가 자라 생산에 도움을 주기 위한 목적과 관리하기 쉬운 모양의 유지에 목적이 있다. 또한, 해충제를 뿌리는 것을 쉽게 하며 ( )과 ( )의 확산을 최소한으로 줄여준다.

① 기생충, 질병 ② 열사병, 서리 ③ 기생충, 서리
④ 질병, 서리 ⑤ 열사병, 기생충

정답

1.④ 2.⑤ 3.③ 4.③ 5.② 6.⑤ 7.④ 8.② 9.① 10.④
11.② 12.⑤ 13.③ 14.④ 15.⑤ 16.① 17.③ 18.① 19.④ 20.③
21.① 22.② 23.④ 24.② 25.② 26.③ 27.③ 28.④ 29.③ 30.①
31.② 32.① 33.④ 34.⑤ 35.③ 36.④ 37.⑤ 38.③ 39.④ 40.③
41.①

생두 품종 분류 필기예상문제

1. 다음 중 코페아 카네포라(Coffea Canephora)에 대한 설명으로 옳지 않은 것은? (49쪽)

① 고온다습이나 병충해에 강하다.
② 아라비카종에 비해 카페인 함량이 2배 정도 높다.
③ 베트남, 브라질, 인도네시아, 인도, 우간다 등에서 주로 생산된다.
④ 재배된 생두의 대부분은 에스프레소 블렌딩에만 사용된다.
⑤ 1898년 아프리카 콩고에서 발견된 품종이다.

2. 다음 중 코페아 아라비카(Coffea Arabica)의 대표적 품종으로 틀린 것은? (48쪽)

① 티피카(Typica)
② 리베리카(Liberica)
③ 문도노브(Mundo Nobo)
④ 버번(Bourbon)
⑤ 카투라(Caturra)

3. 다음 중 코페아 아라비카(Coffea Arabica)의 품종에 대한 설명으로 옳지 않은 것은? (49쪽)

① 자가수분(Self-pollination)을 하여, 원형을 유지하려는 습성이 있다.
② 아프리카 콩고의 고원 지대에서 발견되었다.
③ 건조, 저습, 고온다습한 환경, 병충해 등에 약하다.
④ 전 세계에서 가장 많이 재배되는 주요 품종이다.
⑤ 향이 좋고, 신맛이 풍부하다.

4. 다음 중 품종의 이름과 설명이 바르지 않게 짝지어진 것을 고르시오. (48쪽)

① 버번(Bourbon) : 예멘에서 인도양의 레위니옹 섬에 이식된 품종이다.
② 티피카(Typica) : 생두의 크기가 작으며, 모양이 길쭉하고 얇은 형태를 가지고 있다.
③ 문도보노(Mundo Novo) : 부르봉의 돌연변이종으로 엘살바도르에서 발견됐다.
④ 카투아이(Catuai) : 커피나무의 크기는 작지만 강풍에 강하며 매년 생산이 가능하다.
⑤ 카투라(Caturra) : 나무의 크기가 작으며, 녹병에 강한 특성을 가지고 있다.

5. 다음 중 1937년 브라질에서 발견된 버번의 돌연변이종으로 생두의 크기는 작지만 신맛이 우수하고 품질이 매우 뛰어난 품종은? (48쪽)

① 문도노보(Mundo Novo)   ② 카투아이(Catuai)
③ 게이샤(Geisha)   ④ 카투라(Caturra)
⑤ 켄트(Kent)

6. 다음 중 아라비카의 대표적인 품종 티피카(Typica)에 대한 설명으로 틀린 것은? (47쪽)

① 생두의 크기는 작은 편이며, 색상은 진한 녹색이다.
② 맛과 향이 좋지만, 병충해에 약하고 생산성이 낮다.
③ 모양이 둥글고 밀도가 높다.
④ 아라비카 원형에 가장 가까운 품종이다.
⑤ 1720년대 카리브해 지역과 라틴 아메리카 지역으로 전파되었다.

7. 다음 중 커피는 적도 중심으로 열대, 아열대 지역에서 주로 생산되며 이 부분을 일반적으로 커피 벨트(Coffee Belt) 혹은 커피 존(Coffee Zone)이라 부른다. 이 지역의 범위는? (43쪽)

① 남위 10°에서 북위 10°   ② 남위 30°에서 북위 28°
③ 남위 30°에서 북위 10°   ④ 남위 25°에서 북위 35°
⑤ 남위 30°에서 북위 15°

8. 다음 중 커피의 재배 기온에 대한 설명으로 틀린 것은? (49쪽)

① 아라비카종의 재배온도는 15~24℃ 정도가 적합하다.
② 아라비카종은 온도가 15℃ 이하로 내려가면 시들어 떨어지게 된다.
③ 카네포라종의 재배온도는 최저 온도가 35℃ 이상이어야 한다.
④ 카네포라종의 재배온도는 연간 평균 기온이 24~30℃가 적합하다.
⑤ 커피나무는 기온이 35℃ 이상이면 엽록소가 파괴되어 재배되지 못한다.

9. 다음 중 아라비카종을 재배하기 위한 연간 강우량으로 옳은 것은?

① 800~1000mm   ② 1000~1500mm   ③ 1200~1500mm
④ 2000~2500mm   ⑤ 3000mm 이상

10. 다음 중 커피종류의 특성을 바르게 짝지은 것은?

① 아라비카 – 쓴맛이 많이 나고, 향이 떨어진다.
② 로부스타 – 재배가 어렵고 고산지대에서 자란다.
③ 아라비카 – 기생충과 질병에 대한 저항력이 강하다.
④ 로부스타 – 전체 커피 생산량의 30%를 차지한다.
⑤ 아라비카 – 로부스타보다 카페인의 함량이 2배 정도 높다.

11. 다음 중 아리비카종에 들어 있는 카페인의 양으로 바른 것은? (49쪽)

① 약 0.2~0.5%   ② 약 0.3~0.7%   ③ 약 0.8~1.5%
④ 약 1.8~2.0%   ⑤ 약 2.5~3%

12. 다음 중 로부스타종에 들어 있는 카페인 양은?

① 약 0.1~1.0%   ② 약 0.5~1.0%   ③ 약 1.0~1.5%
④ 약 2.0~2.5%   ⑤ 약 2.6~3.0%

13. 다음 중 네덜란드에 의해 예멘에서 아시아로 유입된 품종으로 생두 크기가 작고 모양은 길고 얇으며, 타원형으로 뛰어난 신맛을 가진 품종은? (48쪽)

① 카투아이   ② 카투라   ③ 버번
④ 티피카   ⑤ 카티모르

14. 다음 중 프랑스에 의해 인도양 레위니옹 섬에서 이식된 품종으로 작고 둥글며 향미가 우수하고 열매의 숙성이 빠르나 질병에 취약한 품종은?

① 버번   ② 티피카   ③ 카티모르
④ 카투라 ⑤ 카투아이

15. 다음 중 티피카 계열에 수마트라의 자연 교배종으로 신맛과 쓴맛의 밸런스가 좋고 환경 적응력이 좋은 품종은?

① 티피카   ② 버번   ③ 카티모르
④ 몬도노보 ⑤ 카투아이

16. 다음 중 '아주 좋다'란 뜻으로 몬도노브와 카투라의 인공 교배종으로 강풍과 비바람에 강한 품종은? (48쪽)

① 카티모르　　② 카투라　　③ 카투아이
④ 버번　　　　⑤ 티피카

17. 아라비카종 중에서 상업적으로 가장 많이 재배되는 품종은? (47쪽)

① 카투라(Caturra)　　　　② 버본(Bourbon)
③ 티피카(Typica)　　　　 ④ 문도노브(Mundo Novo)
⑤ 마라고지페(Maragogype)

18. 다음 중 아라비카의 특징으로 올바르지 않은 것은?

① 카페인의 함량이 1.2% 함유되어 있다.　② 에티오피아가 원산지다.
③ 연평균 기온이 15~25℃이다.　　　　　④ 가격이 싸고 품질이 낮다.
⑤ 커피 전체 생산량에 70%를 차지한다.

19. 다음 중 아라비카종에 대한 설명이 틀린 것은?

① 아라비카종은 로부스타종과 잎의 모양과 색깔, 꽃 등에서 미세한 차이를 보인다.
② 커피체리는 굵고 균일하다.
③ 로부스타종보다 카페인 함량이 적다는 특색이 있다.
④ 고산지대에서 주로 재배되며, 고급향과 신맛이 풍부하다.
⑤ 병충해에 강하다.

20. 다음 중 로부스타의 특징으로 올바른 것은? (49쪽)

① 로부스타는 에티오피아가 원산지이다.　② 커피 전체 생산량은 70%를 차지한다.
③ 최초의 발견지는 콩고이다.　　　　　　④ 카페인 함량은 1.2%이다.
⑤ 연평균 기온은 15~25℃이다.

21. 다음 중 Coffea Arabica종을 주로 재배하는 국가가 아닌 것은?

① 코스타리카　　② 베트남　　③ 케냐
④ 과테말라　　　⑤ 브라질

22. 다음 중 ICO의 기준에 따른 커피의 4가지 품질그룹으로 옳지 않은 것은? (49쪽)
① Libericas
② Other mild arabicas
③ Robustas
④ Brazilian naturals
⑤ Colombian mild arabicas

23. 다음 중 고산지대 커피의 특징이 아닌 것은?
① 높은 온도를 유지해서 숙성도를 높일 수 있다.
② 열매가 더 단단하다.
③ 신맛이 많이 난다.
④ 향기가 뛰어나다.
⑤ 낮과 밤의 기온차로 인해 열매결실에 유리하다.

24. 다음 중 Coffea Canephora 종을 주로 재배하는 생산지가 아닌 국가는 어디인가?
① 가나
② 콩고
③ 우간다
④ 필리핀
⑤ 콜롬비아

25. 다음 중 로부스타종에 대한 설명으로 틀린 것은?
① 아라비카종보다 나쁜 환경에 적응하여 병충해에 대한 저항력이 강하다.
② 수확량이 많아 경제적 이점이 있다.
③ 습도가 높은 토양에 적합하며, 최적의 강수량은 아라비카종보다 많다.
④ 생육의 최적온도는 15~25℃이다.
⑤ 인스턴트용이나 블렌딩용으로 많이 사용한다.

26. 다음 글에서 ( ) 안에 들어갈 숫자로 옳은 것은? (49쪽)

> 카페인은 커피의 종에 따라 다르게 포함되어 있다. 아라비카종에는 평균 ( )%의 카페인이, 로부스타종에는 평균 ( )%의 카페인이 들어 있다.

① 0.2%, 1%
② 0.5%, 2%
③ 1.2%, 2.2%
④ 2.2%, 1.2%
⑤ 2%, 3%

27. 다음 중 아라비카종 커피나무의 재배를 위한 적정온도 범위는? (49쪽)
① 5~15℃ ② 10~15℃ ③ 12~18℃
④ 15~25℃ ⑤ 24~30℃

28. 다음 중 로부스타종 커피나무의 재배를 위한 적정온도 범위는?
① 5~15℃ ② 10~15℃ ③ 12~18℃
④ 15~25℃ ⑤ 24~30℃

29. 다음 중 커피나무의 가지치기 목적이 아닌 것은? (47쪽)
① 수확에 알맞은 수관을 만든다.
② 늙고 병든 가지를 제거한다.
③ 가지치기는 재배된 지 15년 후부터 행해진다.
④ 살균제와 해충제를 뿌리기 쉽게 한다.
⑤ 기생충과 질병이 퍼지는 것을 최소화한다.

30. 남북회귀선에서 재배되며 세계적으로도 질이 좋다고 알려진 대표적 커피가 아닌 것은? (48쪽)
① 예멘 모카마타리 ② 자메이카 블루마운틴
③ 하와이안 코나 ④ 케냐AA
⑤ 인도 몬순

정답

1.④ 2.② 3.② 4.③ 5.④ 6.③ 7.② 8.③ 9.③ 10.④
11.③ 12.④ 13.④ 14.① 15.④ 16.③ 17.③ 18.④ 19.⑤ 20.③
21.② 22.① 23.① 24.⑤ 25.④ 26.③ 27.④ 28.⑤ 29.③ 30.⑤

커피의 수확 필기예상문제

1. 다음 중 커피 수확방법과 장점이 바르게 연결된 것은? (50쪽)

① 핸드 피킹 – 저렴한 비용으로 수확이 가능하다.
② 스트리핑 – 수확시기를 결정하기 어렵다.
③ 핸드 피킹 – 대량 생산이 가능하다.
④ 기계식 수확 – 나무에 손상을 주지 않고 빠른 수확이 가능하다.
⑤ 스트리핑 – 선별 수확이 가능하며, 수확량이 많은 지역에 적합하다.

2. 다음 중 핸드 피킹(Hand Picking)에 관한 설명으로 틀린 것은?

① 수세식 커피 생산지역에서 이용하는 방법이다.
② 나무에서 익은 체리만 골라서 따는 방법을 말한다.
③ 개화가 연중 일어나는 생산지역에서 사용한다.
④ 나무에서 체리가 70% 익었을 때 사용한다.
⑤ 숙련된 노동력 조달이 어려운 단점이 있다.

3. 다음 중 메커니컬 피킹(Mechanical picking)에 대한 내용이 아닌 것은?

① 나무에서 체리가 70% 익었을 때 수확한다.
② 인건비 절감과 다량수확이 가능하다.
③ 대규모 경작지와 낮은 지역에서 주로 이용한다.
④ 품질이 매우 좋고 나무의 손상도 적다.
⑤ 장비구입비가 많이 들고, 사용가능 지역이 한정되어 있다.

4. 다음 중 생두의 수확시기 기준에 따른 분류법을 기준으로 바르게 짝지은 것은?

① New Crop – 3개월 미만 / Past Crop – 1년 미만 / Old Crop – 2년 이상
② New Crop – 1년 미만 / Past Crop – 3년 미만 / Old Crop – 3년 이상
③ New Crop – 3개월 미만 / Past Crop – 1~2년 미만 / Old Crop – 3년 이상
④ New Crop – 1년 미만 / Past Crop – 1~2년 미만 / Old Crop – 2년 이상
⑤ New Crop – 1년 미만 / Past Crop – 2년 미만 / Old Crop – 3년 이상

5. 다음 중 커피의 수확에 관한 설명으로 바르지 않은 것은?
① 나무를 손상시키지 않고 수확하는 방법은 핸드 피킹(Hand Picking)이다.
② 인건비를 가장 많이 줄일 수 있는 방법은 기계식 수확이다.
③ 브라질과 같은 대규모 농장에서는 기계식 수확을 사용한다.
④ 스트리핑은 품질도 좋고, 빠른 수확이 가능하다.
⑤ 스트리핑은 로부스타를 생산하는 국가에서 주로 사용하는 방식이다.

6. 다음 중 낮은 저지대의 평평한 농장에서 이루어지는 기계식 수확을 가장 일반적으로 사용하는 나라는?
① 코스타리카   ② 과테말라   ③ 케냐
④ 브라질   ⑤ 예멘

7. 다음 중 커피체리의 수확방법에서 'stripping'에 관한 설명으로 옳지 않은 것은?
① 커피체리가 70% 정도 익었을 때 모두 수확한다.
② 대량수확이 가능한 반면 나무에 상처를 줄 수 있다.
③ 품질은 다소 떨어진다.
④ 수확한 열매에서 나뭇잎이나 기타 이물질을 걸러내야 한다.
⑤ 고산지대에서 여러 번에 걸쳐 수확한다.

8. 다음 중 수확량이 많은 지역에서 피커들이 나뭇가지를 훑는 방법으로 수확, 원가 절감 차원에서 나무에서 익은 체리가 70%이었을 때 수확하는 방법은?
① 핸드 피킹(Hand Picking)   ② 스트리핑(stripping)
③ shake   ④ 메커니컬(Mechanical)
⑤ stick pick

9. 다음 중 고산지대 소규모 농장에서 고품질에 잘 익은 체리만 수확하는 방법은?
① 메커니컬(Mechanical)   ② shake
③ 스트리핑(stripping)   ④ stick pick
⑤ 핸드 피킹(Hand Picking)

10. 다음 중 커피 수확의 한 방법으로 핸드 피킹(Hand Picking)에 대한 내용 중 가장 큰 장점으로 옳은 것은?

① 인건비가 절감된다.
② 고품질의 커피를 수확할 수 있다.
③ 수확량이 많은 지역에서 사용하는 방법이다.
④ 품질이 낮은 수확방식이다.
⑤ 나무에 손상을 줄 수 있는 수확방식이다.

11. 다음 글을 읽고 (   ) 안에 들어갈 말을 고르시오.

> 커피나무의 커피체리 수확 기간은 지역과 기후에 따라 다양하지만 고품질의 아라비카종의 수확은 평균적으로 1년에 (   ) 가능하다.

① 1~2회　　　② 3~4회　　　③ 5회 이상
④ 0회　　　　⑤ 항상 수확

12. 다음 (   ) 안에 들어갈 수확방법의 순서로 바르게 짝지어진 것을 고르시오.

> 숙련된 채집자들이 잘 익은 체리만을 골라서 하나씩 채집하는 것은 (㉠)이라 하며, 대부분의 열매가 익기를 기다렸다가 손으로 가지를 훑어 채집하는 방법은 (㉡)이라 한다. 사람이 채집하지 않고 기계로 나무에 진동을 주어 채집하는 방법은 (㉢)이라 한다.

① ㉠ – Hand picking, ㉡ – Mechanical, ㉢ – Striping
② ㉠ – Hand picking, ㉡ – Striping, ㉢ – Mechanical
③ ㉠ – Mechanical, ㉡ – Hand picking, ㉢ – Striping
④ ㉠ – Striping, ㉡ – Mechanical, ㉢ – Hand picking
⑤ ㉠ – Striping, ㉡ – Hand Picking, ㉢ – Mechanical

13. Hand Picking의 단점으로 틀린 것은?

① 비용이 많이 든다.　　　② 숙련된 Picker의 조달이 어렵다.
③ 생산량이 적다.　　　　④ 나무에 손상을 준다.
⑤ 넓은 농장에서는 사용하기 어려운 수확방법이다.

14. Striping의 단점으로 옳은 것은?

① 노동력이 많이 필요하다.　　② 고품질의 수확물을 얻기가 어렵다.
③ 비용이 많이 든다.　　　　　④ 속도가 느리고 나무에 손상을 준다.
⑤ 많은 생산량을 수확하기 어렵다.

정답

1.② 2.④ 3.④ 4.④ 5.④ 6.④ 7.⑤ 8.② 9.⑤ 10.②
11.② 12.② 13.④ 14.②

커피의 가공 필기예상문제

1. 다음 중 커피가공에 대한 설명으로 틀린 것은? (51쪽)

① 커피체리는 수확한 후 바로 옮겨 가공 처리를 하여야 한다.
② 커피체리를 수확 후 가공 처리하는 시간은 일반적으로 30시간 안이다.
③ 커피는 가공 방식이 다르면 같은 생두라도 맛과 향이 전혀 달라진다.
④ 커피체리의 가공 방식은 커피의 가격에 영향을 미친다.
⑤ 커피의 가공 방식은 크게 건식법과 습식법으로 나눈다.

2. 다음 중 자연 건조법(Natural Dry Process)의 설명으로 옳은 것은? (51쪽)

① 높고 균일한 품질의 생두를 생산할 수 있다.
② 신맛이 강하며 향이 좋다.
③ 자연 건조법으로 생산된 생두는 녹색을 띠며, 센터 컷은 흰색이다.
④ 로부스타 대부분은 건식법을 사용한다.
⑤ 물이 풍부하고 햇빛이 좋은 지역에서 주로 이용된다.

3. 다음 중 세척 건조법(Washed or Wet Process)의 순서로 옳은 것은? (51쪽)

① 수확 & 분리 – 세척 – 과육제거 – 발효 – 세척 – 건조
② 수확 & 분리 – 과육제거 – 세척 – 발효 – 세척 – 건조
③ 수확 & 분리 – 발효 – 세척-과육제거 – 세척 – 건조
④ 세척 – 수확 & 분리 – 과육제거 – 발효 – 세척 – 건조
⑤ 세척 – 수확 & 분리 – 발효 – 과육제거 – 세척 – 건조

4. 다음 중 커피 가공 방식에 따른 원두의 특성이 바르게 짝지어진 것은?

① 자연 건조법 – 신맛이 강하며 바디감이 좋다.
② 세척 건조법 – 깔끔하며 복합적인 맛이 난다.
③ 반수세식 건조법 – 단맛과 바디감이 강하다.
④ 세척 건조법 – 향미가 풍부하고 균등한 품질을 보인다.
⑤ 자연 건조법 – 향이 일정하며 깔끔한 맛이 난다.

5. 다음 중 커피를 가공 후 건조하는 과정에 대한 설명으로 옳은 것은? (51쪽)
  ① 건조 과정 초반부에는 과열이 잘 되기에 주의해야 한다.
  ② 빠르게 건조하는 경우가 천천히 건조를 진행한 경우보다 색상이 고르게 나타난다.
  ③ 생두의 수분함량은 12%로 유지시킨다.
  ④ 좋은 커피를 위해서는 일정한 온도 조절과 최소한의 갈퀴질이 필요하다.
  ⑤ 파치먼트 상태에서는 45℃, 체리 상태에서는 40℃를 초과하여서는 안 된다.

6. 다음 중 세척건조 과정에서 외과피를 제거한 커피씨의 점액층의 두께는?
  ① 0.5~2mm   ② 2~3mm   ③ 3~4mm
  ④ 4~5mm   ⑤ 5~6mm

7. 다음 중 세척 건조법에 대한 설명으로 틀린 것은?
  ① 세척 건조법은 20시간 이내에 수확한 신선한 체리를 사용해야 한다.
  ② 과정이 복잡하지만 불필요한 맛과 냄새를 제거할 수 있다.
  ③ 친환경적 방법이다.
  ④ 발효과정 중에는 화학반응이 촉진되도록 자주 저어줘야 한다.
  ⑤ 마지막 세척 단계에서는 반복적으로 씻어 점액을 완전히 제거해야 한다.

8. 다음 중 커피의 자연건조 가공방식에 관한 설명으로 맞는 것은?
  ① 인건비가 많이 드나 품질이 좋다.
  ② 기계에 대한 의존도가 높은 편이다.
  ③ 품질이 낮고 불균일하며 물사정 좋지 못한 지역에서 이용한다.
  ④ 세척가공방식보다 비용이 많이 든다.
  ⑤ 대체적으로 품질이 우수하다.

9. 다음 중 세척 건조법 사용 시 발효과정에서 오염된 물로 발효가 된다면 커피에서 무슨 향이 날 수 있는가?
  ① 포도주 향   ② 양파 향   ③ 치즈 향
  ④ 헤이즐넛 향   ⑤ 무향

10. 다음 중 커피의 세척건조 가공방식에 대한 설명으로 옳지 않은 것은?

① 품질이 좀 더 균일하며 자연건조 가공방식보다 높은 가격으로 판매된다.
② 아라비카 생산에 주로 이용된다.
③ 발효과정을 거쳐 환경오염의 문제를 야기한다.
④ 단맛이 강하고 바디감이 좋다.
⑤ 물이 풍부한 지역에서 주로 행해진다.

11. 다음 중 펄프드 내추럴(Pulped Natural) 방식에 대한 설명으로 틀린 것은? (51쪽)

① 파치먼트에 점액질이 붙어있는 채로 말린다.
② 품질이 낮고 불균일하다.
③ 1990년 초 브라질에서 처음 시도되었다.
④ 수확 & 분리 - 과육 제거 - 건조 순서로 가공된다.
⑤ 향미가 풍부하며 신맛이 강하고 맛이 깔끔하다.

12. 다음 중 고품질의 아라비카종에 많이 쓰이는 가공방법은?

① 자연 건조법(Natural Dry Process) ② 세척 건조법(Washed Wet Process)
③ 반수세식 건조법(Semi Washed)   ④ 펄프드 내추럴(Pulped Natural)
⑤ 선 드라이(Sun dry) Process

13. 다음 중 생두의 적정 수분함량은 어느 정도인가? (51쪽)

① 2~3%   ② 5~9%   ③ 10~13%
④ 15~18%   ⑤ 20%

14. 수확 후 이물질 제거 분리, 펄핑, 세척, 건조 과정을 거치며 환경오염을 줄이기 위해 고안해낸 가공방법은? (51쪽)

① 자연 건조법(Natural Dry Process) ② 세척 건조법(Washed Wet Process)
③ 반수세식 건조법(Semi Washed)   ④ 펄프드 내추럴(Pulped Natural)
⑤ 선 드라이(Sun dry) Process

15. 다음 중 수확 후 외과피를 제거한 후 파치먼트에 점액질이 붙어있는 상태로 건조하는 가공방법은? (51쪽)

① 자연 건조법(Natural Dry Process)　② 세척 건조법(Washed Wet Process)
③ 반수세식 건조법(Semi Washed)　④ 펄프드 내추럴(Pulped Natural)
⑤ 선 드라이(Sun dry) Process

16. 커피체리를 수확한 후 그대로 햇빛에 건조시키는 가공방법으로 단맛과 바디를 좋게 하는 방법은?

① 내추럴(Natural)　② 워시드(Washed)
③ 펄프드 내추럴(Pulped-natural)　④ 세미 워시드(Semi-washed)
⑤ 습식법(Wet method)

17. 다음은 커피콩의 점액질(mucilage)에 부분에 대한 설명이다. 옳지 않은 것은?

① 점액질은 0.5~2.0mm의 두께로 파치먼트를 싸고 있다.
② 제거 과정에서 환경오염이 발생할 수 있다.
③ 모든 가공방식에서 점액 제거가 먼저 이루어진다.
④ 신맛과 단맛이 나며 투명하고 매우 미끄러우며 펙틴과 당류로 구성되어 있다.
⑤ 기계나 화학제품 또는 발효를 통해 점액질을 제거한다.

18. 다음 중 껍질 속에 있는 커피 건조에 대한 설명이 틀린 것은? (51쪽)

① 건조되는 커피콩은 10~12% 수준의 수분을 유지해야 한다.
② 껍질이 마르기 전에 자주 커피콩을 뒤집어 주어야 한다.
③ 아프리칸 베드 건조기간은 5~10일 정도 걸린다.
④ 커피콩의 온도는 45℃ 이내에서 건조되어야 한다.
⑤ 파티오건조가 아프리칸 베드보다 건조기간이 짧다.

19. 다음 중 체리의 건조하기 전의 수분함량은?

① 약 20~30%　② 약 30~40%　③ 약 40~50%
④ 약 50~60%　⑤ 약 60~70%

20. 자연 건조 가공방법(Natural dry process)을 이용하는 대표적인 나라가 아닌 곳은?
① 예멘 ② 우간다 ③ 인도네시아
④ 콩고 ⑤ 자메이카

21. Sun Dry와 Mechanical Dry의 비교 설명 중 바르지 않은 것을 고르시오.
① Sun Dry는 건조기간이 7~10일 정도 걸리나 Mechanical Dry는 40시간이다.
② Mechanical Dry는 기후의 영향을 많이 받는다.
③ Sun Dry는 인건비가 많이 든다.
④ Mechanical Dry는 투자비가 많이 든다.
⑤ 품질의 편차가 적은 방법은 Mechanical Dry다.

22. 커피체리의 가공과정 중 건조 단계에 대한 설명으로 옳지 않은 것은?
① 좋은 품질의 생두를 위해서는 일정한 온도 조절이 필요하다.
② 생두를 수시로 뒤집어 주는 갈퀴질은 되도록 횟수를 줄여야 고품질의 생두가 생산된다.
③ 공기의 전달이 원활해야 좋은 품질의 생두를 만들 수 있다.
④ 자연 건조(Natural Dry)와 기계 건조(Mechanical Dry) 방법이 있다.
⑤ 자연 건조(Natural Dry)에 비해 기계 건조(Mechanical Dry)가 시간이 짧게 걸린다.

23. Sun Dry에 대한 설명으로 옳지 않은 것을 고르시오.
① 인건비가 많이 든다. ② 기후의 영향을 많이 받는다.
③ 품질의 편차가 적고 일정하다. ④ 건조 기간은 7~10일 정도 걸린다.
⑤ 투자비가 적게 든다.

24. Mechanical Dry의 단점으로 옳은 것은?
① 시간이 오래 걸린다. ② 기후의 영향을 많이 받는다.
③ 인건비가 많이 든다. ④ 품질의 편차가 많다.
⑤ 투자비가 많이 들어간다.

25. Sun Dry의 장점으로 바른 것을 모두 고르시오.

㉠ 중량의 손실이 적다.	㉡ 인건비가 적게 든다.
㉢ 투자비가 적게 든다.	㉣ 품질의 편차가 적다.

① ㉠ ② ㉠, ㉡ ③ ㉡, ㉢, ㉣
④ ㉢ ⑤ ㉠, ㉢, ㉣

26. Washed Wet Process 과정 중 발효 과정에서 Coffee bean이 발효되는 동안 저어줄 때 일어나는 현상으로 옳은 것은? (51쪽)

① Coffee bean의 온도가 떨어진다.
② 화학반응이 촉진된다.
③ 산성화 반응이 느려진다.
④ 부피가 줄어든다.
⑤ 수분이 늘어난다.

27. Washed wet process로 가공된 Coffee bean의 특징으로 옳은 것을 모두 고르시오.

㉠ 발효에 의해 산도가 높다.	㉡ 품질이 균일하다.
㉢ 단맛과 바디감이 좋다.	㉣ 향이 풍부하다.

① ㉠, ㉡ ② ㉡, ㉣ ③ ㉢
④ ㉠, ㉡, ㉣ ⑤ ㉠, ㉡, ㉢, ㉣

28. Washed wet process의 가공 과정 중 점액질을 제거하기 위한 단계는?

① Washing ② Pulping ③ Drying
④ Separation ⑤ Fermentation

29. Washed wet process의 발효 과정은 몇 가지 방법이 이용되는가?

① 1가지 ② 2가지 ③ 3가지
④ 4가지 ⑤ 5가지

30. Washed wet process의 가공 과정에서 발효 과정이 끝난 후 이루어지는 과정은?
① Pulping　　　② Washing　　　③ Separation
④ Drying　　　　⑤ Fermentation

31. Natural Dry Process를 사용하는 지역의 특성으로 옳은 것은?
① 일조량이 적은 지역　　　② 강우량이 적은 지역
③ 습기가 많고 물이 풍부한 지역　　　④ 나무가 울창한 지역
⑤ 지역과 관계없이 사용되는 방법

32. 파티오(Patio) 건조에 대한 설명으로 옳지 않은 것은? (51쪽)
① 생두를 건조하는 공간을 뜻한다.
② 하루에 최소한의 갈퀴질만을 해야 한다.
③ 배수를 위해 약간의 경사가 져 있다.
④ 파치먼트의 경우 7~15일 동안 말려야 한다.
⑤ 일반적으로는 콘크리트, 아스팔트, 타일로 만들어진다.

33. 다음 글이 설명하는 가공방법은?

> 커피체리의 외과피만을 제거한 후 그대로 말려 단맛과 바디감이 좋고 향이 풍부하다.

① Pulped natural　　　② Semi-washed process
③ Washed wet process　　　④ Natural process
⑤ Sun dry process

34. 기계로 커피체리의 껍질을 제거하고 과육을 물로 세척한 후 Parchment 상태로 말리는 가공방법을 무엇이라고 하는가? (51쪽)
① Natural process　　　② Washed wet process
③ Semi-washed process　　　④ Drying process
⑤ Pulped natural

35. 가공방법 중 발효 과정이 포함된 것을 모두 고르시오.

| ㉠ Washed wet process | ㉡ Natural process | ㉢ Pulped natural |
| ㉣ sun dry | ㉤ Semi-washed process | |

① ㉠
② ㉡
③ ㉢, ㉣
④ ㉠, ㉡, ㉢, ㉤
⑤ ㉡, ㉢, ㉤

36. 커피의 가공 방법 중 물의 사용이 가장 많아 환경오염을 야기시키는 것은?
① Washed wet process
② Natural process
③ Pulped natural
④ Dry method
⑤ Semi-washed process

37. 커피체리의 40~42%의 무게를 차지하며, 당분과 수분이 많이 포함되어 있고 부피가 크고 썩기 쉬워 커피의 가공 시 수확 후 빠르게 분리 작업을 해야 하는 부분은?
① Outer skin
② Parchment
③ Pulp
④ Silver skin
⑤ Green bean

38. Washed wet process와 Semi-washed process의 가공과정에서 가장 큰 차이점은?
① 발효시간의 정도
② 발효과정의 유무
③ Green bean의 건조방법
④ 물의 수질
⑤ 세척방법

39. Natural process의 맛과 향에 가장 유사한 커피 가공 방법으로 옳은 것은?
① Washed wet process
② Pulped natural
③ Semi-washed process
④ Wet method
⑤ Mechanical dry

40. 커피 가공 방법 중 단맛과 바디감이 강하고 향이 독특한 특징을 보이는 것을 모두 고르시오.

㉠ Natural process	㉡ Washed wet process
㉢ Semi-washed process	㉣ Pulped natural
㉤ Mechanical dry	

① ㉠, ㉣　　　　② ㉠, ㉢, ㉤　　　　③ ㉡, ㉢, ㉣
④ ㉣, ㉤　　　　⑤ ㉡, ㉢

41. Washed process의 마지막 세척과정에서 발효가 제대로 되지 않은 찌꺼기가 파치먼트에 남아 있을 경우 커피에 미치는 영향을 모두 고르시오.

㉠ 쓴맛이 많이 난다.
㉡ 찌꺼기가 남아 부패하여 냄새가 난다.
㉢ 미생물이 증식한다.
㉣ 점액질의 단맛이 Green bean에 배어 단맛이 풍부해진다.

① ㉠, ㉡　　　　② ㉠, ㉢, ㉣　　　　③ ㉠, ㉡, ㉢
④ ㉠　　　　　　⑤ ㉣

42. Natural process의 장점으로 옳은 것을 모두 고르시오.

㉠ 향이 좋고 맛이 깔끔하다.	㉡ 품질이 높고 균일하다.
㉢ 친환경적이다.	㉣ 비용이 저렴하다.
㉤ 신맛이 강하며 섬세하다.	

① ㉠, ㉡, ㉢　　　　② ㉡, ㉢, ㉣　　　　③ ㉠, ㉢, ㉤
④ ㉡, ㉤　　　　　⑤ ㉢, ㉣

 정답

1.② 2.④ 3.① 4.④ 5.③ 6.① 7.③ 8.③ 9.② 10.④
11.⑤ 12.② 13.③ 14.③ 15.④ 16.① 17.③ 18.⑤ 19.⑤ 20.⑤
21.② 22.② 23.③ 24.⑤ 25.④ 26.② 27.④ 28.⑤ 29.② 30.②
31.② 32.② 33.① 34.③ 35.① 36.① 37.③ 38.② 39.② 40.①
41.③ 42.⑤

생두의 등급 분류 필기예상문제

1. 다음 중 펄핑(pulping) 과정과 잘못된 탈곡 과정에서 발생하는 결점두로 깨진 생두 조각을 무엇이라고 하는가? (54쪽)

① Immature Bean   ② Full Black   ③ Shell
④ Mouldy Bean   ⑤ Broken bean

2. 다음 중 벌레 먹은 생두로 구멍이 육안으로 확인되는 결점두를 말하는 것은? (54쪽)

① Broken bean   ② White bean   ③ Broca bean
④ Black bean   ⑤ Shell bean

3. 다음 중 생두의 보관 환경에 대한 설명으로 바르지 않은 것은? (56쪽)

① 온도는 20℃ 이하 정도로 서늘해야 한다.
② 상대 습도는 60% 정도가 적당하다.
③ 고지대보다 저지대에서 보관기간이 더 길어진다.
④ 먼지 등의 불순물이 없어야 한다.
⑤ 보관 장소의 대기성분이 이산화탄소일 때 저장 수명이 길어진다.

4. 다음 중 건조가 끝난 생두는 여러 가지 요소에 의해 등급이 분류되는데, 이 요소에 포함하지 않는 것은?

① 생두의 크기   ② 생두의 수확한 연도별 분류
③ 결점두 포함 정도   ④ 재배고도
⑤ Silver Skin의 유무

5. 다음 중 각 나라에서 생산된 커피의 등급이 바르게 연결된 것은?

① 케냐 – SHB   ② 과테말라 – AA   ③ 브라질 – G1
④ 콜롬비아 – Supremo   ⑤ 에티오피아 – No2

6. 다음 중 일교차가 심한 지역에서 자란 커피의 특징으로 바르게 짝지어진 것은?

| 가. 높은 밀도 | 나. 뛰어난 향 | 다. 작은 크기 | 라. 병충해에 강함 |

① 가, 나 ② 나, 라 ③ 가, 라
④ 가, 나, 다 ⑤ 나, 다, 라

7. 다음 중 SCAA의 분류법에 대한 설명으로 바르지 않은 것은? (53쪽)
① 스페셜 그레이드(Special Grade)는 원두일 경우 100g당 퀘이커(Quaker)는 1개 이하만 허용된다.
② 스페셜 그레이드(Special Grade)는 생두 350g당 풀 디펙트(Full Defect)가 5점을 넘지 않아야 한다.
③ 프리미엄 그레이드(Premium Grade)는 생두 350g당 풀 디펙트(Full Defect)가 8점을 넘지 않아야 한다.
④ 프리미엄 그레이드(Premium Grade)는 프라이머리 디펙트(Primary Defect)는 허용된다.
⑤ 스페셜 그레이드(Special Grade)는 프라이머리 디펙트(Primary Defect)가 한 개도 허용되지 않는다.

8. 다음 중 그린빈이 덜 건조되어 곰팡이에 의해 노란색이나 적갈색을 띤 제품을 어떻게 부르는가? (53쪽)
① Withered Bean ② Mouldy bean ③ Spotted bean
④ Quaker bean ⑤ Black Bean

9. 생두의 보관 환경에서 수치가 높을수록 저장수명이 늘어나는 요소로 바르게 짝지어진 것은? (56쪽)
① 온도, 습도 ② 온도, 고도 ③ 고도, CO_2
④ 온도, CO_2 ⑤ 습도, 고도

10. 다음 중 체리가 덜 익은 상태에서 수확되어 콩의 색이 다소 붉게 변한 커피콩으로 풋 맛이 나는 것은?

① Withered bean　　② Black bean　　③ Spotted bean
④ Quaker bean　　⑤ Sour bean

11. 다음 중 조개나 귀 모양의 기형적으로 생긴 커피콩으로 로스팅에 의한 향미도 좋지 않은 것은? (54쪽)

① Broca bean　　② Broken bean　　③ Malformed bean
④ Quaker bean　　⑤ Sour bean

12. 다음 중 생두의 적절한 보관 방법으로 올바르지 않은 것은? (55, 56쪽)

① 온도는 20℃ 이하에서 보관해야 부패와 백화 현상을 막을 수 있다.
② 상대 습도는 6% 정도를 유지해야 한다.
③ 보관장소 대기 성분이 이산화탄소일 때 오래 보관할 수 있다.
④ 고지대에서 보관하는 것이 저지대에 보관하는 것보다 오래 보관할 수 있다.
⑤ 보관 시 상대습도는 30% 이하로 해야 한다.

13. 다음 중 커피콩의 선별과정에서 디펙트가 아닌 것은?

① Stick　　② Cherry　　③ Pod
④ Peaberry　　⑤ Parchment

14. 다음 중 고도에 따른 등급 분류에서 SHB 등급의 재배고도는 몇 m인가?

① 800m 이상　　② 1000m 이하　　③ 1200m 이하
④ 1500m 이상　　⑤ 1500m 이하

15. 다음 중 과테말라 커피 등급 중 최고급 등급에 속하는 것은?

① Supremo　　② SH　　③ SHB
④ AA　　⑤ HB

16. 다음 (　) 안에 들어갈 숫자로 옳은 것은? (54쪽)

지역에 따라 NY2, NY3 또는 Grade2, Grade3으로 표기하며, 주로 브라질, 인도네시아, 에티오피아, 예멘 등에서 이 분류법을 사용한다. 샘플 생두 (　　)g 안에 몇 개의 결점 생두와 불순물이 섞여있는가를 기준으로 점수를 매겨 등급을 결정하는 방법이다.

① 100g　　② 200g　　③ 300g
④ 400g　　⑤ 500g

17. 다음 중 커피콩의 품질에 따른 등급분류에서 그린빈의 크기에 따른 분류에 관한 설명 중 틀린 것은? (53쪽)

① 100g의 그린빈을 스크린(Screen)에 통과시켜 분류한다.
② 8번 망의 지름은 약 3mm이다.
③ 망은 20번부터 8번까지 있다.
④ 20번 망의 지름은 약 8mm이다.
⑤ 1 스크린 사이즈는 1/64인치 약 0.4mm이다.

18. Kona Extra Fancy의 Screen size로 옳은 것은? (55쪽)

① 10　　② 13　　③ 17
④ 18　　⑤ 19

19. 다음 중 멕시코 생두 등급분류 중 최고급 등급에 해당되는 것은?

① Extra Fancy　　② HG　　③ Prime washed
④ SHG　　⑤ Good Washed

20. 다음 중 케냐 생두 등급분류 중 최고급 등급에 해당되는 것은?

① HG　　② SH　　③ AA
④ CC　　⑤ HB

21. 다음 중 에티오피아 생두 등급분류 중 최고급 등급에 해당되는 것은?

① Grade 1　　② Caracoli No.1　　③ No.1
④ No.2　　⑤ No.3

22. 다음 중 콜롬비아 생두 등급분류 중 최고급 등급에 해당되는 것은?

① Pancy　　　　② Excelso　　　　③ Supremo
④ U.G.Q　　　　⑤ C

23. 나라별 등급이 매겨진 커피콩의 포장 단위가 다르다. ICO 기준의 포장 단위는?

① 50kg　　　　② 60kg　　　　③ 70kg
④ 80kg　　　　⑤ 90kg

24. 브라질의 생두 분류기준은 무엇인가? (54쪽)

① 결점두의 수　　　② 생산고도　　　③ 생두의 크기
④ 밀도　　　　　　⑤ 수분의 함유량　⑥ 18개월 이하

25. 콜롬비아(Colombia)의 등급분류는 무엇에 따라 하는가? (55쪽)

① 수확한 시기　　② 수분함량　　③ 결점두 개수
④ Screen size　　⑤ 해발고도

26. 다음 중 수확한 그린빈의 보관연도를 기준으로 1~2년 사이인 콩에 붙이는 명칭은? (50쪽)

① Old crop　　　② Current crop　　③ Aged bean
④ New crop　　　⑤ Past crop

27. 유전적 원인으로 생긴 결점두이며, 조개 모양의 기형적인 콩을 지칭하는 단어로 옳은 것은? (54쪽)

① Black bean　　　② Shell　　　③ Broca bean
④ Immature bean　⑤ Mouldy bean

28. 선별과정에 영향을 주는 생두의 조건으로 옳은 것을 모두 고르시오.

㉠ 생두의 크기　　㉡ 밀도　　㉢ 색깔　　㉣ 수분함유율

① ㉠   ② ㉠, ㉡, ㉢   ③ ㉡, ㉢, ㉣
④ ㉠, ㉢, ㉣   ⑤ ㉠, ㉡, ㉢, ㉣

29. 다음 (　) 안에 들어갈 단어로 옳은 것은?

> 생두의 선별 목적 중 가장 큰 이유는 품질을 균일하게 함으로써 고른 (　　)을 할 수 있게 하기 위해서이다.

① Blending   ② Roasting   ③ Brewing
④ Extraction   ⑤ Drying

30. 생두 분류에서 크기별 분류에 사용되는 것으로 옳은 것은?

① Water   ② Mechanical table   ③ Color sorter
④ Screener   ⑤ Hand sorting

31. 생두의 크기별 분류에서 1 스크린 사이즈는 1/64 인치이다. 이를 mm 단위로 변환시켰을 때 옳은 것은? (53쪽)

① 약 0.1mm   ② 약 0.2mm   ③ 약 0.3mm
④ 약 0.4mm   ⑤ 약 0.5mm

32. 결점두를 분류 기준으로 하는 국가가 아닌 곳을 모두 고르시오. (54, 55쪽)

> ㉠ 에티오피아   ㉡ 케냐   ㉢ 브라질   ㉣ 콜롬비아   ㉤ 멕시코

① ㉠, ㉡, ㉣   ② ㉡, ㉢, ㉣   ③ ㉠, ㉢
④ ㉡, ㉣, ㉤   ⑤ ㉡, ㉤

33. 생두의 적절한 보관 장소가 중요한 이유로 옳은 것을 모두 고르시오.

> ㉠ 씨앗으로 사용할 때 발아율이 보관 상태에 따라 달라진다.
> ㉡ 주변 환경에 따라 맛과 향이 쉽게 변할 가능성이 있다.
> ㉢ Coffee의 생산은 기간이 정해져 있으며, 생산자에서 소비자에게 전달되는 기간이 오래 걸려 장기간 보관하는 경우가 흔하다.
> ㉣ 적절한 보관 장소에서 오래 보관할수록 생두의 가격이 상승한다.

① ㉠, ㉡　　　　② ㉠, ㉡, ㉢　　　　③ ㉠, ㉡, ㉣
④ ㉡, ㉢, ㉣　　　⑤ ㉠, ㉡, ㉢, ㉣

34. 다음 ( ) 안에 들어갈 말로 알맞은 것은?

> ( )은/는 생두의 상태 악화를 가속시키는 가장 중요한 요소이다.
> ( )가/이 너무 낮은 환경에서는 생두의 맛과 색깔, 밀도 등에 치명적인 손상을 주며, 너무 높은 환경은 곰팡이와 해충을 증식하게 만든다.

① 온도　　　　② CO_2　　　　③ O_2
④ 고도　　　　⑤ 습도

35. 생두의 보관 시 영향을 주는 요인으로 바르지 않은 것은?
① 습도　　　　② 품종　　　　③ 가공방법
④ 온도　　　　⑤ 보관 장소의 크기

36. 생두의 보관에 영향을 주는 요인 중 높아질수록 Coffee bean의 대사와 증발 작용이 활발해져 낮게 유지해야 할 필요가 있는 것은?
① 고도　　　　② 보관 기간　　　　③ 습도
④ 온도　　　　⑤ CO_2

37. 결점두가 발견되는 단계를 모두 고르시오.

| ㉠ 수확 과정 | ㉡ 발효 과정 | ㉢ 탈곡 과정 |
| ㉣ 건조 과정 | ㉤ 보관 과정 | |

① ㉣　　　　② ㉠, ㉡, ㉢　　　　③ ㉠, ㉢, ㉣
④ ㉡, ㉣, ㉤　　　⑤ ㉠, ㉡, ㉢, ㉣, ㉤

38. 결점두 중 Black bean의 발생 원인으로 옳은 것은? (53쪽)
① 유전적인 원인으로 생긴 결점두이다.
② 펄핑(Pulping)이나 탈곡 과정에서 생긴 결점두이다.

③ 벌레의 공격으로 생긴 결점두이다.
④ 보관 시 온도와 습도가 높아서 생긴 결점두이다.
⑤ 수확 시기가 너무 늦거나 땅에 떨어진 체리가 흙과 접촉하여 발효해서 생긴 결점두이다.

정답

1.⑤ 2.③ 3.③ 4.⑤ 5.④ 6.④ 7.① 8.② 9.③ 10.④
11.③ 12.② 13.④ 14.④ 15.③ 16.③ 17.① 18.⑤ 19.④ 20.③
21.① 22.③ 23.② 24.① 25.④ 26.⑤ 27.② 28.⑤ 29.② 30.④
31.④ 32.④ 33.② 34.⑤ 35.⑤ 36.④ 37.⑤ 38.⑤

커피의 블렌딩(Blending) 필기예상문제

1. 다음 중 블렌딩(Blending)의 목적으로 바르지 않은 것은?
① 노동력의 절감　　　　　② 차별화된 커피 맛을 창조
③ 단종의 단점을 보완　　　④ 특정지역의 커피 의존도를 낮춤
⑤ 생산단가의 조절

2. 다음 중 블렌딩(Blending)의 시기로 옳은 것을 모두 고르시오.

가. 체리 수확 후	나. 생두 건조 시	다. 로스팅 전	라. 로스팅 후

① 가, 나, 다　　　　② 나, 다, 라　　　　③ 다, 라
④ 가, 나, 라　　　　⑤ 가, 나, 다, 라

3. 다음 중 블렌딩(Blending) 방법의 설명으로 틀린 것은? (57쪽)
① 선 블렌딩은 균일한 맛과 향을 얻을 수 있다.
② 선 블렌딩 시 원두의 특성을 표현하기 힘들다.
③ 선 블렌딩은 로스팅 정도를 결정하기 어려운 단점이 있다.
④ 후 블렌딩은 대형 커피 회사에서 선호하는 방식이다.
⑤ 후 블렌딩은 각각의 원두 특성을 살릴 수 있다.

4. 다음 중 블렌딩(Blending)에 대한 설명으로 옳은 것은?
① 블렌딩은 원두의 특성을 살리기보다는 균일한 맛을 살리기 위한 작업이다.
② 블렌딩은 5종류 이상의 원두를 사용해야 한다.
③ 로스팅 전 블렌딩을 하면 색상이 균일하지 않다.
④ 로스팅 후 블렌딩을 하면 맛과 향이 균일하고 단조롭다.
⑤ 로스팅 후 블렌딩은 각각의 원두 특성을 살릴 수 있다.

5. 다음 중 커피 기업에서 Blending하는 이유로 적합하지 않은 것은 어느 것인가?
① 독특한 맛과 브랜드의 이미지를 연관시키기 위해
② 단종에서의 단점을 보완하기 위해

③ 균형된 맛과 향을 추구하기 위해
④ 원가를 절감하기 위해
⑤ 특정한 원산지의 커피에 의존도를 높이기 위해

정답

1.①   2.③   3.④   4.⑤   5.⑤

로스팅(Roasting) 및 냉각(Cooling), 포장(Packaging) 필기예상문제

1. 다음 중 로스팅의 단계로 옳은 것은? (57쪽)
① 생두 선택 – 생두 계량 – 결점두 제거 – Roasting – Roasting Point 결정
② 생두 선택 – Roasting Point 결정 – 결점두 제거 – 생두 계량 – Roasting
③ 생두 선택 – Roasting Point 결정 – 생두 계량 – 결점두 제거 – Roasting
④ Roasting Point 결정 – 생두 선택 – 결점두 제거 – 생두 계량 – Roasting
⑤ Roasting Point 결정 – 생두 선택 – 생두 계량 – 결점두 제거 – Roasting

2. 다음 중 원두 조직을 최대한 팽창시킴으로써 원두가 지니고 있는 맛과 향을 표현하는 작업을 무엇이라고 하는가?
① Blending ② Roasting ③ Grinding
④ Leveling ⑤ Flashing

3. 로스팅 중 일어나는 변화로 옳지 않은 것은?
① 색의 변화 ② 형태의 변화 ③ 향의 변화
④ 무게의 변화 ⑤ 질감의 변화

4. 로스팅의 정도에 따라 원두의 색이 결정되는데, 가스가 많이 빠져나가며 향이 감소하고, 표면에 기름이 생길 때 원두의 색으로 옳은 것은? (58쪽)
① White ② Yellow ③ Light Brown
④ Brown ⑤ Dark

5. 다음 중 열을 전달하는 방법에 따른 Roasting 방식에 대한 설명으로 틀린 것은? (60쪽)
① 직화식은 드럼에 타공이 되어 있어 생두에 직접 열이 전달되는 방식이다.
② 열풍식은 열원에서 고온의 열을 발생하여 뜨거운 공기에 의해 생두에 열전달을 시켜 볶는 방식이다.
③ 열풍식은 소량 로스팅 시 사용된다.
④ 반열풍식은 일부의 타공된 드럼 뒷부분에 열이 전달되고 일부는 드럼을 가열하여 볶는 방식이다.
⑤ 반열풍식은 직화식과 열풍식의 장점을 결합한 방식이다.

6. 다음 중 Roasting에 의한 생두의 물리적 변화로 틀린 것은? (57쪽)
① 처음엔 노르스름하다가 온도가 높아질수록 색이 짙어진다.
② 빠른 로스팅을 할수록 내부의 색 변화가 크다.
③ 로스팅을 하면 밀도가 낮아진다.
④ 로스팅의 정도가 높아질수록 수분함량이 적어진다.
⑤ 약하게 로스팅할수록 향의 소멸이 더 많아진다.

7. 다음 중 로스팅(Roasting) 기계의 부품에 대한 설명으로 틀리게 짝지어진 것은? (60, 61쪽)
① 냉각 회전판 – 다 볶은 원두를 식혀 주는 회전판
② 원두 확인봉 – 드럼 안의 생두 볶음 정도와 냄새를 확인하는 봉
③ 호퍼 – 원두를 담는 곳
④ 배기 팬 스위치 – 연기가 빠지게 하는 팬이 돌아가게 하는 스위치
⑤ 점화 스위치 – 로스팅 기계에 점화를 시키는 스위치

8. 다음 중 로스팅 시 일어나는 Coffee bean의 변화로 옳지 않은 것은? (57, 58쪽)
① 수분 함량 감소   ② 밀도 감소   ③ 오일 생성
④ 부피 증가   ⑤ 무게 증가

9. Coffee Roaster의 공기 흐름을 조절하는 장치로 드럼 내부의 열량을 조절하고 로스팅 중 향미를 조절하는 역할을 하는 곳은? (61쪽)
① 냉각 회전판   ② 배기 팬   ③ 콘트롤 박스
④ 배기 댐퍼   ⑤ 드럼 여닫이 레버

10. 다음 중 로스팅의 냉각방식에 대한 설명으로 바르지 않은 것은? (60쪽)
① 로스팅의 냉각방식은 공냉방식과 수냉방식이 있다.
② 공냉방식은 찬 공기를 유입해서 냉각시키는 방법이다.
③ 수냉방식은 로스팅된 원두에 적당량의 물을 분사시켜 냉각시키는 방식이다.
④ 수냉방식은 적당량의 물을 정하기가 어렵다.
⑤ 공냉방식은 수냉방식보다 냉각 효과가 더 좋다.

11. 다음 중 로스팅 전 생두에서 확인해야 하는 특성으로 틀린 것은?

① 생두의 원산지　　② 생두의 생산자　　③ 생두의 생산고도
④ 가공과정　　　　⑤ 생두의 품종

12. 로스팅 중 생두에 일어나는 형태의 변화에 대한 설명으로 옳지 않은 것은?
(58쪽)

① 생두를 투입하여 로스팅을 시작하면 수분이 증발하며 표면에 주름이 생기기 시작한다.
② 1차 크랙 후 부피가 팽창하며, 생두에 비해 50~60% 정도 커진다.
③ 2차 크랙이 일어나면 색이 점점 진해진다.
④ 2차 크랙 이후 콩은 다공질 구조를 갖게 된다.
⑤ 오일 분출 이후 로스팅이 계속 진행되면 조직은 파열된다.

13. 로스팅 초기 단계인 건조 단계(Drying phase)에 대한 설명으로 옳은 것은?

① 생두의 내부 온도가 100℃에 도달할 때까지 일어난다.
② 발열반응이 일어난다.
③ 부피가 증가하고 조직이 부서지기 쉬운 상태로 바뀐다.
④ 오일이 분출된다.
⑤ 식물의 풋내에서 신향으로 바뀐다.

14. 다음 중 로스팅 전 준비과정에 대한 설명으로 바르지 않은 것은?

① 로스터기는 초기에 높은 열로 짧은 시간에 예열을 해둔다.
② 적절한 초기투입 온도를 결정하고 로스터가 표현하고자 하는 로스팅 단계를 설정한다.
③ 핸드픽(Hand pick)을 하여 로스팅 후 커피 맛에 영향을 줄 수 있는 이물질을 제거한다.
④ 생두를 분석하여 로스팅할 생두의 특성을 파악해야 한다.
⑤ 필요한 양만큼의 생두를 계량하여 사용한다.

15. 다음 내용에서 설명하는 반응이 일어나는 단계로 옳은 것은?

> 180~190℃ 정도가 되면 '탁-탁-' 하는 소리가 나면서 원두의 센터 컷이 벌어지고 원두고유의 향이 나기 시작한다. 또한 흡열반응이 발열반응으로 바뀌게 되면서 부피는 약 40~60% 커지고 중량은 감소한다.

① 건조 단계　　② 1차 크랙　　③ 2차 크랙
④ 냉각 단계　　⑤ 휴지기

16. 다음 글에서 설명하는 로스팅 시 열전달 방식으로 옳은 것은?

> 열전달이 효율적이므로 전체 과정의 통제가 쉽다.
> 낮은 온도에서도 로스팅이 가능하며 탈 염려가 적다.
> 향의 손실을 줄일 수 있고 콩의 안과 밖의 균일한 로스팅에 유리하다.

① 전도(Conduction)　② 복사(Radiation)　③ 대류(Convection)
④ 직화(Fired)　　　　⑤ 전기(Electronic)

17. 다음 중 로스팅 시 Coffee bean에서 증가하는 것을 모두 고르시오.

| 가. 지방 성분 | 나. 수분 함량 | 다. 유기 성분 |
| 라. 밀도 | 마. 부피 | |

① 가, 마　　② 나　　③ 다, 라, 마
④ 가, 나, 마　　⑤ 마

18. 로스팅 변화 중 향의 변화를 바르게 나열한 것은? (57쪽)

① 생두 고유의 향 – 수분 증발 – 단향 – 신향 – 원두 고유의 향 – 향의 감소
② 생두 고유의 향 – 수분 증발 – 신향 – 단향 – 원두 고유의 향 – 향의 감소
③ 생두 고유의 향 – 수분 증발 – 원두 고유의 향 – 단향 – 신향 – 향의 감소
④ 생두 고유의 향 – 수분 증발 – 향의 감소 – 단향 – 신향 – 원두 고유의 향
⑤ 생두 고유의 향 – 단향 – 수분 증발 – 신향 – 원두 고유의 향 – 향의 감소

19. 로스팅 변화 중 색의 변화를 바르게 나열한 것은? (57쪽)

① Green - Yellow - White - Light Brown - Dark Brown - Dark
② Green - White - Yellow - Light Brown - Dark Brown - Dark
③ Green - White - Light Brown - Yellow - Dark Brown - Dark
④ White - Yellow - Green - Light Brown - Dark Brown - Dark
⑤ Yellow - White - Green - Light Brown - Dark Brown - Dark

20. 다음 중 커피를 마신 후 입안에서 느껴지는 향의 용어는?

① 아로마(Aroma)   ② 노즈(Nose)
③ 프레그런스(Fragrance)   ④ 에프터 테이스트(After Taste)
⑤ 신맛(Sour)

21. 다음 중 커피를 머금었을 때 코로 올라오는 향의 용어는?

① 노즈(Nose)   ② 에프터 테이스트(After Taste)
③ 아로마(Aroma)   ④ 바디감(Body)
⑤ 프레그런스(Fragrance)

22. 다음 중 로스팅된 원두를 그라인더로 분쇄할 때 나오는 향의 용어는?

① 프레그런스(Fragrance)   ② 바디(Body)
③ 아로마(Aroma)   ④ 노즈(Nose)
⑤ 에프터 테이스트(After Taste)

23. 다음 중 생두를 로스팅 시 열원에서 고온에 열을 발생하여 뜨거운 공기에 의해 생두에 열을 전달시켜 볶는 방식은?

① 반열풍식   ② 전기식   ③ 직화식
④ 열풍식   ⑤ 가스식

24. 다음 중 로스팅 기계 부품 중 유리로 되어 있어 생두가 볶아지는 과정을 눈으로 확인할 수 있는 장치는?

① 드럼 여닫이 레버   ② 호퍼   ③ 호퍼 여닫이 레버
④ 댐퍼   ⑤ 드럼 내부 확인 창

25. 원두 포장에 대한 설명으로 옳지 않은 것은? (61쪽)
① 커피 포장의 가장 큰 목적은 향기를 신선하게 보존하는 기능이다.
② 탄산가스가 방출되어야 하기 때문에 로스팅한 지 약 8시간 후 포장해야 한다.
③ 원두 포장의 방법으로는 밸브포장, 진공포장, 질소포장이 있다.
④ 로스팅 후 커피의 향과 맛은 보관 및 포장에 의해 변질된다.
⑤ 가장 많이 사용하는 포장 방식은 진공포장 방식이다.

26. 다음 중 원두 포장 방식에 대한 설명으로 옳지 않은 것은?
① 밸브포장은 1960년대 후반 이탈리아의 Luigi Goglio에 의해 개발되었다.
② 밸브포장은 one way valve를 포장재에 부착하여 탄산가스가 방출되는 방식이다.
③ 진공포장은 내부의 공기를 제거하여 포장하는 방식이다.
④ 진공포장은 잔존 산소량이 1% 이상 남아 있을 경우 산패가 된다.
⑤ 질소포장은 포장재 속 공기를 없애고 질소로 치환하여 포장용기 내 잔존 산소량을 5% 이하로 낮춘다.

27. Roasting 과정 중 신향이 가장 절정에 이르는 단계는? (58쪽)
① 투입 직후   ② 1차 크랙 전   ③ 1차 크랙 후
④ 2차 크랙 전   ⑤ 2차 크랙 후

28. Roasting 과정 중 이 성분이 분해되면서 휘발성 산이 생성되는데, 어떤 성분인가? (63쪽)
① 당   ② 단백질   ③ 탄수화물
④ 아미노산   ⑤ 지질

29. 로스팅 후 커피에서 떫은맛이 나는 이유로 옳은 것은?
① 로스팅의 속도를 느리게 진행   ② 로스팅 시 너무 적은 생두 사용
③ 너무 빠른 로스팅 진행 속도   ④ 수분을 너무 많이 뺌
⑤ 로스팅의 화력이 약함

30. 2차 크랙 이후 로스팅이 더 진행되면 탄맛이 나게 되는데 이에 영향을 주는 성분으로 옳은 것을 모두 고르시오.

| ㉠ 클로로겐산 | ㉡ 지방 | ㉢ 당분 |
| ㉣ 아미노산 | ㉤ 전분 | |

① ㉠, ㉡, ㉢　　② ㉡, ㉢, ㉣　　③ ㉡, ㉢, ㉤
④ ㉠, ㉡　　⑤ ㉢, ㉤

31. Roasting 중 발열과정이 일어나는 단계를 모두 고르시오.

| ㉠ 건조 단계 | ㉡ 휴지기 | ㉢ 1차 크랙 | ㉣ 2차 크랙 |

① ㉠, ㉡, ㉢　　② ㉠, ㉡　　③ ㉢, ㉣
④ ㉡, ㉢, ㉣　　⑤ ㉡

32. 흡열과정이 일어나는 단계로 옳은 것은?

① 건조 단계　　② 냉각 단계　　③ 로스팅 단계
④ 1차 크랙　　⑤ 2차 크랙

33. Roasting의 건조단계에서 일어나는 현상으로 옳은 것을 모두 고르시오.

㉠ 콩의 색이 녹색에서 점점 옅은 노란색으로 변한다.
㉡ 풀과 같은 풋내에서 빵 같은 곡물향이 난다.
㉢ 수분의 70~80%까지 소실된다.
㉣ 온도가 높아지면서 향이 소실된다.

① ㉠　　② ㉠, ㉡, ㉢　　③ ㉡, ㉢, ㉣
④ ㉢, ㉣　　⑤ ㉠, ㉡, ㉢, ㉣

34. 다음 ( ) 안에 들어갈 숫자로 옳은 것은?

로스팅 단계는 ( )번의 크랙이 발생하며 콩의 부피는 증가하고 조직은 부서지기 쉬운 상태로 변한다. 색 또한 짙은 갈색을 띤다.

① 1   ② 2   ③ 3
④ 4   ⑤ 0

35. Roasting 과정 중 열역학의 변화가 일어나 발열반응에서 다시 흡열반응으로 바뀌는 시기는?
① 1차 크랙   ② 2차 크랙   ③ 냉각 단계
④ 휴지기   ⑤ 투입 단계

36. 색이 진한 갈색으로 변하며 커피콩에서 오일이 배출되는 단계로 옳은 것은?
① 건조 단계   ② 수분 증발 단계   ③ 1차 크랙
④ 2차 크랙   ⑤ 냉각 단계

37. Roasting 시 1차 크랙이 시작되고 로스터 드럼 내부에서 나는 소리가 크다면 투입했던 생두의 상태로 옳은 것은?
① 콩이 단단하고 신선하다.
② 콩이 단단하고 오래 보관되었다.
③ 어떤 원두라도 1차 크랙에서는 큰소리가 난다.
④ 콩의 밀도가 낮다.
⑤ 콩의 품질이 떨어진다.

38. 로스팅 단계에서 생성되는 성분으로 옳은 것을 모두 고르시오.

| ㉠ CO_2 | ㉡ O_2 | ㉢ 휘발성 산 |
| ㉣ 탄닌 | ㉤ 카페인 | |

① ㉠, ㉡   ② ㉠, ㉢   ③ ㉡, ㉢
④ ㉡, ㉣, ㉤   ⑤ ㉠, ㉡, ㉢, ㉣, ㉤

※ 다음 글을 읽고 물음에 답하시오.

> 1차 크랙 시 콩의 세포 내부의 수분이 (㉠)하면서 엄청난 압력을 발생시키고 (㉡)이 산화되면서 많은 양의 (㉢)이 발생한다.

39. ㉠, ㉡에 들어갈 말이 바르게 짝지어진 것은?

① ㉠ : 산화, ㉡ : 단백질   ② ㉠ : 산화, ㉡ : 탄수화물
③ ㉠ : 기화, ㉡ : 다당류   ④ ㉠ : 기화, ㉡ : 단백질
⑤ ㉠ : 기화, ㉡ : 탄수화물

40. ㉢에 들어갈 말로 옳은 것은?

① 산소   ② 이산화탄소   ③ 질소
④ 오일   ⑤ 카페인

41. Roasting이 모두 끝나고 원두를 배출했을 때 가장 먼저 해야 하는 행동으로 옳은 것은?

① 로스터기의 전원을 끈다.
② 로스팅된 원두 중 결점두가 없는지 Hand pick 한다.
③ 로스팅된 원두를 깨끗하게 찬물에 씻어 낸다.
④ 로스팅된 원두를 찬 공기를 순화시켜 냉각 단계를 거친다.
⑤ 원두 자체의 열기를 보존하여 향이 더 퍼지도록 기다린다.

42. Roasting을 마친 원두의 부피 증가율로 옳은 것은?

① 50% 이하   ② 50~100%   ③ 10~20%
④ 20~50%   ⑤ 150% 이상

43. Roasting을 마친 원두의 무게의 변화 정도로 옳은 것은? (58쪽)

① 10% 증가   ② 15~20% 증가   ③ 10% 감소
④ 15~20% 감소   ⑤ 30% 감소

44. Roasting 과정 중 탄향이 증가하는 시기는 언제인가?

① 투입 직후부터   ② 1차 크랙 직전   ③ 1차 크랙
④ 휴지기   ⑤ 2차 크랙

45. 다음 중 Roasting 시 생두 투입부터 증가하는 향미를 모두 고르시오.

| ㉠ 신맛 | ㉡ 떫은맛 | ㉢ 쓴맛 | ㉣ 향 | ㉤ 탄향 |

① ㉠, ㉢　　　　② ㉠, ㉡, ㉤　　　　③ ㉢, ㉣
④ ㉢, ㉣, ㉤　　　⑤ ㉠, ㉡, ㉣, ㉤

46. 아주 진한 에스프레소를 위한 Roasting 단계이며, 쓴맛이 아주 강하고 탄화되어 표면이 검은 색일 때 볶음도 명칭으로 옳은 것은? (59쪽)
① High roast　　② Italian roast　　③ French roast
④ City roast　　⑤ Full city roast

47. Medium roast에서 나타나는 특징으로 옳은 것은? (58쪽)
① 커피의 특징적인 신맛과 쓴맛, 독특한 향기가 함께 나타나기 시작한다.
② 약간의 신맛, 쓴맛이 점점 강해지면서 감미로운 냄새가 난다.
③ 신맛이 강하고, 커피향이 약하다.
④ 원두 표면에 오일이 많이 보인다.
⑤ 표면이 완전히 검은색이다.

48. 다음 중 실질적으로 사용할 수 없는 Roasting 단계는? (58쪽)
① Light roast　　② Full city roast　　③ French roast
④ High roast　　⑤ City roast

49. 로스터기 사용 시 생두의 이상적인 투입량은?
① 로스터기 용량의 100%　　② 로스터기 용량의 90%
③ 로스터기 용량의 70%　　　④ 로스터기 용량의 50%
⑤ 로스터기 드럼을 가득 채운다.

50. 로스팅 전 생두의 수확연도를 꼭 확인해야 하는 이유로 옳은 것은?
① 생두의 수확연도에 따라 수분 함량의 차이가 있기 때문이다.
② 오래된 생두는 사용하지 않는 것이 좋기 때문이다.

③ 수확한 지 얼마 되지 않은 생두는 사용 전 좀 더 숙성이 필요하기 때문이다.
④ 오래된 생두는 더 오랜 시간 볶아야 하기 때문이다.
⑤ 신선한 생두는 짧은 시간 내 강한 화력으로 로스팅해야 하기 때문이다.

51. 다음 중 로스팅을 하는 방법으로 옳은 것을 모두 고르시오.

> ㉠ 정확하게 계량된 생두를 적정온도에서 투입한다.
> ㉡ 투입된 생두에 알맞은 초기 화력을 설정한다.
> ㉢ 흡열반응 시 화력을 공급한다.
> ㉣ 댐퍼는 항상 닫아두고 사용한다.
> ㉤ 로스팅은 강한 화력으로 단기간에 끝낸다.

① ㉠, ㉡   ② ㉠, ㉡, ㉢   ③ ㉢, ㉣, ㉤
④ ㉣, ㉤   ⑤ ㉠, ㉡, ㉢, ㉣, ㉤

52. 로스팅기 장치 중 로스팅 시 연기를 배출하고 열원 조절의 보조적인 역할을 하는 것은? (61쪽)
① 댐퍼   ② 로스팅 드럼   ③ 압력계
④ 상태 확인 창   ⑤ 온도계

53. 로스팅 드럼(Roasting Drum)에 구멍이 뚫려 있는 로스터기에 대한 설명으로 옳은 것을 고르시오. (60쪽)
① 일반적으로 가장 많이 사용하는 로스팅 방식이다.
② 대류에 의해 로스팅되는 방식이다.
③ 대규모 로스팅에 적합하다.
④ 즉각적인 화력 조절이 가능하여 다양한 방식의 로스팅이 가능하다.
⑤ 로스팅 과정의 변화가 일정하여 로스터의 판단이 용이하다.

54. 반열풍식 로스터기를 사용할 때 주의할 점으로 옳지 않은 것은? (60쪽)
① 드럼 축에 윤활유는 되도록 넣지 않도록 한다.
② 로스팅이 종료되어도 드럼이 식을 때까지 기다렸다가 정지시켜야 한다.
③ 드럼 속 교반 날개의 속도는 열량, 투입되는 생두의 양에 따라 조절해야 한다.

④ 드럼 용량에 알맞은 생두를 투입한다.
⑤ 충분히 예열 후 사용한다.

55. 로스터기 장치 중 버너(Burner)에 대한 설명으로 옳지 않은 것은? (59쪽)
① 노즐을 통해 열을 드럼에 공급하는 장치다.
② 사용하는 가스의 종류에 따라 노즐의 구조가 다르다.
③ 가스의 종류는 LPG와 LNG가 있다.
④ LNG의 경우 가스의 압력이 강하다.
⑤ LPG의 경우 설치장소 이동에 제한이 적다.

56. 로스터기 장치 중 실버스킨이나 가루 등이 떨어져 나올 때 연통을 통해 이런 것들이 유출되지 않도록 모아주는 장치는?
① 냉각 팬(Cooling pan)   ② 호퍼(Hopper)
③ 사이클론(Cyclone)   ④ 댐퍼(Damper)
⑤ 드럼(Drum)

57. 다음 장치의 명칭은?

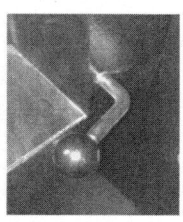

① 냉각기 스위치   ② 드럼 스위치
③ 배기 댐퍼   ④ 메인 전원
⑤ 드럼 여닫이 레버

58. 다음 장치의 역할로 바르게 설명한 것은?

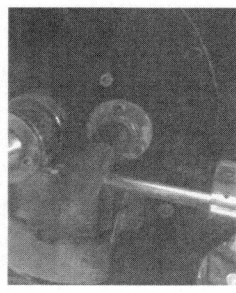 

① 드럼 안의 원두를 냉각기로 배출한다.
② 생두를 투입하는 레버이다.
③ 로스팅되고 있는 원두의 향과 형태를 확인할 수 있는 장치이다.
④ 드럼 내부의 온도를 측정하는 장치이다.
⑤ 화력의 상태를 확인할 수 있는 장치이다.

59. 다음 장치의 명칭과 기능이 바르게 짝지어진 것은?

 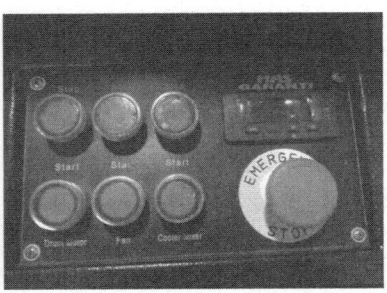

① 메인 전원 스위치 – 로스터기의 전원을 켜고 끄는 버튼이다.
② 드럼 스위치 – 드럼을 회전시켜주는 버튼이다.
③ 배기 팬 스위치 – 배기 팬의 전원 버튼이다.
④ 비상 스위치 – 비상 상황 혹은 갑자기 멈춰야 할 상황 때 누르면 모든 동작이 멈추는 버튼이다.
⑤ 냉각기 스위치 – 냉각 회전판의 전원 버튼이다.

정답

1.③	2.②	3.⑤	4.⑤	5.③	6.⑤	7.③	8.⑤	9.④	10.⑤
11.②	12.④	13.①	14.①	15.②	16.③	17.⑤	18.①	19.②	20.④
21.①	22.①	23.④	24.⑤	25.⑤	26.⑤	27.②	28.③	29.③	30.⑤
31.③	32.①	33.②	34.②	35.④	36.④	37.①	38.②	39.⑤	40.②
41.④	42.②	43.④	44.⑤	45.③	46.②	47.③	48.①	49.③	50.①
51.②	52.①	53.④	54.①	55.③	56.③	57.③	58.③	59.④	

커피의 성분 필기예상문제

1. 다음 중 커피의 맛과 향을 결정짓는데 가장 중요한 요소는?
① 그린빈의 품질   ② 바리스타   ③ 로스팅
④ 온도와 습도   ⑤ 커피 머신

2. 다음 중 커피의 신맛을 결정하고 공기에 닿으면 화학반응을 일으켜 커피의 맛을 변화시키는 성분은 무엇인가?
① 카페인(Caffeine)   ② 지방산(Fatty acid)
③ 단백질(Protein)   ④ 수분(Moisture)
⑤ 아미노(Amino acid)

3. 다음 중 커피에서 향기를 결정짓는 성분으로 공기와 반응하여 니코틴산+니코틴산아니드로 변하는 성분은? (63쪽)
① 올레산(Oleic acid)   ② 트리고넬린(Trigonelline)
③ 카페인(Caffeine)   ④ 클로로겐산(Chlorogenicacid)
⑤ 팔미트산(Palmitic acid)

4. 다음 중 커피의 성분 중 캐러멜화 반응을 일으켜 갈색의 물질로 변하는 성분은? (63쪽)
① 당   ② 클로로겐산   ③ 탄닌
④ 카페인   ⑤ 아세톤

5. 다음 중 에스프레소가 추출될 때 생성되는 크레마는 '이것'이 공기와 접촉하여 산화되면서 나타나는 물질이다. '이것'으로 맞는 것은?
① 포화지방산   ② 불포화지방산   ③ 탄닌
④ 단백질   ⑤ 탄수화물

6. 다음 중 에스프레소 커피 성분에서 탄수화물에 단위체로 볶으면 캐러멜화 반응을 일으켜 물에 잘 녹는 갈색의 물질로 단맛을 내는 성분은?

① 트리고넬린(Trigonelline) ② 불포화지방산(Unsaturated fatty acid)
③ 카페인(Caffeine) ④ 단당류(Monosaccharide)
⑤ 클로로겐산(Chlorogenic acid)

7. 다음은 Green Coffee Bean에 들어 있는 성분들이다. 함량이 많은 것부터 나열한 것은? (62쪽)

가. 무기질(Minerals)	나. 단백질(Protein)
다. 탄수화물(Carbohydrate)	라. 지방(Fatty)
마. 유기산(Organic acid)	

① 가 – 다 – 마 – 나 – 라 ② 다 – 라 – 나 – 마 – 가
③ 마 – 라 – 가 – 다 – 나 ④ 다 – 나 – 라 – 마 – 가
⑤ 라 – 나 – 마 – 다 – 가

8. 다음 중 커피의 성분에서 불포화지방산들로 바르게 짝지어진 것은? (63쪽)

① 올레산(Oleic acid) – 팔미트산(Palmitic acid)
② 올레산(Oleic acid) – 리놀레산(Linoleic acid)
③ 스테아르산(Stearic acid) – 올레산(Oleic acid)
④ 팔미트산(Palmitic acid) – 스테아르산(Stearic acid)
⑤ 스테아르산(Stearic acid) – 리놀레산(Linoleic acid)

9. 다음 중 클로로겐산(Chlorogenic acid)에 대한 설명으로 틀린 것은? (63쪽)

① 폴리페놀 화합물의 일종이다.
② 떫은맛을 내는 탄닌의 주성분이다. 탄닌 성분이 적을수록 덜 자극적이고 고급스러운 맛을 낸다.
③ 항산화 작용, 항암 작용을 한다.
④ 포도당 농축과 혈당 수치를 감소시키며 당뇨병에 도움이 된다.
⑤ 커피콩을 볶거나 가열에 의해 성분이 증대한다.

10. 다음 중 커피의 떫은맛을 내는 탄닌의 주성분은?

① 올레산(Oleic acid) ② 카페인(Caffeine)

③ 리놀레산(Linoleic acid)
④ 클로로겐산(Chlorogenic acid)
⑤ 팔미트산(Palmitic acid)

11. 다음은 무엇에 관한 설명인가?

> 생리학적으로 각성 작용과 이뇨 작용을 촉진하는 커피의 성분

① 유기산(Organic acid) ② 트리고넬린(Trigonelline)
③ 카페인(Caffeine) ④ 클로로겐산(Chlorogenic acid)
⑤ 지방산(Fatty acid)

12. 다음 중 커피 속에 함유된 카페인에 대한 설명이 아닌 것은?
① 떫은맛을 내는 탄닌의 주성분이다. ② 쓴맛을 내는 성분 중에 하나이다.
③ 이뇨 작용을 한다. ④ 중추신경을 흥분시킨다.
⑤ 위액분비를 촉진시켜 빈속에 커피를 마시면 속이 쓰릴 수 있다.

13. 1820년 커피콩에서 카페인을 처음 발견한 스위스의 생리학자는? (63쪽)
① 오드리(Oudry) ② 루게(Ruge) ③ 헤르만(Hemmann)
④ 칼디(Kaldi) ⑤ 오마르(Omar)

14. 다음 중 커피의 성분에서 포화지방산들로 바르게 짝지어진 것은?
① 올레산(Oleic acid) – 팔미트산(Palmitic acid)
② 올레산(Oleic acid) – 리놀레산(Linoleic acid)
③ 스테아르산(Stearic acid) – 올레산(Oleic acid)
④ 팔미트산(Palmitic acid) – 스테아르산(Stearic acid)
⑤ 스테아르산(Stearic acid) – 리놀레산(Linoleic acid)

정답

1.① 2.② 3.② 4.① 5.② 6.④ 7.④ 8.② 9.⑤ 10.④
11.③ 12.① 13.② 14.④

03

카페 카푸치노

커피
바리스타
이론과
문제

03 카페 카푸치노

NCS 기반

1. Caffè Cappuccino의 유래

오스트리아 카푸치노(성당)의 카푸친 수도자의 수도복 색상과 에스프레소의 크레마 색상이 비슷하다 하여 카푸치노라는 말이 유래되었다는 설이다.

카푸친 수도회는 2차 바티칸 공의회 이전까지만 해도 수염을 기르는 관습이 있었다. 카푸친 수도자들은 대부분 나이가 많아 길고 흰 수염을 기르고 있어 카푸치노를 마신 후 입가에 우유 거품이 남는 것이 카푸친 수도자들의 수염 기른 것과 비슷해서 여기서 카푸치노(Cappuccino)가 유래되었다는 설도 있다.

이탈리아의 카푸치노도 카푸친회에서 유래된 어원이다. 카푸친(Capuchin, Cappuccin)이란 이름은 후드라는 어원인 카푸쵸(cappuccio)에서 유래되었다. 카푸친 수도자들은 청빈의 상징으로 후드가 달린 수도복을 입고 있어 카푸친이라는 이름으로 불렸다. 이탈리아의 카푸치노는 수도복의 색이 아닌 에스프레소(espresso)에 우유 거품이 후드와 같이 덮는다는 의미에서 카푸치노라고 전해진다.

2. 우유의 역사

인류가 언제부터 우유를 음용하기 시작했는지 정확하게 알 수 없으나 서기 전 4,000년경일 것으로 추정된다. 중국에서는 동진(東晉) 때의 『양생요집(養生要集)』이나 북위(北魏) 때의 『최씨식경(崔氏食經)』에 우유나 유제품이 인체에 미치는 효능이 기록되어 있는 것으로 미루어 300년경에 이용하기 시작한 것으로 추정된다.

우리나라 문헌에는 고구려의 시조인 주몽(朱蒙)이 말의 젖을 먹고 자랐다는 설화나 『삼국유사』 어산불영조(魚山佛影條)에 용이 소 먹이는 사람이 되어 왕에게 유락(乳酪)을 바쳤다는 기록이 있는 것으로 미루어 삼국시대 때 우유를 음용했다는 것을 알 수 있다.

또다른 문헌인 일본의 『신찬성씨록(新撰姓氏錄)』에는 우리나라에서 건너간 선나사주(善那使主)가 고도쿠왕(孝德王)에게 처음으로 우유를 헌상했다는 기록이 있어, 우유의 음용을 일본에까지 전파시켰음을 알 수 있다.

또한 원나라와의 교류가 빈번해지면서 국가의 상설기관으로 우유소가 생겼고 이것이 조선시대까지 계승되었는데, 우유는 식품으로보다는 보양 음료로 이용되었고 병약한 환자에게 제한적으로 이용되었다고 한다.

우리나라에서 낙농업이 본격적으로 시작된 것은 1960년대 초반이며, 이때까지 국내에서 생산되는 모든 우유는 시유로만 처리되어 이용되었고, 1962년 최초로 서울연유가 생산되기 시작하였는데, 그 뒤 여러 유가공업체들이 설립되면서 분유·버터·아이스크림·발효유·치즈 등 각종 유제품이 생산되기 시작하였다. 1961년에는 우유의 생산량이 1,168t에 불과하였으나 1988년에는 1,631,896t이, 1998년에는 2,027,210t에 이르러 30여 년 사이에 우유의 생산량은 무려 2,000배 가까이 증가하였다.

현재 국내 연간 1인당 평균 우유소비량도 같은 기간에 45g(1961년)에서 39.4kg(1998년)으로, 현재는 49.5kg 이상으로 증가하였다. 한편 현재 국내에서 생산되는 우유의 소비내역을 살펴보면 70% 이상이 시유로 이용되고, 유제품 가공용으로는 약 30%가 이용되며 발효유가 그 주류를 이루고 있다.

3 유제품의 종류

유제품의 종류는 매우 다양하며 제품에 따라서 영양가, 풍미, 식품으로서의 특징이 각각 다르며 국민소득수준 향상에 따른 식생활개선에 따라 그 종류도 점차 다양화, 세분화되는 추세이다. 우유 및 유제품의 종류를 대별하면 다음과 같다.

액상유제품에는 일반적인 백색시유, 비만과 성인병예방을 위한 저지방우유, 비타민, 칼슘 등을 강화시킨 강화우유, 유당불내증 환자를 위한 유당분해 우유, 각종 향을 첨가한 가공유가 있다. 발효유는 젖산균을 사용하여 우유를 발효시켜 만든 제품으로 떠먹는 형태의 호상요구르트와 한국, 일본, 유럽 등지에서 제조하는 액상요구르트가 있으며 종류에 따라 다양한 향이나 과일을 첨가하기도 한다.

이외에도 크림을 발효시킨 발효크림과 젖산균과 효모에 의해 발효된 케휘어(Kefir), 쿠미스(Koumiss) 등이 있다. 특히 젖산균은 장내균총의 조절, 정장작용, 유당분해능, 면역증강 작용 등의 건강증진 기능이 있는 것으로 알려져 있다.

치즈는 우유를 젖산균 발효와 효소(렌넷)의 작용에 의해 응고시키고 이를 적정기간 숙성시켜 제조하는 것으로 전 세계에 400~500여 종 이상의 자연치즈가 존재한다. 치즈는 주로 수분함량에 의해 연질·반경질·경질·초경질 4종류로 분류되거나 숙성의 특징에 따라 구별된다.

치즈의 숙성 중에 단백질 등 영양소가 분해되어 치즈 고유의 맛을 형성하며 섭취 시 소화, 흡수가 용이하고, 필수적인 영양분의 공급원이 된다. 이 외에도

지방성 유제품(버터 · 크림), 건조유제품(조제분유 · 전지분유 · 탈지분유), 냉동유제품(아이스크림 · 냉동요구르트), 농축유제품(가당연유 · 무당연유 · 농축유), 부산물(카제인 · 유당 · 유청단백질 등), 모조유제품(주로 유지방을 식물성 지방으로 대체하여 가공한 유제품) 등으로 분류할 수 있다.

또한 최근에는 유성분의 일부를 분해하거나 변형시켜 물리 · 화학적 성능을 개선하거나 생리적 기능성을 갖는 유제품의 개발이 활발히 이루어지고 있다.

4. 액상유제품 우유의 종류

1) 백색시유

우유는 수분 · 지방 · 단백질 · 유당 및 무기질의 주성분과 비타민 · 효소 등의 미량성분으로 구성되어 있으며, 인체에 필요한 모든 종류의 영양소를 함유하고 있을 뿐만 아니라 흡수 · 이용률이 높아 단일식품으로는 가장 완전한 식품으로 알려져 있다.

영양소로 우유의 지방 · 유당 및 단백질은 열과 에너지의 공급원이 되고, 특히 유단백질은 필수아미노산을 균형 있게 함유하고 있으며, 그 양도 다른 식품의 단백질보다 많다.

또 유당은 포유동물의 젖에만 들어 있는 탄수화물로 어린이의 발육에 중요한 칼슘 · 인 · 철 · 비타민 D의 흡수를 돕는 역할과 장내의 삼투압을 높여 장관의 연동을 촉진해 내용물의 배출을 증진하는 중요한 생리적 작용을 한다. 또한 우유는 인체가 요구하는 무기질원으로서도 우수하며, 특히 칼슘과 인의 비율, 칼슘과 칼륨의 비율 및 마그네슘과 나트륨의 비율은 인체의 요구에 가까운 상태로 함유되어 있다.

이 밖에 우유에는 각종 비타민이 함유되어 비타민의 공급원이 될 수 있으나 비타민 D는 그 함량이 미량이어서 시판 우유에는 비타민 D를 강화하는 것이 바람직하다.

우유의 성분 중에서 젖당과 회분은 그 함량의 변화가 적고 지방과 단백질은 변화가 크다. 분만 후 수일간은 초유라 하여 지방과 단백질, 특히 글로불린이 많고 가열에 약한 우유가 생산되는데 사람이 마시기에는 적당하지 않다. 이 초유는 이후에 분비되는 정상유와 구별하여 처리한다.

우유의 단백질은 카세인이 약 80%를 차지하며 수용성인 알부민이나 글로불린은 적다. 카세인은 인을 함유하는 단백질로 칼슘과 결합되었다.

유지방에는 분자량이 적은 저급지방산, 특히 부티르산이 많은 것이 특징이다. 당분은 99.8% 젖당이며, 젖당은 젖에만 존재하는 특수한 당분으로 포도당과 갈락토오스가 결합된 것이다. 갈락토오스는 당분의 일종으로 인지질과 함께 뇌의 발육에 중요한 구실을 하여 젖당은 그 급원으로 매우 중요하다. 회분으로는 인과 칼슘이 많고 비타민류는 거의 모든 종류를 함유한다. 그러나 가열에 의하여 그 일부가 파괴되므로 착유에서부터 포장되어 소비자의 손에 들어오기까지의 공정에서 살균처리가 타당한 방법으로 이루어져야 한다.

우유와 모유의 성분을 비교해 보면 여러 가지 다른 점이 있는데 우선 단백질은 우유에 더 많고 그 조성도 다르며, 지방량은 거의 비슷하지만 모유지방이 흡수가 잘 되고 필수지방산이 많다. 그리고 회분·칼슘·인이 우유에 훨씬 더 많고, 기타 미량인 다른 성분도 차이가 있다.

2) 저지방우유(low fat milk)

지방 함량을 2% 이하로 줄인 우유를 말하며, 보통 3.2~3.3%의 지방이 들어 있는 일반 우유와 달리 지방 함량이 적어 다이어트나 성인병 예방에 도움이 되는 것으로 알려져 있다. 저지방우유와 비슷하게 환원해서 만든 환원저지방우유,

저지방우유에 비타민이나 무기질을 강화한 강화저지방우유, 탈지분유와 성분 규격이 같은 무지유고형분, 저지방우유와 비슷하게 환원한 뒤 비타민·무기질을 강화하여 만든 환원강화 저지방우유, 저지방우유에 유산균을 첨가한 유산균첨가 저지방우유 등을 저지방우유류로 부르기도 한다.

3) 강화우유(fortified milk)

비타민 또는 무기질을 강화한 우유이다. 우유 1L당 비타민 A는 2,000IU, 비타민 D는 400IU, 철분은 10mg 이상이어야 강화우유이다. 기능성 우유의 하나로 첨가되는 영양분의 종류와 양을 소비자에게 알려주어야 한다.

유럽 등 선진국일수록 강화우유의 종류가 다양하며 지속적으로 시장 규모가 커지고 있다. 프랑스의 경우 1960년대 이후 소득이 증가하며 소비자의 욕구가 다양해지면서 비타민류 강화우유, 미네랄 강화우유, 단백질 강화우유, 칼슘 강화우유 등 각종 강화우유가 만들어지고 있다. 한국의 경우는 1994년 초 비타민, 철분, 칼슘 등을 첨가하여 어린이우유라는 콘셉트(concept)로 서울우유의 앙팡이 첫 등장한 이래 DHA를 첨가한 남양유업의 아인슈타인 우유, 매일유업의 뼈로가는 칼슘 우유 등 점차 강화우유의 비율이 증가하고 있다.

4) 유당분해우유

원유우유 또는 저지방우유를 유당분해 효소로 처리하여 유당을 분해하여 살균 또는 멸균한 우유이다. 유당을 분해한 뒤 비타민, 무기질을 강화하기도 한다. 유당이 1.0% 이하, 저지방은 3.0% 이상(저지방 유당분해우유는 2.0% 이하)이어야 한다. 일반 우유에는 유당이 4.8~4.9% 함유되어 분해 효소(락타제)가 분비되어야 소화시킬 수 있는데 분해 효소의 분비량이 적거나 없으면 복통, 설사, 복부팽만감 등으로 우유를 소화하기 힘들다. 이런 증상을 완화하기 위해 유당분해우유를 만드는데, 서울우유의 락토프리, 매일유업의 소화가 잘되는 우유 등이 대표적인 제품이다.

5) 가공유(processed milk, 加工乳)

소에서 짜낸 생유에 다른 물질을 가하여 처리한 우유이다. 소에서 짠 생유 그대로를 위생적으로 처리한 것을 보통 우유라고 하는데, 가공유는 생유에 유성분을 증량하여 표준화하고 다시 미량의 비타민과 무기질 등의 영양소를 첨가하여 영양식품으로서의 가치를 높인 것이다. 농축우유·비타민강화우유·환원우유 등이 이에 속한다.

(1) 농축우유

보통 우유의 무지유 고형분과 유지방분을 증량시킨 것으로 농축유나 탈지분유와 크림이 사용된다.

(2) 비타민강화우유

처음에 비타민 D를 첨가하는 방법이 널리 사용되었으며, 이 밖에 비타민 A, 비타민 B1 또는 무기질로 철분을 강화한 제품이 있다.

(3) 환원우유

탈지분유 또는 농축 탈지유에 유지방을 첨가하여 본래의 보통 우유와 같이 만든 것이다. 전지분유와 농축전유(濃縮全乳)를 용해하여 본래의 우유와 같은 것으로 환원시키는 경우도 있다.

5. Caffè Cappuccino의 포인트

❶ 약 30ml의 에스프레소에 약 60ml의 데워진 우유와 약 60ml의 데워진 우유 거품
❷ 카푸치노 커피의 용량은 150~180ml이다.
❸ 카푸치노 커피는 손잡이가 달린 150~180ml의 도자기 잔에 조리되어 제공한다.
❹ 카푸치노 우유의 적정 온도 : 60~65℃(70℃가 넘어가면 비린 맛이 난다)
❺ 우유 스팀의 적정 압력 : 1.2~1.4bar
❻ 색상 : 가장자리에 갈색의 크레마와 가운데 하얀 거품
❼ 밀도(Consistency) : Spoontest
❽ 복원력(Recovery) : Spoontest
❾ 두께(Thickness) : 거품의 두께는 1cm 정도
❿ 부재료를 더하면 안 된다.(시나몬, 초콜릿 가루 등-매장에서는 고객이 원할 경우 제공)

6. 카푸치노 우유

1) 우유 성분

일반 우유(무조성 우유 O, 저지방우유 ×, 무지방우유 ×) 사용, 유지방 함량이 3.5% 정도 되는 신선한 우유가 거품 내기에 좋다.(유지방 함량이 높으면 스팀된 우유의 품질이 좋아짐) 우유의 온도는 3℃ 정도에 가까울수록 스팀된 우유의 품질이 좋아질 확률이 높다.

2) 우유 거품의 종류

(1) DRY FOAM

우유 거품을 내는 단계에서 혼합을 조금만 하여 뜨거워진 우유와 우유 거품이 분리된 상태의 거품, 거품을 스푼으로 떠서 올려주는 방식이다. 프랑스 방식

(2) WET FOAM

거품을 만든 후 우유와 우유 거품을 적절하게 혼합한 거품이다. 이탈리아 방식

▲DRY FOAM

▲WET FOAM

> **Tip** 이탈리아 국립 에스프레소 연구소(NIIE) 기준에 따른 카푸치노란
>
> 25ml의 에스프레소 커피 원액에 거품을 낸 125ml 우유를 섞어 정량 150ml를 도자기 잔에 담아야 한다. 카푸치노는 액체보다 거품이 많아 단 몇 초 안에 마실 수 있어야 한다. 다 마신 컵 바닥에는 우유 자국이 남아 있어야 하고 바닥 쪽의 커피가 섞이면서 완전히 갈색으로 변해서는 안 되며 마신 뒤 입에 콧수염 모양의 우유 거품 자국이 남아야 한다.

7. 스팀피처(Steam pitcher)

1) 스팀피처의 재질(구조)

스팀피처의 재질은 가장 많이 사용되는 스테인리스와 테프론, 플라스틱이 있다. 테프론은 스테인리스에 비해 미끄러워 스팀밀크를 좀 더 빠르게 회전시킬 수 있고, 플라스틱은 재질 특성상 스티밍을 할 때에는 거의 사용되지 않는다. 스팀피처를 선택할 때에는 각각의 특징을 살펴보고 바리스타 본인의 취향과 스타일에 따라 사용하면 된다.

2) 스팀피처의 형태

우유가 나오는 주둥이 부분인 '스파웃(Spout)', 우유를 담는 부분인 '몸통(Body)', 스팀피처를 쥐고 전체적인 움직임을 통제할 수 있는 부분인 '손잡이(Handly)'로 구성된다.

아랫부분은 넓고 위로 올라갈수록 좁아지는 형태가 대부분이다. 스팀피처의 용량은 150ml, 300ml, 600ml, 900ml 등 만들 라떼 양에 따라 선택하면 된다.

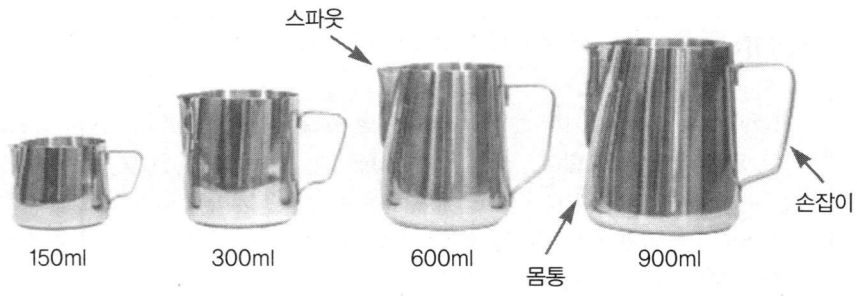

3) 스팀피처의 종류

스팀피처의 종류는 형태와 재질에 따라서 다양하게 존재한다. 일반적으로 알려진 스팀피처보다 스파웃이 길고 뾰족한 형태의 스팀피처는 에스프레소와 우유의 혼합과 푸어링을 하는데 더 도움이 된다. 몸통이 항아리처럼 넓고 둥근 것은 스팀밀크를 만들 때 회전이 원활히 이뤄지도록 하여 부드러운 우유 거품을 만드는데 도움을 준다.

  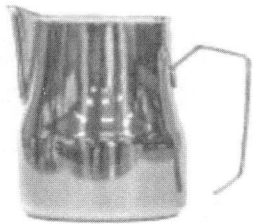

8 Caffè Cappuccino의 우유 거품 만들기

스팀밀크를 만들기 위해서는 스팀피처에 차가운 우유를 넣고, 스팀노즐의 팁을 우유에 담가 공기를 우유 속으로 주입해준다. 이때 스팀노즐의 팁을 우유에 깊게 담그는 것이 아니라 우유의 표면에 닿아야 공기가 주입된다. 스팀밀크의 상태는 공기 주입량과 혼합 정도에 따라 달라진다. 공기 주입량은 우유 거품의 양에 영향을 끼치고, 혼합 정도는 우유 거품의 질감에 영향을 끼친다.

1) 공기주입

스팀 노브를 연 후 피처를 아래로 서서히 내려 팁이 노출되면서 주변의 공기를 끌고 들어가면 거품이 생성된다. 피처에 60~70% 정도 거품이 만들어질 때까지 공기를 계속 넣어준다. 우유는 온도가 37℃를 넘어가면 거품이 만들어지지 않으므로 과정 초반에 거품을 만들어야 한다. 스팀완드 팁을 너무 깊게 담그면 외부의 공기를 우유 안으로 넣어주지 못하여 거품이 생성되지 않고 우유 온도만 상승하며 스팀완드 팁이 우유 표면에 노출되면 거친 거품이 생성된다.

2) 혼합(Rolling)

우유 거품이 만들어지면 팁이 우유에 잠기면서 스팀 압력에 의해 소용돌이가 발생하여 가벼운 우유 거품과 무거운 우유가 섞이면서 점차 고운 거품으로 만들어진다, 이때 회전되는 위치를 찾아야 한다.

3) 가열

스티밍을 하면 온도는 하단부터 뜨거워지므로 손은 피처 상단에 붙였다 뗐다 하며 온도를 체크하여야 한다. 우유는 60~65℃ 정도로 가열하는 것이 좋으며 70℃ 이상 가열되면 비린 맛이 나고 우유 맛이 싱거워진다.

9. Caffè Cappuccino의 우유 거품 만드는 순서

1) 스팀피처에 우유 붓기

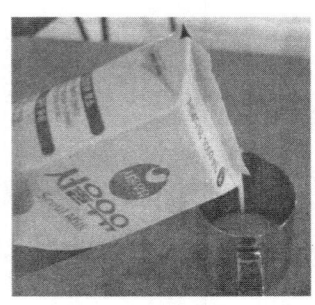

스팀피처에 우유를 얼마나 담을 것인가 하는 문제는 전적으로 바리스타의 몫이다. 우유의 양이 적으면 제대로 된 메뉴를 만들 수 없고, 너무 많으면 거품 내기가 어렵고 낭비도 심해진다. 따라서 많은 경험과 연습을 통해 적당량을 담는 능력을 키워야 한다.

300ml용은 1잔, 600ml는 2잔, 1000ml는 3~4잔을 만

들면 좋은 우유 거품이 만들어진다. 이때 스팀피처는 차가운 상태여야 하며, 우유는 4~5℃의 냉장 살균우유를 사용하는 것이 좋다. 만일 스팀피처가 차갑지 않으면 우유의 온도가 더 빨리 올라가기 때문에 거품 내기 전에 항상 확인하는 습관을 기르도록 한다.

2) 스팀 빼주기(응축수 제거)

스팀노즐에는 스팀을 사용한 후 남아 있는 스팀이 식으면서 물이 되어 남을 수 있다. 이 물을 빼주지 않고 그냥 스팀을 사용하면 남아 있는 물이 우유에 섞이면서 농도를 흐리게 하기 때문에 우유 거품을 만들기 전에 반드시 스팀밸브를 열어 물을 빼주어야 우유의 맛이 달라지는 현상을 예방할 수 있다. 밸브를 열어주는 시간은 약 1~2초 정도가 적당하며, 행주로 스팀노즐을 감싸고 열어주어야 물이 튀는 것을 방지할 수 있다.

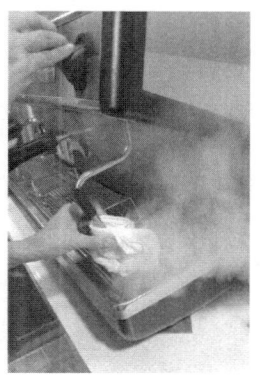

3) 스팀노즐의 각도 잡기

우유 거품의 질은 기계와 노즐, 그리고 노즐과 우유 표면의 각도에 따라 좌우된다. 이 각도만 잘 잡아도 쉽게 고운 우유 거품을 만들 수 있다는 얘기이다.

스팀노즐의 각은 먼저 스팀노즐과 기계가 약간 사선이 되게 잡은 다음 팁이 우유 표면에 잠기도록 한다. 스팀노즐이 우유 표면과 약간 사선이 되어야 주변에 공기를 우유 안에 넣어 줄 수 있고 각도가 너무 크면 공기가 많이 들어가 거품이 너무 많이 생겨 온도를 올리기가 어렵고 각도가 직각이면 우유를 롤링하기가 어렵다.

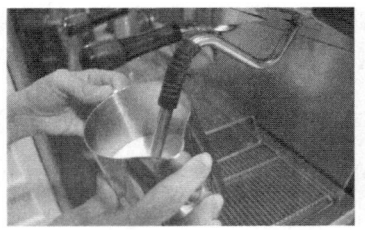 

▲잘못된 예 1   ▲잘못된 예 2

4) 스팀노즐 담그기

처음 스팀노즐은 팁의 반 정도 담그는 것이 좋다. 그래야 넣고자 하는 공기의 양을 잘 조절할 수 있다. 처음부터 노즐을 너무 낮게 담그면 강한 스팀에 의해 순간적으로 공기가 많이 주입되어 고운 거품을 얻기 힘들다. 따라서 스팀노즐은 처음에는 팁을 우유에 반 정도 담그고 서서히 높이를 조절하는 것이 좋다.

스팀노즐의 팁이 우유에 담기지 않으면 표면에 스팀을 분사하여 거친 거품이 생성된다.

5) 우유에 스팀분사(밸브열기)

모든 커피기계는 약간의 유격(간격)이 존재한다. 이것을 모르면 좋은 거품을 내기가 힘들다. 스팀밸브를 손에 힘을 빼고 천천히 돌리면 잘 돌아가다가 약간 힘이 들어가는 부분이 생기는데 스팀은 이때부터 나오기 시작한다. 여기서 바로 스팀밸브를 돌리지 말고 엄지손가락이 위로 오게 다시 밸브 손잡이를 고쳐 잡는다.

그 다음 엄지손가락을 아래로 되도록 빠르게 돌려주면 스팀 세기가 최대치에 이른다. 이렇게 하면 스티밍 작업이 원활할 뿐만 아니라 작업을 끝낸 후에 바로 온도 변화 없이 밸브를 잠글 수 있다.

 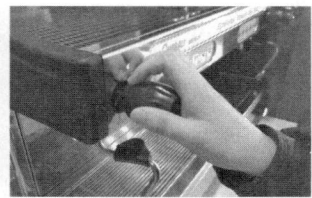 

6) 거품 만들기(공기주입, 혼합, 가열)

(1) 공기주입

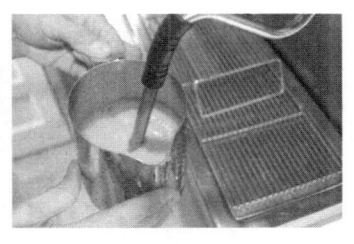

노즐을 담근 상태에서 스팀밸브를 연 다음 오른손은 스팀피처의 윗부분을 잡아 준다. 스팀피처를 아래로 서서히 내리면 스팀노즐 팁이 우유 표면으로 드러나고, 마찰에 의해 1차 우유 거품이 만들어진다.

스팀피처를 아래로 내릴 때는 한 번에 내리지 말고 서서히 내려야 한다. 그래야 작은 마찰에 의해 미세한 거품이 만들어지고, 최종적으로 고운 거품을 만들기 위해 혼합시킬 때 작업이 원활하게 이루어진다. 스팀노즐에서 분사되는 스팀이 우유 표면으로 드러나면서 노즐 주위에 있는 공기를 우유 속으로 끌고 들어가게 된다. 공기주입은 우유가 스팀피처의 70~80% 정도 찰 때까지 해주며, 이때 온도는 37℃ 이하여야 한다. 공기를 주입할 때는 조금씩 빠르게 주입해야 고운 거품을 만드는 나머지 혼합시간이 길어져 더욱 고운 거품을 얻을 수 있다.

(2) 혼합

우유 위에 형성된 작은 거품을 고운 거품으로 만들어 주는 작업이다. 고운 거품을 얻기 위한 최종적인 단계이므로 세밀한 작업이 필요하다. 우선 피처를 옆으로 옮겨 분사되는 스팀에 의해 우유와 우유 거품이 회전되도록 한다. 이때 스팀노즐을 너무 깊게 담그면 회전율이 커서 우유가 넘치기 쉬우며 스팀피처의 각도를 바꾸면 좋은 거품을 얻기가 힘들다. 따라서 마찰 소리가 들리지 않을 정도로 스팀노즐의 팁 부분만 담가주어야 큰 회전을 통해 전체를 빠르고 고르게 혼합할 수 있다.

아이스 메뉴에 우유 거품을 사용할 때에는 우유 거품의 온도가 높으면 얼음이 녹기 때문에 우유의 온도와 상관없이 우유 거품이 다 만들어지면 작업을 완료한다. 아이스 메뉴에 들어가는 우유 거품의 온도는 낮을수록 좋다. 신속한 동작으로 공기주입과 혼합을 해주면 아이스 메뉴에 적합한 좋은 우유 거품이 만들어질 것이다.

혼합단계에서 생성되는 거품은 없어지지 않기 때문에 공기주입이 끝나면 가급적 공기가 더 이상 주입되지 않도록 주의를 기울여 회전시켜 준다.

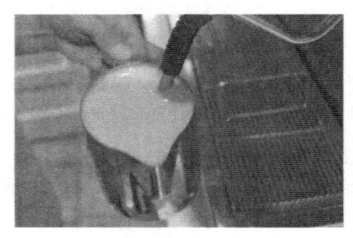

(3) 가열

혼합이 완전히 이루어지면 스팀피처의 80~90%까지 우유가 차오르게 된다. 이때의 온도는 60~65℃가 될 때까지 가열시킨다.

스티밍을 하면 하단부터 뜨거워지므로 손을 피처 상단부분에 붙였다 뗐다 하면서 충분히 가열되었다고 판단되면 스팀노브를 신속히 잠가준다.

7) 노즐청소 스팀분사(스팀완드 팁 안에 들어간 우유 제거)

　스티밍을 하고 난 후 바로 깨끗한 젖은 행주로 스팀노즐을 감싸서 빨려 들어간 우유를 빼주고 스팀노즐을 닦아준다.

　스팀을 먼저 틀어주는 이유는 스팀노즐이 뜨거워지면서 노즐 안쪽에 남아 있는 우유 찌꺼기들이 굳어 있을 수 있기 때문이다. 그래서 바리스타는 항상 스팀노즐을 사용한 후에는 스팀을 먼저 틀어준 다음 노즐을 닦아주는 습관을 길러야 한다. 이때 사용한 행주는 항상 깨끗한 곳에 보관한다.

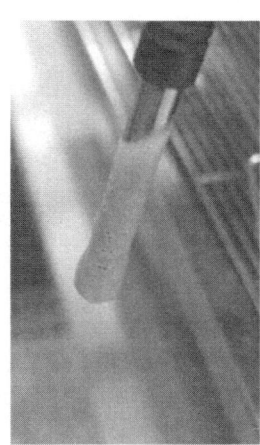

8) 큰 거품 없애기

　스팀 내기를 잘 끝내도 약간의 작은 거품들이 남아 있을 수 있다. 이 거품을 없애기 위해 스팀피처를 2~3회 바닥에 두드리고 1~2회 크게 회전시켜주면 더 고운 거품을 얻을 수 있다.

　이때는 넘치지 않을 정도로만 회전시켜야 한다. 이 동작을 너무 오래 하면 우유의 온도가 내려가므로 빠른 동작이 필요하다. 이렇게 만들어진 거품우유는 기포가 없이 곱고 응집력이 있어야 한다.

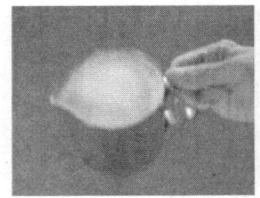  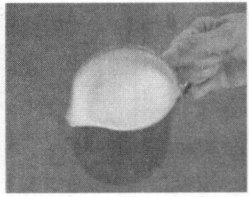 

10) 커피머신 스팀밸브(Steam Valve)

▲다이얼 밸브(Dial Valve)　　　　▲레버 밸브(Lever Valve)

1) 스팀밸브

　　스팀 사용 시 스팀의 개폐를 담당한다. 일반적으로 스팀밸브 손잡이를 돌리면 스팀이 나오기 시작한다. 버튼식 밸브도 있으나 손잡이식 머신의 경우에는 밸브를 많이 돌리면 스팀이 강하게 나오고 조금 돌리면 약하게 나온다. 스팀의 이런 세기는 스프링에 의해 조절이 된다.

　　스팀밸브는 사용하는 기계에 따라 약간의 차이가 있다. 그러므로 자기가 사용하는 기계의 스팀간격을 항상 체크하고 사용범위를 알고 있어야 편리하게 사용할 수 있다.

　　만약 스팀밸브가 마모되면 스팀밸브를 완전히 잠근 상태에서도 스팀노즐에서 스팀이나 물이 새어나온다. 이런 상태가 지속되면 보일러의 압력이 떨어지고, 압력이 떨어지면 다시 보일러를 가열해야 하므로 기계에 무리가 따르고 전기료가 많이 나오게 된다. 이때는 즉시 전문가에게 연락해서 수리하거나 교체해야 한다.

 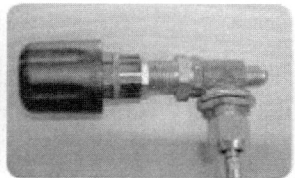 

2) 커피머신 스팀노즐

기계에서 스팀이 추출되는 노즐이다.

 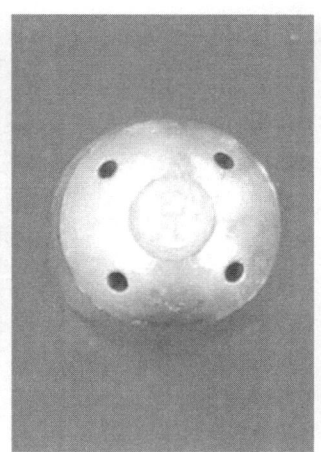 

▲스팀노즐　　　　　▲스팀완드 팁　　　　　▲스팀완드(스팀노즐)

스팀노즐은 우유를 데울 때 사용되는 부분으로 매우 뜨거우므로 조심해야 한다. 우유를 사용하기 때문에 청결한 상태를 유지할 수 있도록 각별히 사용법을 숙지해야 한다. 스팀노즐은 구멍이 3~5개 있는 것이 주로 사용된다.

스팀노즐은 우유를 데우는 역할을 하므로 청결이 무엇보다 중요하다. 따라서 스팀 사용 후에는 먼저 스팀밸브를 열어 스팀을 빼주어야 한다. 또 우유가 노즐 안쪽에 남아 있기 때문에 바로 밸브를 열어 우유를 제거해야 한다. 우유를 빨리 제거해주지 않으면 우유가 안에서 굳어 스팀이 점점 약해지는 현상이 일어날 수 있다.

스팀밸브를 열면 스팀노즐에 남아있는 우유가 튀어나온다. 행주를 이용하지 않고 그냥 스팀밸브를 열어주면 주위가 지저분하게 된다. 스팀밸브를 열어 청소한 후에는 스팀노즐에 묻어 있는 우유를 젖은 행주로 깨끗이 닦아준다.

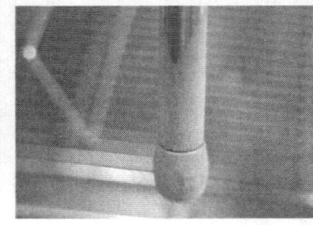
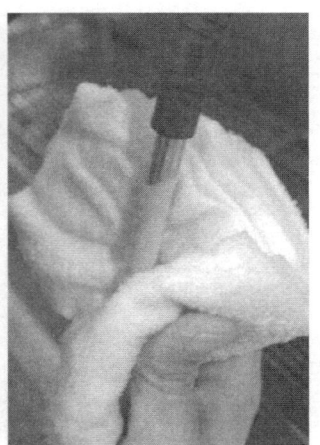

3) 스팀노즐 청소

(1) 청소 1

영업 마감 시에는 용기에 물을 담아서 스팀노즐을 담가두었다가 다음 날 아침에 청소하는 경우도 있다. 이 방법은 굳어 있는 우유 찌꺼기가 불어 더욱 쉽고 깨끗하게 청소할 수 있다.

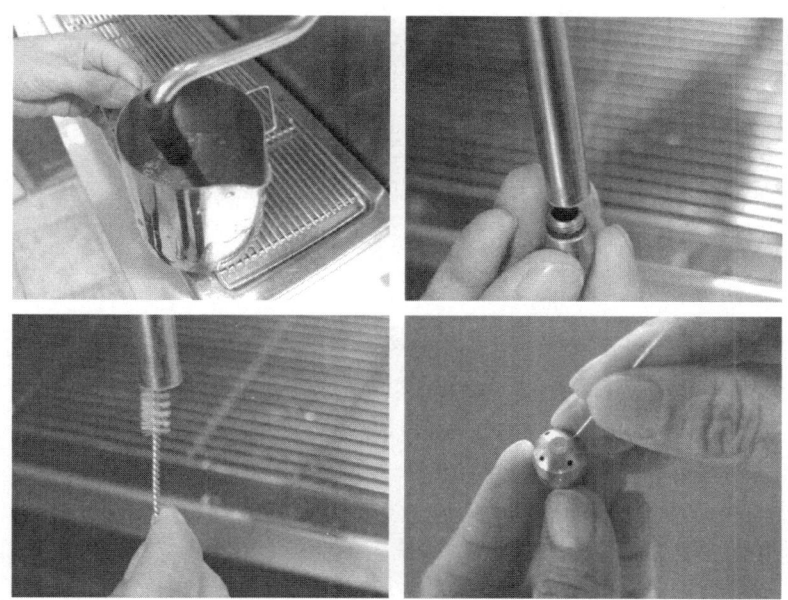

(2) 청소 2

　스팀노즐은 우유를 사용하는 곳이므로 사용 후에 잘 닦아주어야 하고 스팀이 나오는 노즐 끝부분을 분리해서 청소를 해주어야 좋다. 노즐 끝에 우유 찌꺼기가 굳어서 잘 분리되지 않는 경우가 있으므로 노즐을 분리할 때는 공구를 이용하는 것이 좋다. 또한 노즐 안쪽에도 우유 찌꺼기가 남을 수 있으므로 작은 솔을 이용해서 청소를 해준다. 스팀이 나오는 구멍은 노즐보다 더 약한 재질의 기구를 이용해서 구멍에 있는 찌꺼기를 제거한다.

Tip 우유 거품 만드는 순서

1. 피처에 우유 붓기 → 2. 스팀 빼주기(응축수 제거) → 3. 스팀노즐 담그기(스팀노즐 각도 잡기) - 4. 우유에 스팀 분사(밸브열기) → 5. 거품 만들기(공기주입, 혼합, 가열) → 6. 스팀노브 잠그기 → 7. 스팀완드 닦기 & 스팀 분사(스팀완드 팁 안에 들어간 우유 제거) → 8. 우유 섞기 & 큰 거품 없애기 → 9. 컵에 부어주기

카푸치노 필기예상문제

1. 다음 중 카푸치노를 만들 때 가장 적절한 우유의 온도는?

① 45℃ ② 55℃ ③ 60℃
④ 65℃ ⑤ 70℃

2. 다음 중 카푸치노를 위한 스팀 우유를 만들 때 바르지 않은 것은?

① 3℃ 정도의 신선한 우유를 사용해야 한다.
② 저지방 우유로 거품을 내는 경우가 거품이 더 풍성하다.
③ 스팀의 압은 항상 일정하게 유지한다.
④ 스팀노즐은 청결하게 유지한다.
⑤ 시작 전에는 항상 깨끗한 젖은 행주를 준비한다.

3. 다음 중 스팀 우유를 만드는 과정에 대한 설명 중 옳지 않은 것은?

① 깨끗한 젖은 행주를 준비한다.
② 레버를 열어 응축수를 제거한다.
③ 차가운 우유를 피처에 담고 스팀노즐을 우유에 넣는다.
④ 스팀노즐을 깊게 담근 뒤 우유를 뜨겁게 만든 후 거품을 낸다.
⑤ 레버를 잠근 후 응축수를 제거하고 노즐에 묻은 우유를 닦는다.

4. 다음 중 스팀 우유의 적정 온도를 맞추는 이유로 틀린 것은?

① 적정 온도를 넘어가면 비린내가 난다.
② 적정 온도일 때 커피와도 균형 잡힌 맛이 난다.
③ 적정 온도에서 더 고소하고 달콤한 맛이 난다.
④ 적정 온도를 넘기면 우유의 부피가 늘어난다.
⑤ 적정 온도에 못 미치면 마셨을 때 미지근한 음료가 될 수 있다.

5. 카푸치노를 만들었을 때 카푸치노의 거품량은 어느 정도여야 하는가?

① 0.5cm ② 1cm 이상 ③ 1cm 이하
④ 2cm 이상 ⑤ 3cm 이상

6. 다음 중 스팀노즐 사용에 대한 설명으로 바르지 않은 것은?

① 사용 전 응축수를 제거한다.
② 사용 전 깨끗한 젖은 행주를 준비한다.
③ 스팀 사용 후 우유 거품을 젖은 행주로 깨끗하게 바로 닦아준다.
④ 스팀완드 팁이 막히면 청소가 불가하므로 교체해준다.
⑤ 스팀 사용 후 빨려 들어간 우유를 제거한다.

7. 다음 중 카푸치노에 대한 설명으로 옳지 않은 것은? (128쪽)

① 카푸치노에는 꼭 시나몬 가루가 얹어져야 한다.
② 카푸치노라는 이름은 이탈리아 카푸친 수도회 수도사들에 의해 유래되었다.
③ 에스프레소의 쓴맛과 우유의 부드럽고 고소한 맛이 조화를 이루는 커피이다.
④ 풍부한 거품과 부드럽고 진한 맛이 특징이다.
⑤ 150~180ml의 양에 손잡이가 있는 도자기 잔을 사용한다.

8. 다음 중 카푸치노 커피 조리 시 거품의 양은 스팀 피처에 담긴 우유의 몇 배만큼 만들어야 하는가?

① 1배   ② 1.5배   ③ 2배
④ 2.5배   ⑤ 0.5배

9. 다음 중 스팀밀크에 대한 설명으로 옳지 않은 것은?

① 우유의 최종 온도는 65도를 넘지 않는다.
② 거품의 표면은 매끈하며 눈에 보이는 거품이 없어야 한다.
③ 거품을 만들고 짧은 시간 롤링을 해야 한다.
④ 거품의 밀도를 높이고 온도를 맞춰야 한다.
⑤ 거품을 만들 때 너무 빠른 시간에 거품을 만들면 거칠어진다.

10. 다음 중 우유 스팀 시 거품이 생성되는 공기주입을 끝내는 온도로 옳은 것은? (135쪽)

① 15℃   ② 20℃   ③ 28℃
④ 37℃   ⑤ 43℃

11. 다음 중 좋은 카푸치노 거품에 대한 설명으로 틀린 것은? (137쪽)

① 기포들이 미세해야 하나 단단해서는 안 된다.
② 매끄럽고 부드러워야 한다.
③ 본질적인 균형과 알맞은 두께가 필요하다.
④ 커피와 우유 층이 분리되지 않아야 한다.
⑤ 끈기가 있고 일관되게 구성되어야 한다.

12. 다음 중 좋은 카푸치노를 만들기 위한 조건으로 바른 것을 모두 고르시오.

가. 30ml의 에스프레소	나. 약 65℃의 데운 우유
다. 약 60ml의 우유 거품	라. 시나몬 가루

① 가, 나　　② 가, 나, 다　　③ 가, 나, 라
④ 가, 라　　⑤ 나, 다, 라

13. 다음 중 스팀의 압력으로 옳은 것은? (128쪽)

① 1bar 이하　　② 1.2~1.4bar　　③ 1.5bar
④ 2~3bar　　⑤ 5bar 이상

14. 다음 중 카푸치노 조리 시 필요한 것을 모두 고르시오.

가. 깨끗한 행주	나. 밀크 피처	다. 초코 시럽
라. 시나몬 가루	마. 차가운 우유	

① 가, 나, 다, 라, 마　　② 가, 나　　③ 다, 라, 마
④ 가, 나, 마　　⑤ 가, 나, 라, 마

15. 우유 거품은 기포로 되어 있는데, 우유 스티밍 중 기포를 잘게 쪼개서 매끄럽고 윤기가 돌게 만드는 작업을 무엇이라 하는가? (132쪽)

① 탬핑(Tamping)　　② 도징(Dosing)　　③ 그라인딩(Grinding)
④ 롤링(Rolling)　　⑤ 로스팅(Roasting)

16. 다음 중 우유 거품을 내는 순서로 바른 것은?

① 공기주입 – 가열 – 거품생성 – 혼합 ② 공기주입 – 거품생성 – 혼합 – 가열
③ 가열 – 공기주입 – 거품생성 – 혼합 ④ 가열 – 혼합 – 공기주입 – 거품생성
⑤ 혼합 – 공기주입 – 거품생성 – 가열

17. 다음 중 카푸치노가 제공되는 잔에 대한 설명으로 옳지 않은 것은?

① 적절한 크기의 도자기 잔에 제공되는 전통적인 카푸치노 커피는 150~180ml이다.
② 잔에는 손잡이가 달려 있어야 한다.
③ 반드시 도자기 재질이어야 한다.
④ 잔은 항상 예열되어 있는 상태여야 한다.
⑤ 큰 잔을 사용할 경우 우유가 들어가는 양이 상대적으로 많기 때문에 더 풍부한 맛을 낸다.

18. 다음 중 우유 거품의 Dry form과 Wet form에 대한 설명으로 바르지 않은 것은? (129쪽)

① Dry form은 거품을 내는 단계에서 혼합을 많이 하지 않아 분리된 상태의 거품을 말한다.
② Dry form은 스푼을 사용하여 잔 위에 거품을 떠서 올려주는 방식을 사용한다.
③ Wet form은 거품을 만든 후 적절하게 혼합된 거품을 말한다.
④ Wet form을 사용한 카푸치노를 Wet cappuccino라 한다.
⑤ Dry form은 이탈리아, Wet form은 프랑스에서 사용하는 방식이다.

19. 다음 중 저지방우유의 지방 함량으로 옳은 것은? (125쪽)

① 1% 이하   ② 2% 이상   ③ 2% 이하
④ 3% 이상   ⑤ 3% 이하

20. 다음 중 카페라떼와 카푸치노의 설명으로 옳지 않은 것은? (128쪽)

① 카페라떼는 카푸치노에 비해 우유맛을 더 느낄 수 있다.
② 카페라떼에서 가장 많이 비율을 차지하는 것은 우유이다.
③ 카푸치노의 거품은 1cm 이상이어야 한다.
④ 카푸치노는 에스프레소, 우유, 우유 거품의 비율이 1:1:1이다.
⑤ 카페라떼와 카푸치노 조리 시 메뉴에 따라 우유 온도를 다르게 조리해야 한다.

21. 다음 중 우유 거품을 내는 과정에 대한 설명으로 옳지 않은 것은? (131쪽)

① 우유 거품이 피처 용량의 약 60~70% 정도 찰 때까지 공기를 지속적으로 주입한다.
② 부피가 증가하는 만큼 조금씩 피처를 아래로 내려주어야 한다.
③ 피처를 너무 빨리 내리게 되면 공기 주입이 급하게 이루어져 거친 거품이 만들어진다.
④ 거품을 혼합하는 과정에서 팁을 많이 움직여야 혼합이 원활히 이루어진다.
⑤ 우유 온도가 37℃가 되기 전에 완료해야 한다.

22. 다음 중 스팀을 분사시키는 데 필요한 장치에 대한 설명으로 옳지 않은 것은? (134쪽)

① 우유에 스팀이 나오게 열어주는 부분을 스팀노브라고 한다.
② 스팀이 통과되어 나오는 관을 스팀완드라고 한다.
③ 끝에 구멍이 뚫려 있으며, 이곳을 통해 스팀이 분사된다.
④ 스팀 분사 시 스팀에 의해 가열되어 있기 때문에 주의해야 한다.
⑤ 가열되어 있을 시 플라스틱이나 고무로 된 스팀완드 팁(Steam wand tip)을 잡고 작동시켜야 한다.

23. 다음 중 피처에 관한 설명으로 틀린 것은? (130쪽)

① 밀크 저그(Milk Jug), 스팀 피처(Steaming Pitcher), 밀크 프로팅 피처(Milk frothing Pitcher)라 부른다.
② 우유를 데우거나, 우유 거품을 만들 때 필요한 도구이다.
③ 용량은 300ml, 600ml, 1000ml를 주로 사용한다.
④ 주로 스테인리스 재질을 사용한다.
⑤ 일반적으로 아래는 좁고, 위는 넓은 형태를 이루고 있다.

24. 다음 중 우유 거품 생성 원리에 대한 설명으로 옳지 않은 것은? (134쪽)

① 보일러에서 만들어진 수증기가 스팀완드를 통해 분출된다.
② 분출된 수증기가 주변의 공기를 끌고 들어가 피처 안의 우유로 흡입되면 생성된다.
③ 스팀완드 팁을 깊게 담궈야 거품이 생성된다.
④ 우유를 가열하기 위해서는 스팀완드 팁을 우유에 담궈야 한다.
⑤ 스팀완드 팁이 표면에 노출되면 우유 표면에 거친 거품이 생성된다.

25. 다음 중 머신기에서 우유 거품내기 전과 후의 스팀노즐을 청소할 수 있는 행주는 어느 것인가?

① 마른 면 행주
② 약간 두꺼운 젖은 행주
③ 두꺼운 마른 행주
④ 얇은 마른 행주
⑤ 마른 나이론 행주

26. 다음 중 완벽한 카푸치노 커피에서 느낄 수 있는 맛과 향 중에서 거리가 먼 것은?

① 우유 거품의 부드러움
② 우유의 단맛
③ 우유의 고소한 맛
④ 커피의 강한 신맛
⑤ 균형 잡힌 커피의 맛과 향

27. 카푸치노 커피의 설명 중 바르지 않은 설명은? (128쪽)

① 에스프레소 커피 한 잔과 데워진 우유 및 우유 거품이 조화된 커피음료이다.
② 전통적인 용량은 5~6oz(150~180ml)이다.
③ 손잡이가 달린 도자기 잔이 좋다.
④ 원칙적으로 커피와 우유 외의 부재료가 첨가되는 것은 허용되지 않는다.
⑤ 카푸치노 커피는 항상 시나몬을 얹어서 나가야 한다.

28. 다음 중 카푸치노 커피의 우유 데우기에 대한 설명이 맞는 것은?

① 우유는 실온에 두고 사용하는 것이 거품이 잘 만들어진다.
② 데워진 우유의 최적온도는 75℃ 전후가 이상적으로 알맞다.
③ 카푸치노의 우유 거품내기 시간은 길수록 좋은 거품이 만들어진다.
④ 우유 거품은 롤링을 통해서 밀도를 높여 주는 것이 좋다.
⑤ 피처에 우유가 80ml이면 거품의 양도 40ml 만든다.

29. 다음 중 카푸치노 커피 조리에 필요한 우유 스티밍에 대한 설명이 맞는 것은?

① 우유 스티밍을 하기 전에 스팀노브를 열면 안 된다.
② 우유의 온도가 실온에 있는 상태로 사용하는 것이 거품이 더 잘 만들어진다.
③ 한번 거품을 만든 우유는 거품이 더 잘 만들어진다.

④ 최적의 온도는 65℃ 전후가 정도가 좋다.
⑤ 카푸치노 커피의 거품 양은 중요하지 않다.

30. 다음 중 스팀과 스팀노즐에 대한 사용설명이 틀린 것은?
① 스티밍 후 바로 닦지 않으면 노즐에 묻은 우유는 빠르게 굳어질 수 있다.
② 우유를 데울 때 스팀의 배출로 우유가 스팀노즐 속으로 빨려 들어갈 수는 없다.
③ 우유 데우기 전후에 스팀 전용 젖은 행주로 청소한다.
④ 우유를 데울 때 스팀노즐 내부는 스팀배출로 인해 이미 청소되어 있다.
⑤ 스팀사용 후 온도가 떨어져 스팀노즐 안에는 응축수가 있다.

정답

1.④ 2.② 3.④ 4.④ 5.② 6.④ 7.① 8.③ 9.③ 10.④
11.① 12.② 13.② 14.④ 15.④ 16.② 17.⑤ 18.⑤ 19.③ 20.⑤
21.④ 22.⑤ 23.⑤ 24.③ 25.② 26.④ 27.⑤ 28.④ 29.④ 30.②

04

에스프레소 원리

커피
바리스타
이론과
문제

04 NCS 기반 에스프레소(espresso)

1 에스프레소(espresso) 역사

곱게 분쇄한 원두에 고온, 고압의 물을 투과시켜 추출한 방식의 커피로, 원래 터키커피를 신속하게 추출하기 위해 고안된 방법으로 증기로 뽑는 모습이 기관차를 연상시킨다 하여 Express를 뜻하는 이탈리아에서 유래됐다.

1901년 Luigi Bezzera(루이지 베제라)가 증기압을 이용한 에스프레소 기계 특허출원을 하였으며, 1905년 Desidero Pavoni(데시데로 파보니)는 베제라의 특허를 획득해 추출수 온도 88℃~95℃, 추출수압 7~10bar로 개량했다. 1938년 Cremonesi(크레모네시)는 피스톤 펌프를 개발해 탄맛과 쓴맛을 없애는데 성공하였다. 1939년 Giusippe Bambi(쥬세페 밤비)는 수직형 보일러 형태를 수평형 보일러 형태로 개발하고, 1947년 Giggia(가지아)는 최초로 상업적인 워터펌프를 이용한 피스톤 방식의 커피기계를 제조하여 황금색의 크레마를 발견하였다.

이후 에스프레소는 빠른 속도로 전파되어 유럽 내의 모든 국가에서도 잘 알려진 음료가 되었으며, 이미 다른 국가들의 시장에서도 최고의 인기를 얻게 되었다. 에스프레소의 성공은 커피를 준비하는 과정의 즐거움과 전문성에 관한 흥미로움에 있다.

에스프레소 맛을 결정하는 4가지 조건은 이탈리아어로 시작되는 첫 글자를 따서 '4M'이라 부른다. 블렌딩(Miscela), 그라인더(Macinadosatori, 분쇄하는 원두 입도와 투입량), 커피 기계(Macchina), 바리스타의 손(Mano, 재료와 기계에 대한 올바른 숙지 및 기술)이 그것이다.

에스프레소는 매우 진하게 추출되는 방식으로 커피의 질과 맛이 극명하게 드러나는 것이 특징이며, 에스프레소 한 샷이 워낙 적고 빠르게 추출되기 때문에 카페인 함량은 적다.

에스프레소는 특유의 강한 향과 진한 맛 때문에 이탈리아에서는 잠을 깨는 용도로 음용한다.

> **Tip 알고 가자! 아메리카노(Americano)와 롱블랙(Long Black)**
>
> - 아이스커피 : 얼음-물-에스프레소샷
> - 롱블랙은 크레마가 위에 남아 풍미와 신선함이 느껴짐
> - 적은 양의 물 위에 에스프레소샷을 올리면 묵직하고 진한 맛의 롱블랙
> - 에스프레소 위에 물을 부으면 아메리카노
> - 에스프레소를 호주에서는 숏블랙(Short Black)이라 함
>
>
> Americano
>
>
> Long Black

2 에스프레소 추출 원리

에스프레소(espresso)는 단어 자체가 의미하듯 빠르게 추출하는 커피를 말한다. 순간적으로 뜨겁게 데운 물로 인위적인 힘을 가해 수용성 성분 외에 지

용성 성분도 함께 추출하기 때문에 진한 맛과 향, 높은 밀도를 지니며, 일반적으로 음용하는 커피보다 카페인 함량이 적다.

에스프레소 머신은 크게 에스프레소 추출, 스팀 추출, 온수의 추출이 있다.

수도를 통해 들어온 물은 정수기를 거쳐 에스프레소 머신으로 유입된다. 머신의 추출 버튼을 누르면 가압펌프에 의해 9bal의 압력으로 보일러 내의 물을 그룹헤드로 보내며, 플로우메타가 물의 흐름을 감지하여 원하는 양의 커피가 추출되었을 때 솔레노이드 벨브를 조정하여 물의 공급을 차단하는 과정을 거처 에스프레소가 추출되는 것이다.

에스프레소는 맛의 균형이 매우 중요하며, 신맛, 단맛, 쓴맛 등 조화로운 균형을 가져야 하며, 달콤한 시럽, 꿀, 과일 같은 다양한 맛을 경험할 수 있다. 또한 에스프레소 커피 품질을 평가할 때 단맛을 매우 중요하게 생각한다.

에스프레소의 점도는 물의 약 두 배 정도로 입안에서 크림 같은 매끄러운 기름진 느낌의 풀 바디감을 느낄 수 있다.

3 에스프레소의 추출의 특징

1) 즉석 추출(On the spur of the moment)

에스프레소(espresso)는 영어의 익스프레스(express)의 의미이다. 에스프레소는 추출해서 시간이 지나면 향이 증발하고 표면의 거품 크레마(crema)가 사라진다. 또한 부드러운 맛이 없어지고 좋지 않은 짠맛이 증가하므로 에스프레소를 미리 뽑아 놓고 보관하는 것이 아니라 고객의 주문과 동시에 추출해야 한다.

2) 가압 추출(Under pressure)

압력은 에스프레소를 다른 커피 추출 방법과 구별 짓는 아주 중요한 요소이다. 에스프레소는 분쇄된 커피층(coffee cake)을 약 7~10bar(압력단위)의 뜨거운 물줄기가 통과하면서 수용성 성분(soluble solids) 외에 물에 녹지 않은 성분까지 추출되므로 일반적인 추출 방식의 커피에 비해 농축된 맛을 나타낸다. 이런 특성 때문에 버터리(buttery)한 맛과 강한 바디감을 느낄 수 있다. 또한 에스프레소 표면의 거품(crema)에 커피 오일 성분이 작은 방울 형태(droplet)의 유화(emulsification) 상태로 존재하는데 이런 오일 방울들은 휘발성 향기 물질을 잡아두는 역할을 하므로 에스프레소를 마신 뒤에도 오랫동안 향을 느낄 수 있다.

3) 신속한 추출(In a short time)

에스프레소는 20~30초의 비교적 짧은 시간에 추출해야 하는데 추출 시간이 길어져 30초를 넘게 되면 쓰고 거친 맛이 난다. 반대로 15초 이하의 짧은 시간 안에 추출하면 신맛이 매우 강하고 불균형한 맛이 난다. 즉, 에스프레소는 곱게 분쇄한 원두에 뜨거운 물로 7~9bar 압력을 가해 짧은 시간 안에 추출하여 작은 잔(데미타세)에 마시는 "농축된 커피"라고 정의할 수 있다.

Tip 에스프레소(espresso)란?

이탈리아로 'espresso' 라고 쓰며 이런 뜻을 갖고 있다.
① press, 커피에 공급하는 물에 힘을 가하여
② express, 커피에서 물에 녹는 성분을 빠르게 추출하고
③ something prepared especially for you, 고객의 주문대로 만들어낸 커피

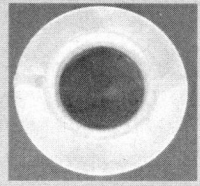

4. 에스프레소의 모든 것

에스프레소의 추출 시간은 보통 20~30초 이내인데 맛 성분이 처음부터 끝까지 동일하게 지속적으로 추출되는 것이 아니라 시간대별로 달라 10초 단위로 세분해 보면 성분의 차이가 있는 것을 알 수 있다. 단계별 성분이 하나로 혼합되어 신맛과 쓴맛, 바디, 아로마 등이 조화를 이루어 한 잔의 에스프레소가 만들어지게 된다.

1) 에스프레소 추출시간에 따른 추출되는 성분 변화와 맛의 변화

■ 소량 / ■ 중간 / ■ 다량

	15~20초(Ristretto)	20~30초(Espresso)	30초~(Lungo)
지방	다량	중간	소량
당분	다량	중간	소량
산	다량	중간	소량
카페인	소량	중간	다량
CO_2	소량	중간	다량
추출량	15~20ml	20~30ml	30ml 이상
추출시간에 따른 맛의 변화	신맛이 강하고 바디감이 높아 잔향이 지속됨	단맛, 쓴맛, 신맛이 조화가 된 Well Balance	크레마색은 옅어지고 쓴맛 증가, 바디감은 떨어짐

- Doppio : 영어의 Double과 같음, 에스프레소 2잔을 하나의 잔에 담는 것을 말함, 추출량은 40~60ml
- Solo : 에스프레소 1샷

2) 에스프레소 맛에 변화를 주는 요인

구분	내용
추출시간에 따른 맛의 변화	추출시간이 짧으면 신맛 → 추출시간이 길면 쓴맛
추출압력에 따른 맛의 변화	압력이 낮으면 쓴맛 → 압력이 높으면 가벼운 맛
추출수 온도에 따른 맛의 변화	추출수 온도가 낮으면 떫은맛 → 추출수 온도가 높으면 쓴맛

3) 에스프레소 추출에 따른 원인과 해결 방안

과잉추출(성분 과다)-Over Extraction		
원인		해결
• 분쇄입자가 너무 가늘 때 • 탬핑이 강했을 때 • 추출수 압이 낮을 때 • 투입량이 많을 때 • 헤드필터가 막혔을 때 • 필터 바스켓이 막혔을 때	추출 시간이 길어져서 성분이 많이 나와 과잉 추출(에스프레소 추출 시 물줄기가 아주 가늘게 나옴)	• 분쇄입자를 굵게 그라인더를 조절 • 탬핑을 약하게 함 • 펌프압력을 높임 • 커피 투입량을 줄임 • 헤드필터를 청소 • 필터 바스켓을 청소
• 추출수 온도가 높을 때	온도가 높아 불필요한 성분이 더 나와 과잉 추출	• 추출수 온도를 낮춰 줌

과소추출(성분 과소)-Under Extraction		
원인		해결
• 분쇄입자가 너무 굵을 때 • 탬핑이 약할 때 • 추출수 압이 높을 때 • 투입량이 적을 때 • 필터 바스켓의 구멍이 커졌을 때	추출 시간이 짧아져서 성분이 적게 나와 과소 추출(에스프레소 추출 시 물줄기가 아주 굵게 빨리 나옴)	• 분쇄입자를 가늘게 그라인더를 조절 • 탬핑을 세게 함 • 펌프압력을 낮춤 • 커피 투입량을 늘림 • 필터 바스켓을 교체
• 추출수 온도가 낮을 때	온도가 낮아 성분이 덜 나와 과소 추출	• 추출수 온도를 높여줌

4) 에스프레소 추출 시 잔에 찌꺼기가 남는 이유

원인	해결
• 분쇄커피가 너무 가늘 때 • 그라인더 날 마모 • 추출압력 높을 때 • 포터필터 바스켓의 구멍이 커졌을 때	• 그라인더 굵기를 굵게 조절한다. • 그라인더 날을 교체한다. • 추출 압력을 낮춘다. • 포터필터 바스켓을 교체한다.

5) 에스프레소에 크레마가 적은 원인

❶ 오래된 커피로 추출하였을 때
❷ 에스프레소 추출 속도가 너무 빠를 때

❸ 에스프레소 추출 속도가 너무 느릴 때

❹ 추출수 온도가 너무 높을 때

※ 로부스타 커피가 많이 Blending된 커피일수록 크레마가 많다. 신선한 커피일수록 크레마가 풍부하다.

6) 에스프레소 추출 시 포터필터 옆으로 새어 나오는 원인

❶ 포터필터 바스켓을 그룹헤드에 제대로 장착하지 않았을 때

❷ 포터필터 바스켓에 커피 담는 양이 너무 많았을 때

❸ 그룹헤드 가스켓이 마모되었을 때

❹ 필터 바스켓이 막혔을 때

7) 에스프레소의 데미타세(demitasse) 잔

❶ 데미타세는 프랑스어로 demi(반) tasse(잔)을 뜻하는 합성어이다.

❷ 에스프레소잔은 20~40ml(1oz) 정도 담긴다. 용량은 60~70ml(2oz) 정도로 일반컵의 반 정도라는 뜻이다.

❸ 이탈리아어로 데미타쎄(demitazza)라 한다.

❹ 이탈리아식 커피인 에스프레소(espresso)나 터키식 커피(turkish coffee)를 담는 잔이다.

❺ 공기와 접촉을 최소화하기 위해서 2~3oz의 용량이 적당하다.

❻ 에스프레소는 양이 적어 빨리 식기 때문에 온도 유지를 위해 일반컵에 비해 조금 두꺼운 도자기잔을 사용한다.

> **Tip** 에스프레소의 잘못된 추출과 올바른 추출

■ 과소 추출(Uuder Extrction) - 추출성분의 과소

과소추출은 커피에서 추출된 성분이 덜 우러 나온 것이다. 추출 흐름이 빠르다보니 커피 성분이 충분히 녹아 나오지 않아 자극적인 신맛이 강하고 농도가 연하며 떫은 맛(촉감)이 느껴진다.

※ 0~3초 첫 추출. 첫 물줄기 굵다. 추출 속도가 빠르다. 점성이 없고 다소 묽다.

■ 정상 추출(Extrction Well) - 밸런스, 균형감, 조화로움

정상적으로 추출된 에스프레소는 신맛, 단맛, 쓴맛의 조화로움을 느낄 수 있다. 어느 한가지 맛만 도드라지지 않아 균형감이 좋을 때 느껴진다.
한가지 맛이 도드라진다면 과소추출이거나 과잉추출일 가능성이 높다.

※ 3~5초 첫 추출. 첫 물줄기가 가늘다. 추출 속도가 느리다가 점차 빨라진다. 쫀득한 점성>서서히 묽어짐

■ 과잉 추출(Over Extrction) - 추출 성분의 과다

과잉 추출은 커피 성분을 너무 많이 우려낸 경우이다. 긍정적으로 느끼는 커피 맛 성분 이외에 부정적으로 느끼는 성분까지 과도하게 추출된 경우를 말한다.
추출흐름이 다소 느리며 그에 따라 농도가 비교적 진하고 쓴맛이 강하게 느껴지며 먹고난 뒤에도 쓴맛이 남거나, 텁텁하고 뒷맛(Aftertaste)을 느낄 수 있다.

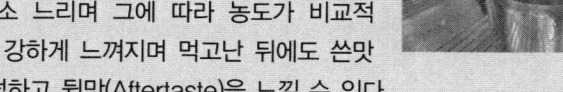

※ 5~10초 뒤 첫 추출. 첫 물줄기 방울방울. 실처럼 가늘게 추출되는 형태로 10초대에 추출 속도가 빨라지지 않고 느리다 진한 점성

■ 채널링(Channeling) - 편류 현상, 편차 추출

물이 흘러가기 쉬운 곳(투과되기 쉬운 쪽, 약한 쪽)으로 흘러가는 현상을 편류 현상이라 한다. 커피퍽 층에 추출수가 투과될 때 투과되기 약한 부분으로 편향되어 흐르는 현상으로, 물이 커피층 전체를 고르게 적시지 못하고 편류 현상이 일어나 한 커피퍽 안에 추출에서 편차가 생기는 것이다.

한쪽으로는 물이 오래 머물렀다 떨어져 과잉 추출(Over Extrction)이 일어나고, 다른 한쪽으로는 빨리 투과되어 에스프레소가 충분히 추출되지 않고 스쳐 지나간 추출물로 과소 추출(Uuder Extrction)이 일어나게 된다.

5 크레마(crema)의 모든 것

크레마(crema)는 에스프레소 상부의 갈색 빛을 띠는 크림을 말한다. 일반적으로 크레마가 많다고 해서 좋은 품질의 에스프레소라고 할 수는 없으나, 크레마가 적거나 없는 에스프레소는 거의 대부분 원두가 오래된 경우이다. 일반적으로 3~4mm 정도의 크레마가 있는 에스프레소가 가장 맛있다.

1) 크레마의 정체

크레마는 단열층의 역할을 하여 커피가 빨리 식는 것을 막아준다. 커피의 향을 함유하고 있는 지방 성분을 많이 지니고 있기 때문에 보다 풍부하고 강한 커피향을 느낄 수 있게 해준다. 또 그 자체가 부드럽고 상쾌한 맛과 단맛을 지니고 있어서 에스프레소의 백미로 통하고 있다.

크레마는 에스프레소 추출 시 순간적으로 5초 정도 커피를 불리고(infusion) 나서 7~10Bar의 압력(pressure)으로 밀어내어 생기는 황금색이나 갈색의 크림이다. 곱게 갈은 커피에서 나오는 아교질과 섬세한 커피오일의 결합체로 젤라틴(gelatin)과 같은 고운 입자들이 쉽게 침전되지 않고 커피 위에 떠 있는 상태라 할 수 있다.

2) 추출조건에 따른 크레마 차이

크레마는 커피의 숙성, 신선도, 커피의 양, 분쇄 정도, 탬핑, 물의 양, 온도, 추출시간, 추출압력, 블렌딩, 로스팅 정도에 따라 차이가 있을 수 있다. 따라서 육안으로 식별할 수 있는 능력이 필요하다.

Tip. 추출조건에 따른 크레마(crema)의 차이점

① 신선도가 떨어진 커피를 사용해서 추출한 경우
② 그룹 온도가 낮은 상태에서 추출한 경우
③ 입자가 굵거나 투입량이 적은 상태에서 추출한 경우
④ 칼슘이 많이 함유된 상태에서 추출한 경우
⑤ 보관상태가 좋지 않은 커피를 사용해서 추출한 경우

① 탬핑을 하지 않고 추출한 경우
② 경수를 사용해서 추출한 경우

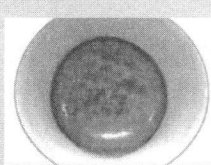
① 탬핑 시 기울기가 맞지 않은 상태에서 추출한 경우
② 불규칙한 상태의 입자로 추출한 경우
③ 그룹 청소가 불량인 상태에서 추출한 경우

① 너무 신선한 커피를 사용해서 추출한 경우
② 마모된 칼날로 분쇄해서 추출한 경우

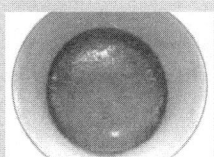
① 추출온도가 높은 상태에서 추출한 경우
② 너무 신선한 커피로 투입량을 많이 해서 추출한 경우

① 분쇄된 커피의 입자가 너무 가는 상태에서 추출한 경우
② 펌프 압력이 낮은 상태에서 추출한 경우
③ 커피 투입량이 많은 상태에서 추출한 경우

정상적인 상태에서 추출된 에스프레소

6) 에스프레소 머신 부분별 명칭과 도구

1) 포터필터(Porter Filter)

분쇄된 커피를 담아 손잡이를 잡고 그룹헤드에 장착시키는 기구이다. 에스프레소 한 잔을 뽑을 수 있는 싱글 필터와 두 잔 분량의 원두를 담아 한 번에 뽑을 수 있는 더블 필터가 있다.

▲싱글 포터필터

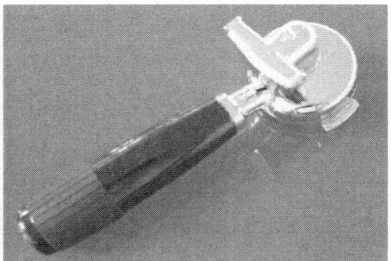
▲더블 포터필터

2) 스팀피처(Steam Pitcher)

스팀 밀크를 만들 때 우유를 담는 용기이다. 항상 차갑게 유지하는 것이 중요하니 스테인리스 소재가 알맞다.

3) 포터필터 바스켓

바스켓의 종류는 노멀 바스켓, IMS 바스켓, VST 바스켓이 있다. 그림과 같이 포터필터 바스켓에 원두를 담고 물이 채워지면 9기압 압력으로 에스프레소가 추출된다. 바스켓에 따라서도 추출이 달라진다.

추출에 사용하는 커피와 커피를 구분하는 방법에 따라 달라지는데, 우선 커피 볶음(로스팅) 그리고 커피의 종류에 따라(로부스타, 아라비카) 두 가지의 차이점만 고려하더라도 필터 바스켓이 달라진다.

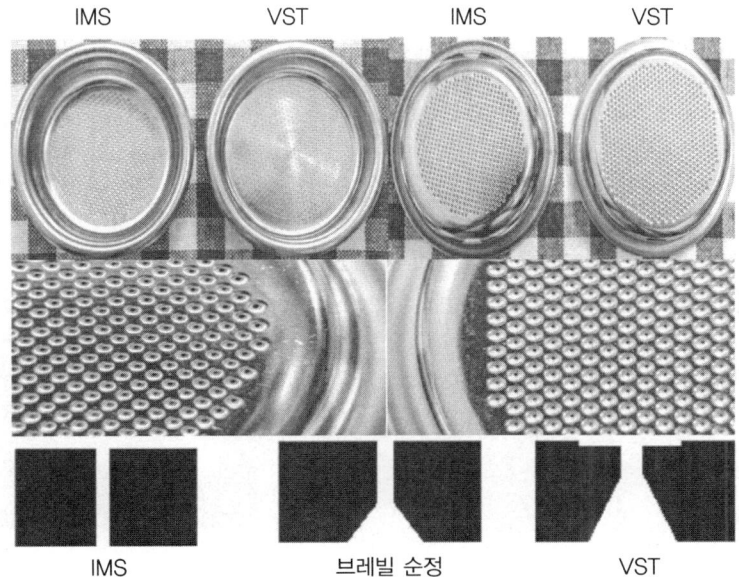

예시 : 에티오피아 아리차G1 내츄럴20g (3.21 로스팅)
IMS : 니체 기본 18단 / 추출온도 93도 / 프리인퓨전7초 포함 32초 추출 / 40.1g
브레빌 기본 : 니체 기본 15단 / 추출온도 93도 / 프리인퓨전 7초 포함 35초 추출 / 40.1g

IMS 바스켓	VST 바스켓
하단부가 좁다.	상단부와 하단부가 평행하여 하단부가 넓다.
타공 개수가 적다.	타공 개수가 많다.
저항이 크다.(하단부가 좁기 때문에)	저항이 적다.
	추출이 빠르다.(밑이 넓으니 쭉 떨어짐)
압력에 따라 저항이 커 입자를 굵게 하는 편이 좋음	압력에 따라 저항이 작아 입자를 가늘게 하는 편이 좋음 커피의 입자를 가늘게 해야 추출 시간을 확보할 수 있음
IMS는 밑이 좁아 저항이 크다.	VST는 밑이 넓어 저항이 작다.

※ 배전도가 높은 커피 : 추출이 쉽다(로스팅하면 조직이 팽창하니 조직이 벌려진 상태), 입자를 굵게 추출=IMS, 노멀 바스켓
※ 배전도가 낮은 커피 : 추출이 어렵다(로스팅하면 조직이 조밀한 상태), 입자를 가늘게 추출 =VST 바스켓
※ 로부스타종은 원두가 거칠고 카페인 함량도 더 높고 쓴 맛이 강하다. 그렇다면 입자를 굵게 추출하기 위해 IMS, 노멀 바스켓을 추천한다.

4) 탬퍼

탬퍼는 포터필터에 담긴 분쇄된 원두 가루를 특정 압력으로 눌러 다지는 작업에 사용하는 도구이다.

원두 가루 입자의 크기와 탬퍼에 얼마나 채워 담고 눌러주느냐가 투과성에 영향을 많이 미치는데, 적당한 투과성이 있어야 보다 좋은 향미를 이끌어낼 수 있다. 또한 필터에 담은 원두를 얼마나 균일하고 적당하게 압력으로 눌러주는가도 중요하다.

탬핑 압력이나 입자들 간에 밀도가 균일하지 못하면 일부분은 과다추출, 과소추출로 이어질 수 있기 때문에 탬핑을 할 때는 꼭 주의해야 한다.

탬퍼의 형태나 바리스타의 탬핑 습관에 따라 추출 결과가 달라지기 때문에 본인에 꼭 맞는 탬퍼를 사용해야 원하는 맛을 이끌어낼 수 있다.

5) 샷 글라스(Shot Glass)

에스프레소를 계량하는 스테인리스 또는 유리 글라스이다. 1온스(30ml), 2온스(60ml)눈금이 있다.

6) 온도계

스팀노즐의 스팀을 이용해 우유를 데우거나 거품을 만들 때 우유의 온도가 70℃를 넘지 않아야 한다. 그렇기 때문에 초보자에겐 온도계가 꼭 필요하다.

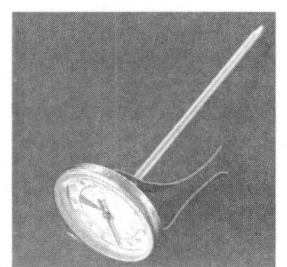

7) 에스프레소 커피를 추출하기 위한 조건

영업시간 이후에도 에스프레소 머신의 전원은 꼭 켜둬야 한다. 에스프레소 머신은 정상 온도(압력)에 오르기까지 어느 정도의 시간이 필요하다. 아침마다 그 시간을 확보하려면 영업에 지장을 주는 것은 물론 에스프레소 머신을 껐다 켰다 하면 보일러 탱크가 수축과 팽창을 반복해 기계 수명을 단축시키는 요인이 된다.

에스프레소 머신은 수평이 되게 설치하여 커피 추출이 일정하게 되도록 한다. 두 잔의 에스프레소 커피를 추출할 때 한쪽에서 더 많은 물이 나와 커피맛이 달라지는 경우가 있다. 그것은 에스프레소 머신이 수평으로 놓여 있지 않기 때문인데 그럴 경우에는 샷 글라스 두 개를 포터필터 아래에 둔 상태에서 (커피 없이) 버튼을 눌러 물이 나오는 양을 측정하거나 수평자를 이용해서 수평을 맞추면 된다.

포터필터(Porter Filter)는 항상 그룹헤드에 끼워둔다. 포터필터를 씻어서 에스프레소 머신의 위쪽이나 아래쪽에 뺀 채로 놓아두는 경우가 종종 있다. 그러면 포터필터의 온도가 내려가 아무리 추출을 잘해도 커피 맛이 편차가 심하게 된다. 따라서 포터필터도 그룹헤드에 끼워서 일정한 온도를 유지하는 것이 좋다.

커피 추출은 빠른 시간에 해야 한다. 커피를 포터필터에 담아 탬퍼로 탬핑을 한 후 그룹헤드에 끼우고 추출 버튼을 누를 때까지 모든 과정을 최대한 빠른 시간에 해야 한다. 시간이 짧을수록 맛과 향이 좋아진다.

8 에스프레소 커피 추출하기

❶ 커피를 추출하기 직전에 에스프레소 전용 그라인더를 이용해 커피 원두를 분쇄한다.
❷ 포터필터에 분쇄한 커피가루를 싱글 포터필터 사용 시 7~9g, 더블 포터필터 사용 시 14~18g을 담는다.
❸ 포터필터를 손바닥으로 툭툭 쳐서 평평하게 만들어준다.
❹ 바스켓 안에 커피를 고르게 담는다.(leveling)
❺ 평평하게 만든 커피가루를 탬퍼를 이용해 상체 체중으로 눌러준다. 이때 커피의 표면이 수평이 되게 한다.(tamping)
❻ 포터필터 주위에 남은 커피를 털어준다.
❼ 추출 전 물 흘리기를 한다(flashing). 에스프레소 머신이 예열되어 있는 상태이므로 추출 버튼을 누르면 적정 추출 온도보다 높은 온도의 물이 나온다. 이 물로 커피를 추출하면 쓰고 맛없는 커피가 되므로 약 5초 정도 물을 내려 보내 적정온도(약 92℃)가 되었을 때 추출하면 향이 좋고 맛있는 커피가 된다.
❽ 그룹헤드에 정확하게 결합시킨다.

❾ 잔을 올려놓고 추출 버튼을 누른다.
❿ 약 25초의 시간이 흐르면 커피 추출이 끝난다. 따뜻하게 데워진 잔에 커피를 직접 추출하여 커피 추출액의 온도가 떨어지지 않도록 한다. 에스프레소 머신 위 열판에 커피 잔을 얼마간 올려놓으면 간편하게 데울 수 있다.

9 에스프레소 그라인더 청소

갓 볶은 신선한 커피를 분쇄하면 고소하면서도 은은한 커피 향이 나는데 만약 그 전날 커피를 분쇄한 뒤 청소하지 않은 그라인더에 커피를 넣어 갈게 되면 그라인더 안에 남아 있던 커피가 밀려 나오게 된다. 전날 남아 있던 분쇄한 커피와 신선한 커피가 섞이게 되어 아무리 추출을 잘했다 하더라도 커피의 신선한 맛은 반감되고 만다. 갈아 놓은 커피의 향은 금세 공기 중에 날아가 버리는데 하루 종일 묵혔으니 쓰고 떫고 맛없는 커피가 되는 것은 너무도 당연하다. 그러므로 아침마다 커피가 나오는 통로를 깨끗하게 청소해 주고 커피를 한 주먹 정도 갈아서 버린 후 커피를 추출하면 신선하고 향기로운 에스프레소 커피를 맛볼 수 있다. 향기로운 커피 향을 원한다면 청소는 필히 해야 한다.

10 진한 에스프레소 커피

에스프레소 커피는 높은 압력에서 빠르게 추출하는 커피로, 수용성 물질뿐만 아니라 지용성 물질까지도 추출되어 향이 매우 풍부하다. 그러나 드립 커피에 비해 추출 시간이 짧기 때문에 커피의 다양한 맛과 향을 이끌어내지 못하는 단점이 있다. 단, 커피하우스에서 빠른 시간 내에 즐길 수 있는 커피로는 최고의 맛과 향을 느낄 수 있으며, 우유와 잘 어울린다.

11 에스프레소의 종류

1) 솔로(Solo/single Shot)

한 잔을 뽑은 것인데 분쇄 커피 약 7g에 25ml~30ml 양으로 추출한 에스프레소를 뜻한다.

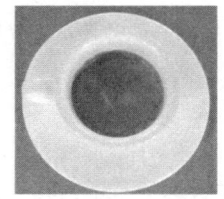

2) 도피오(Doppio/Double Shot)

둘이라는 뜻이며 두 잔을 뽑은 것으로 약 50ml 양으로 추출한 에스프레소를 뜻한다.

3) 트리플(Triple)

숫자 3을 뜻하며 세 잔을 뽑은 것으로 약 75ml 양으로 추출한 에스프레소를 뜻한다.

4) 리스트레토(Ristretto/restrict)

가장 진한 시점을 지나서 양을 제한해서 뽑는 것으로 커피 약 7g에 추출량은 약 15~20ml으로 가장 진한 커피를 말한다.

5) 롱고(Lungo)

Long과 비슷한 발음으로 에스프레소를 길게 뽑은 것이며 커피 약 7g에 30ml를 한 번에 추출한 커피를 말하며 에스프레소보다 맛이 살짝 떨어진다.

12) 여러 가지 재료를 가미한 에스프레소 커피

1) 아메리카노(Americano)

추출한 에스프레소 커피를 뜨거운 물에 부어서 마시는 커피이다. 미국식 커피로 연하게 만든 것(300ml)이다.

2) 롱 블랙(Long Black)

컵에 뜨거운 물을 담고 추출되는 에스프레소를 바로 받는 커피를 말한다. 추출되는 에스프레소의 온도는 64~70℃인데 뜨거운 물에 바로 접촉되어 온도가 올라가 쓴맛과 강한 풍미를 느낄 수 있으며 크레마가 오래 남는다. 호주와 뉴질랜드에서 주로 마시는 커피이다.

3) 카페라테(Caffe Latte)

'라테'란 우유를 뜻하는 이탈이아어로, 에스프레소 커피에 데운 우유를 넣은 것을 말한다. 에스프레소와 우유의 비율에 따라 다양한 맛을 표현할 수 있다. 메이플, 바닐라, 바나나 등 여러 시럽을 넣어 응용할 수도 있으며 유럽에서는 우유를 에스프레소 커피 양의 2~3배, 미국에서는 에스프레소 커피 양의 5~7배, 우리나라에서는 에스프레소 커피 양의 4~5배를 넣는다.

(1) 라떼아트와 우유

라떼아트를 만들 때 가장 좋은 우유는 신선하고 차가운 우유이다. 신선한 우유의 유지방은 커피의 맛을 부드럽게 만들어 주며, 지방과 단백질을 함유하고 있다. 또한 차가운 우유는 우유의 다른 성분들을 조밀하게 결합시켜 외부의 공기를 막아주는 역할을 하므로 우유는 차갑게 냉장 보관을 해야 한다.

라떼아트를 만들기 위한 가장 적합한 온도는 60~65°C이다. 이 온도에서 벨벳밀크의 표면이 가장 잘 유지되며 우유 유당의 단맛이 커피의 향과 우유의 고소한 향을 잘 보존시켜 준다.

한번 거품을 낸 우유를 재사용하지 않는다.

(2) 라떼아트에 사용하는 잔

라떼아트에 사용하는 잔의 온도는 뜨겁게 유지되어야 한다. 잔의 온도가 충분히 높지 않을 때는 크레마의 색상과 스팀 우유의 온도가 낮아져 맛과 시각적으로 영향을 준다.

❶ 잔의 용량을 측정하여 스팀피처의 크기를 구분한다.
   240ml의 잔=최소 300ml 스팀피처 사용
❷ 우유를 스티밍할 경우 우유 거품으로 인한 부피 증가량(foamed milk 거품우유)과 우유 스티밍(stemed milk 데운 우유) 후 우유 거품과 우유의 교반에 따른 스팀피처의 공간이 필요하다.

❸ 일반적인 우유량 계산법

잔 크기(240ml) 중 에스프레소 양 20~30ml를 뺀 양

240-20=220ml

총필요량 240×2잔=480ml

(3) 카페라떼 스팀피처 잡는 방법

바리스타의 개성에 따라 다양한 방법으로 스팀피처를 잡는다. 중요한 것은 스팀피처를 핸들링할 때 벨벳밀크를 일정하게 붓는 것이 중요하다.

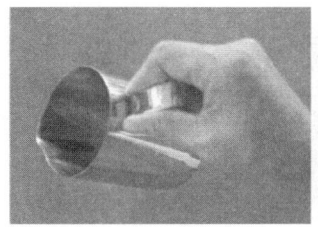 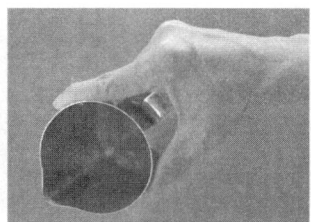 

(4) 다양한 컵 잡는 방법

▲시작 단계　　▲중간 단계　　▲마무리 단계

▲시작 단계　　▲중간 단계　　▲마무리 단계

(5) 라떼아트 우유 거품 만들기

스팀노브를 열어서 스팀봉 안의 수증기와 물을 충분히 분출한다. 스팀완드 팁을 0.5cm 정도 담근 상태로 스팀노브를 열고 피처를 아래로 1~2회 정도 치이익, 치이익 소리가 나도록 내려 준다. 스팀피처 안에 거품이 생성되면 거품의 양을 확인하고 스팀노즐을 가장자리로 이동하여 롤링을 해준다. 거품의 양은 카푸치노보다 적어야 한다. 그래서 같은 잔에 카푸치노를 만들 때보다 우유 양을 더 넣어야 한다. 온도는 60~65℃가 될 때까지 스팀피처의 상단 부분 온도를 측정한 후 스팀노브를 잠가준다. 스팀노즐을 젖은 행주로 감싸고 안으로 빨려 들어간 우유를 분출시키며 스팀노즐을 깨끗한 젖은 행주로 닦아 위생에 신경 쓴다.

(6) 라떼아트 우유 붓는 방법

❶ 우유 붓기 1단계

라떼아트 할 잔에 에스프레소를 추출하고 우유 거품과 우유가 잘 섞였을 때 에스프레소 중앙 부분에 부어준다.

❷ **우유 붓기 2단계**

스팀피처에 있는 우유를 붓는 방법으로 잔의 아래에서 위로 이동하면서 우유를 부어 크레마를 안정시킨다. 스팀피처를 천천히 올려 주면서 안정되게 일정한 양을 붓는 것이 더 중요하다. 우유 거품이 많아서 잔의 표면이 우유 거품으로 덮이는 경우 스팀피처의 높이를 더 높이 올려서 크레마 표면을 안정시켜 준다.

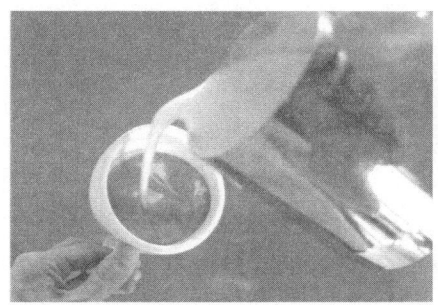 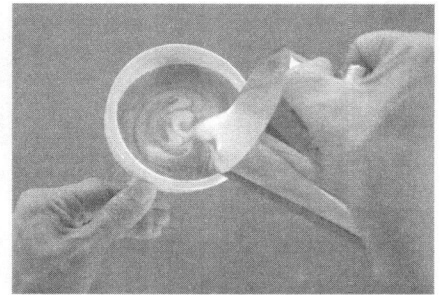

❸ **우유 붓기 3단계**

우유의 양이 잔의 반 이상 차면 우유 붓는 높이를 조절하여 다시 잔으로 내려온다. 이때 우유 굵기가 흔들리거나 끊어지면 안 되므로 시선은 항상 스팀피처의 끝 부분과 우유 줄기를 향하고 있어야 한다. 스팀피처 끝 부분은 잔 안에 있는 우유 표면과 가장 가까운 위치를 선택해야 한다. 벨벳밀크의 붓는 양과 스팀피처의 끝 부분의 위치가 매우 중요하다. 이 시점에서 벨벳밀크의 양이 많을 경우 전체적인 모양이 크게 나오며 너무 작게 붓는 경우에는 모양이 나오지 않을 수 있다.

라떼아트가 그려지는 가장 기본적인 원리는 크레마 또는 액체 위에 뜨는 가루나 색소가 있을 경우 우유 거품이 크레마와 섞이면서 점점 크레마 층이 두꺼워지게 된다. 이때 크레마 층과 우유 거품 층이 잘 섞이게 되면서 안정화가 이루어지면 바리스타의 핸들링과 붓는 우유의 양이 증가하면서 크레마 층에 흰색

우유 거품이 겹치게 된다. 흰색과 갈색이 교차되면서 모양이 그려지기 시작한다. 안정된 크레마 층을 벨벳밀크로 층을 흔들어 주면서 층과 층 사이가 교차되어 하얀색 라떼아트 모양이 생성된다.

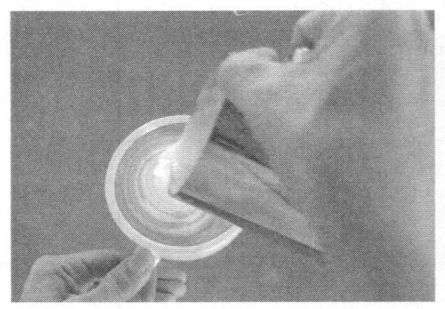

(7) 도구를 이용한 라떼아트(에칭)

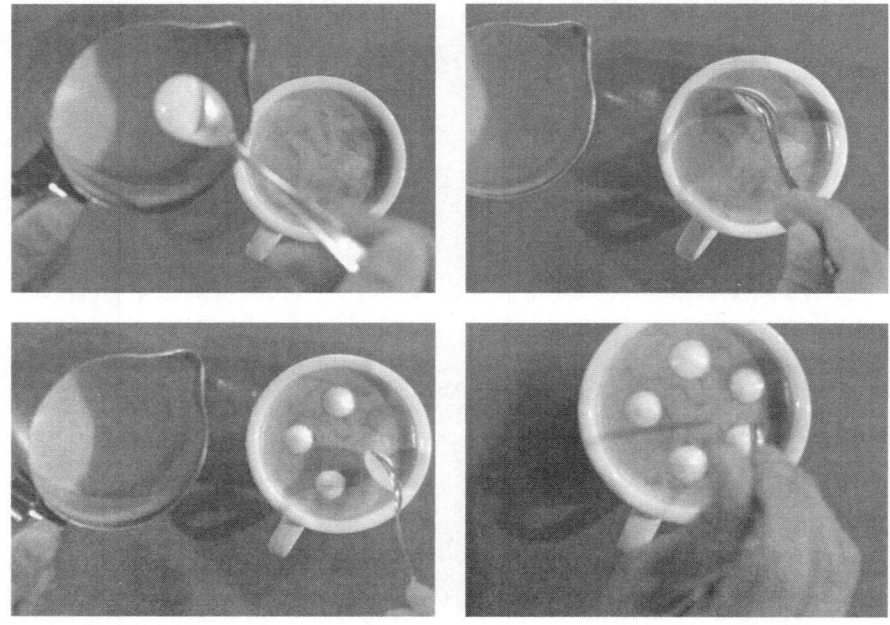

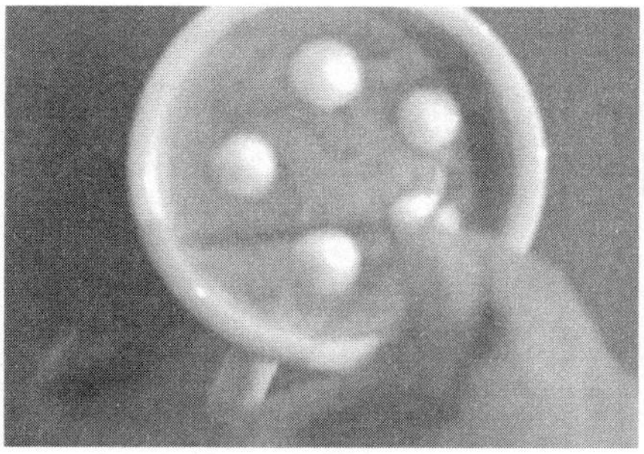

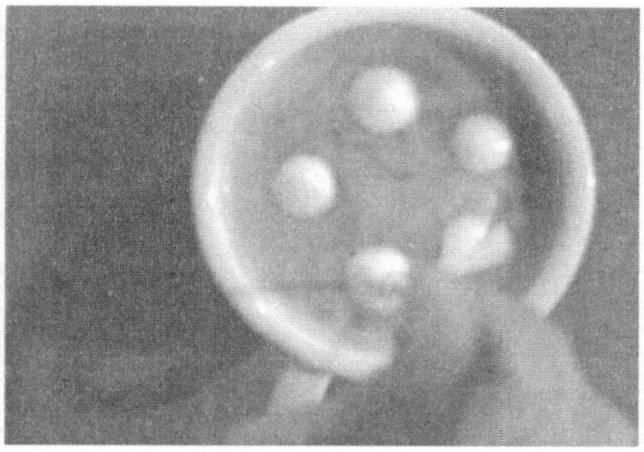

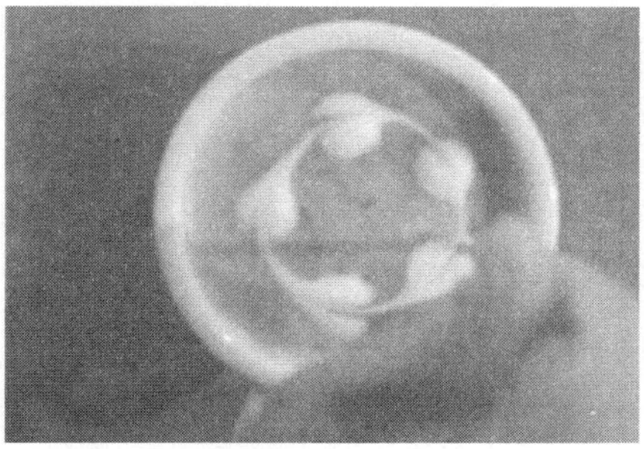

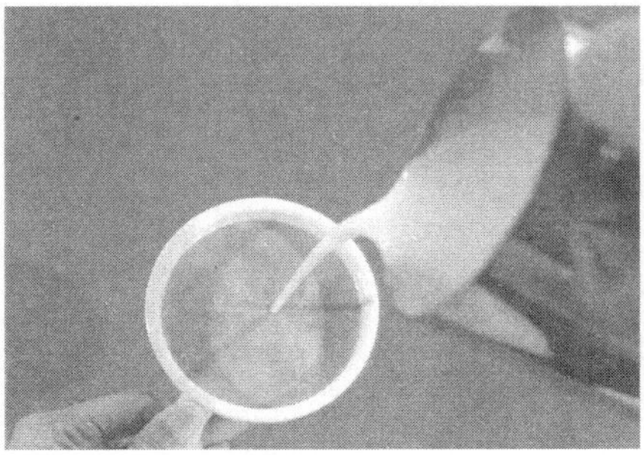

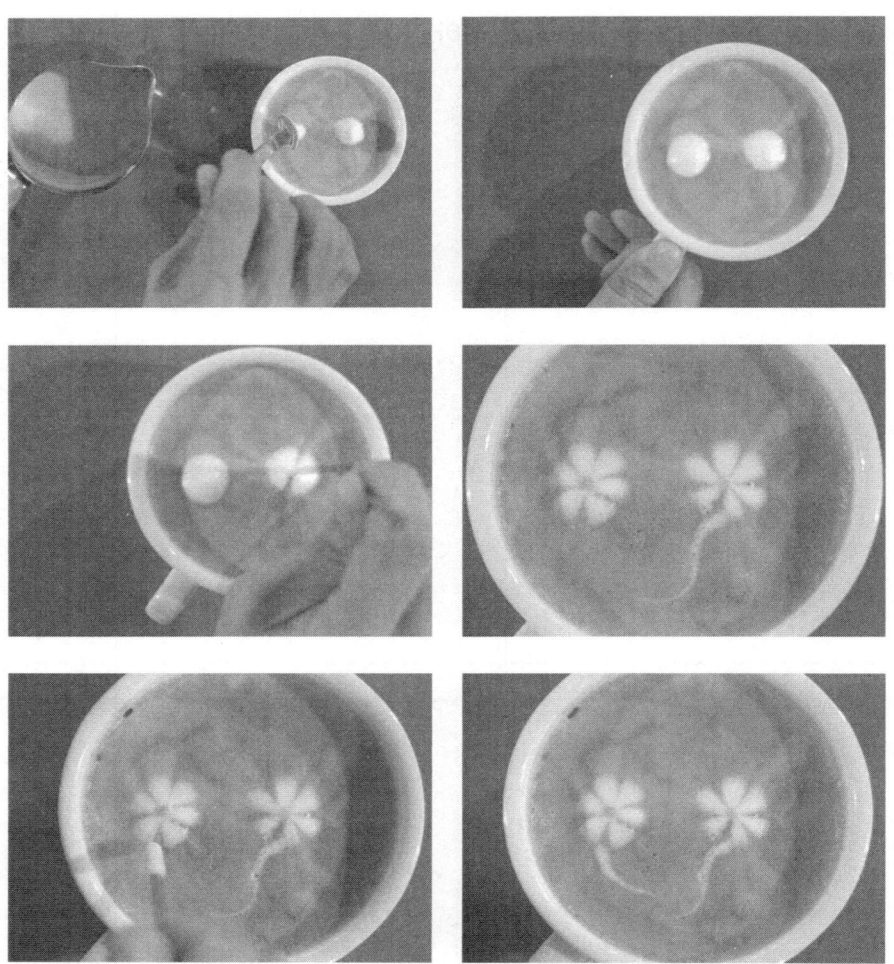

(8) 초콜릿과 도구를 이용한 라떼아트

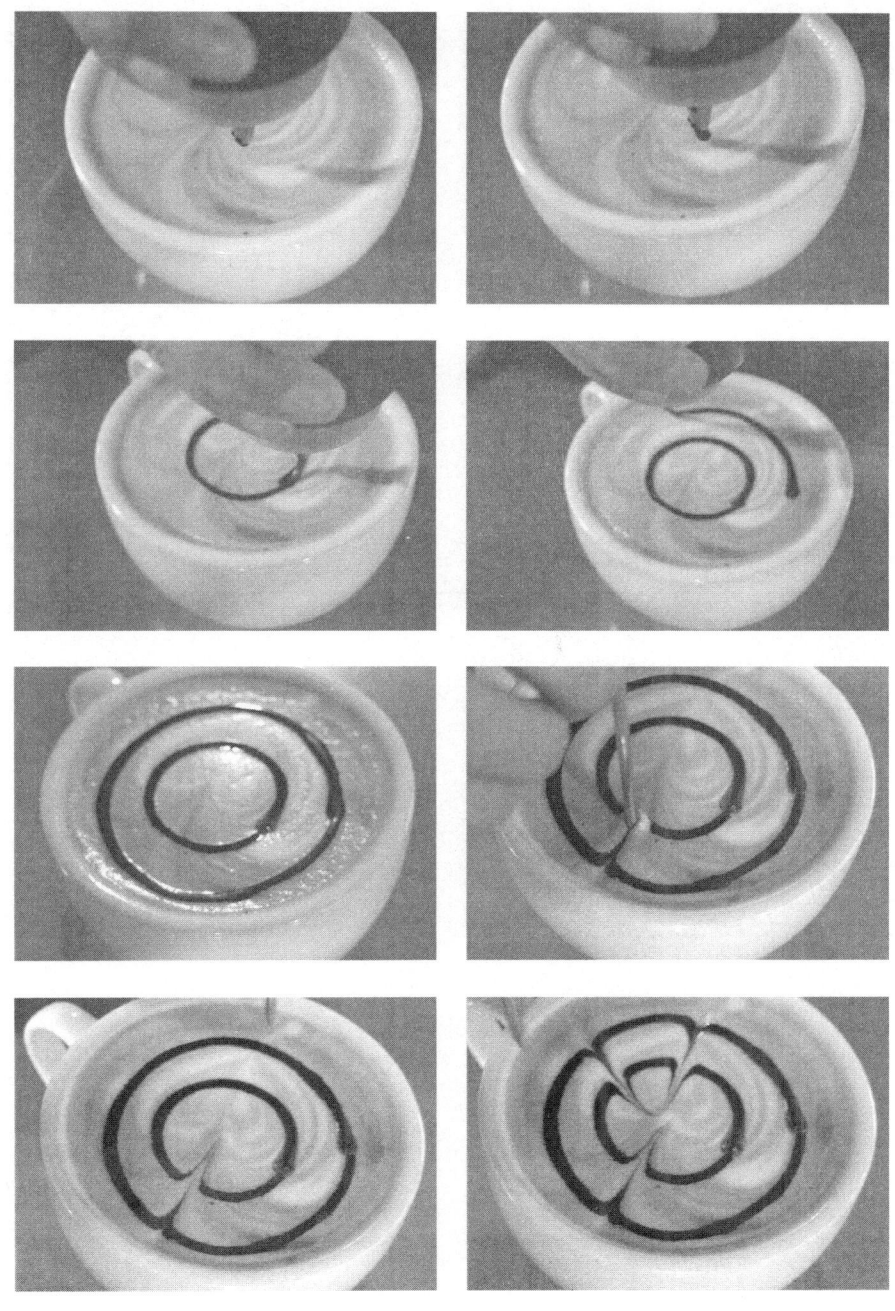

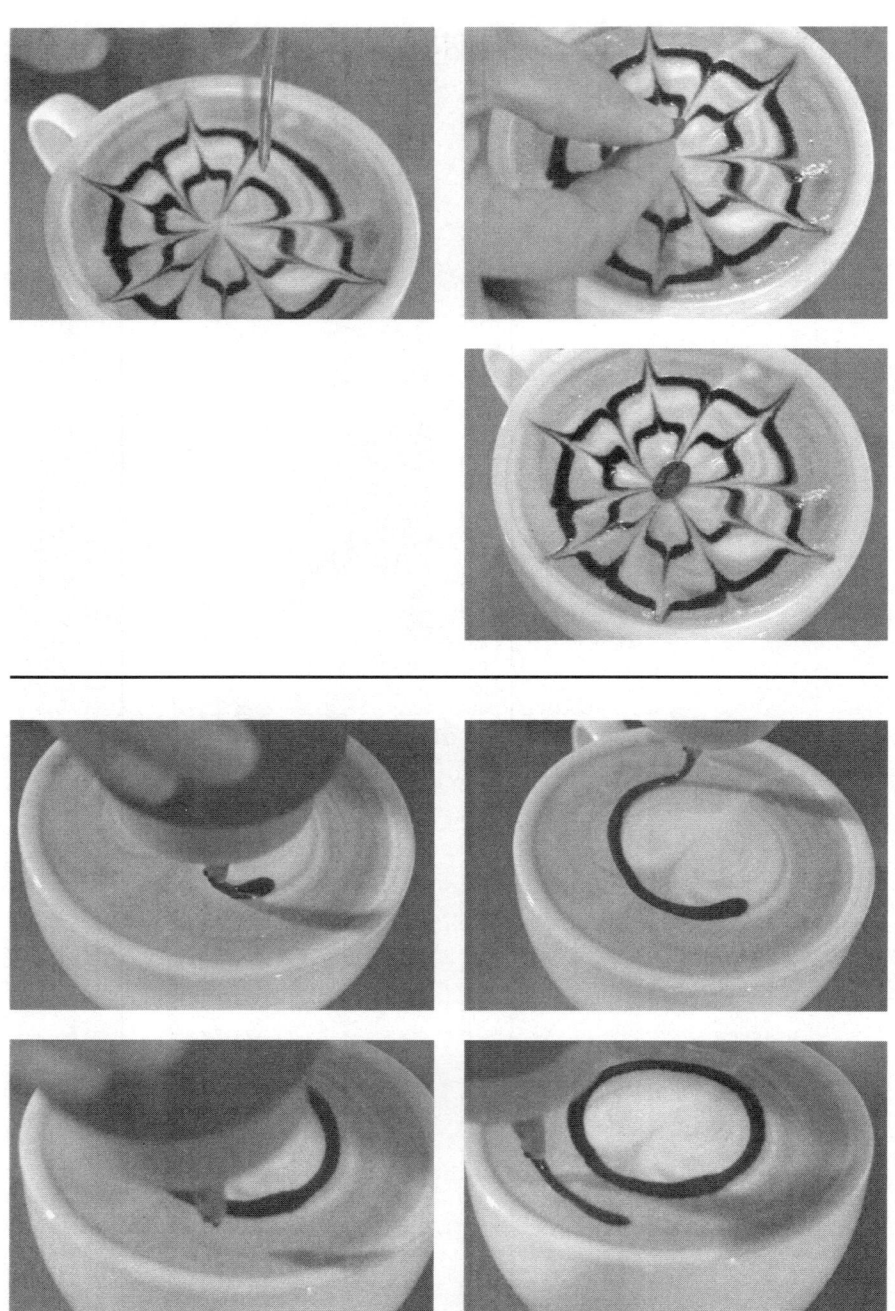

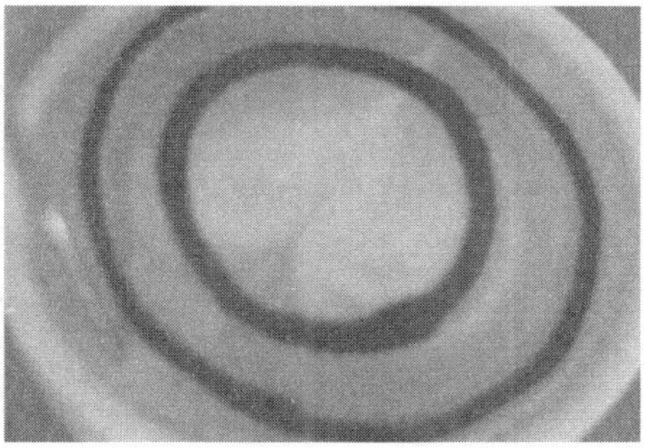

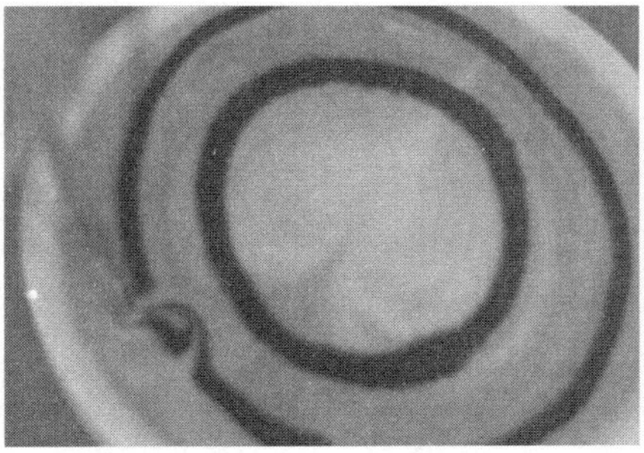

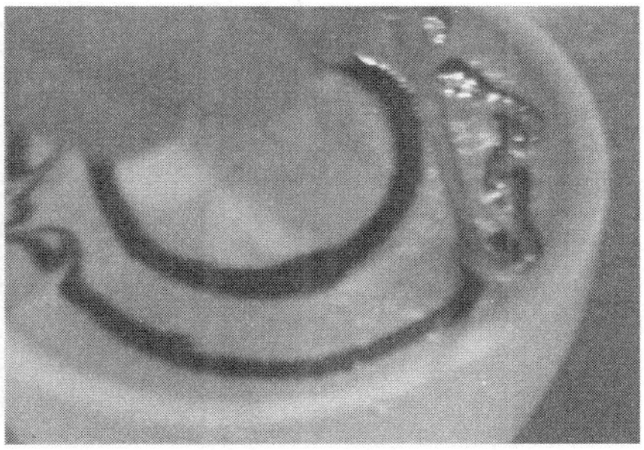

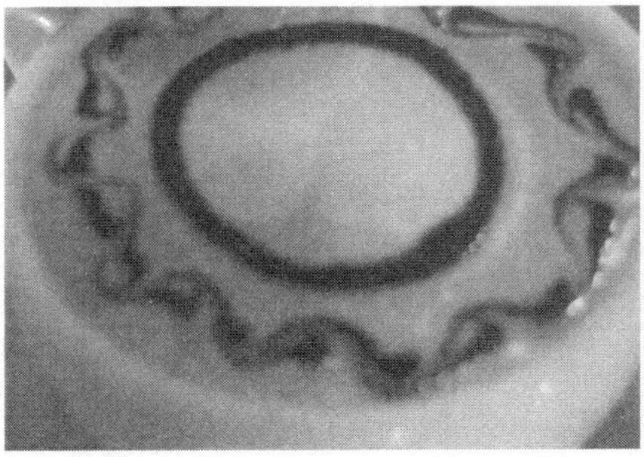

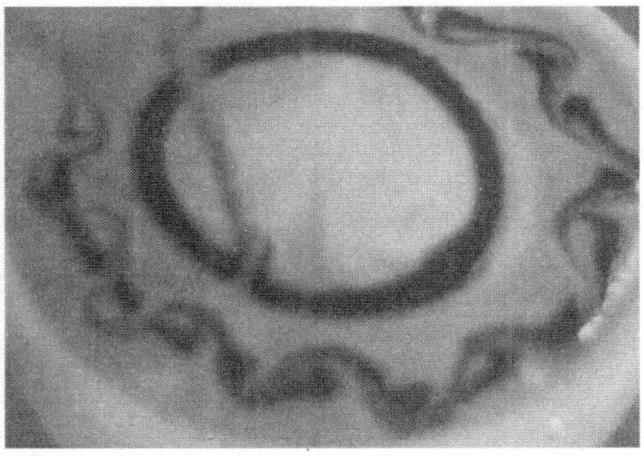

04 • NCS 기반 에스프레소(espresso)

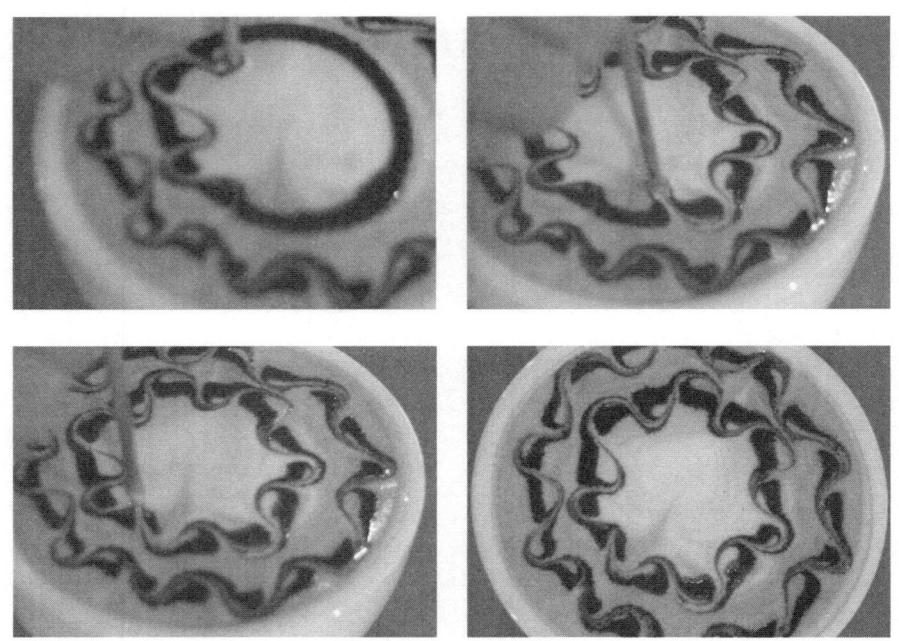

(9) 토끼

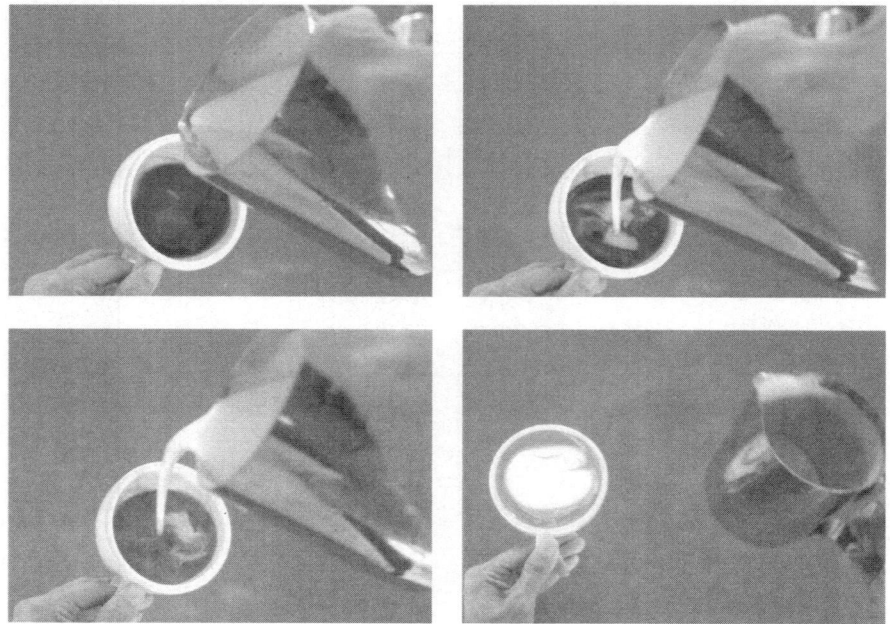

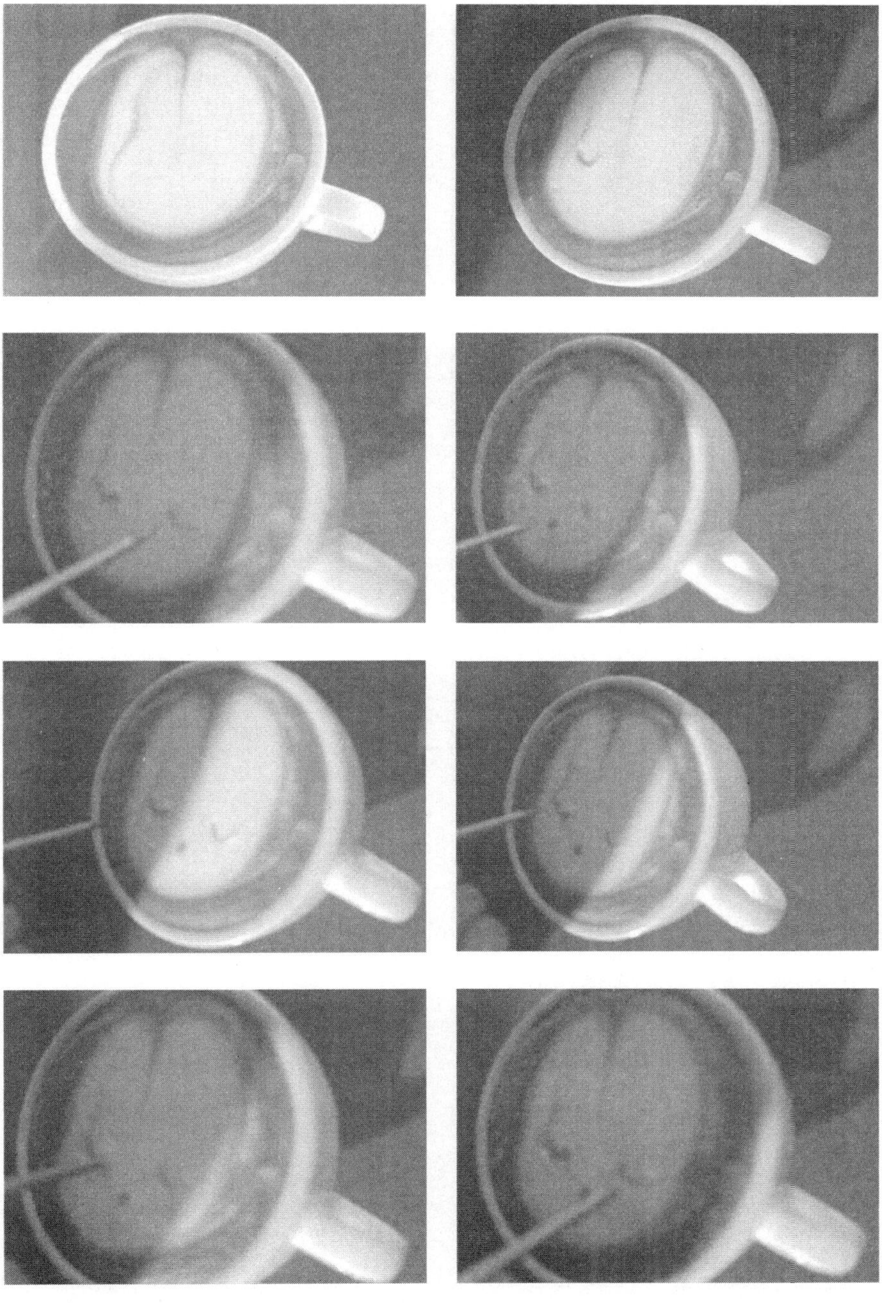

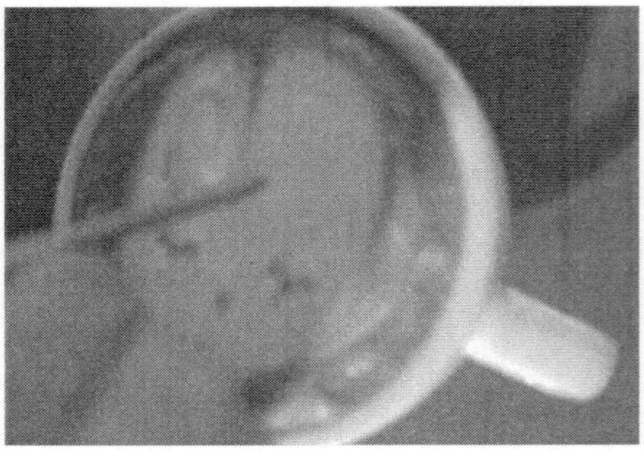

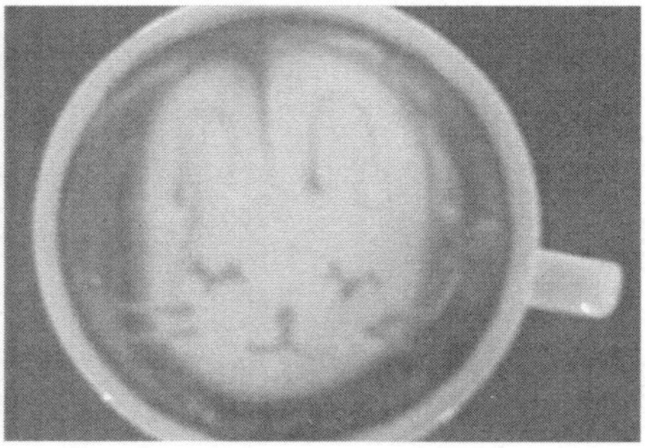

(10) 튤립

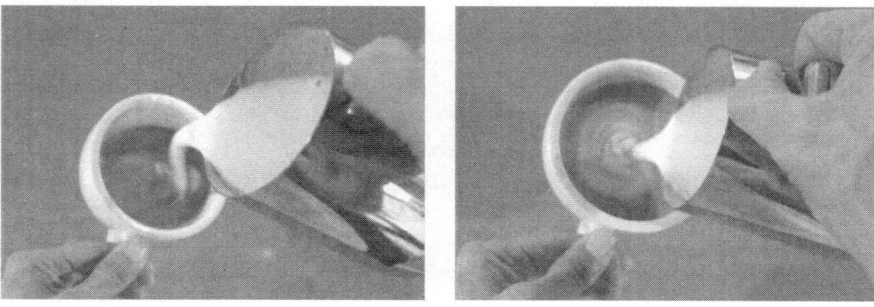

4) 카페모카(caffe mocha)

커피 메뉴에서 '모카'란 초콜릿을 뜻한다. 따라서 '카페모카'란 설탕시럽 대신 에스프레소에 초콜릿 소스를 넣고 데운 우유와 거품을 낸 생크림인 휘핑크림을 얹은 것이다.

5) 모카치노(Mochaccino)

카푸치노에 초콜릿 소스를 넣은 것이다. 카푸치노처럼 거품이 풍부한 음료이다.

6) 콘빠나(Con Panna)

이탈리아어로 con은 '더하다'란 뜻이고, panna는 '크림(cream)'이라는 의미로 에스프레소 커피에 휘핑크림을 얹은 것이다.

7) 카페 비엔나(Caffe Vienne)

에스프레소 커피에 물을 붓고 그 위에 휘핑크림을 얹은 것을 말한다. 비엔나 커피, 아인슈패너 등으로 불린다. 아인슈패너(Einspanner)는 '말 한 마리가 끄는 마차'란 뜻으로 과거 오스트리아의 마부들이 마차에서 내리기 힘들어 한 손으로는 고삐를 잡고, 한 손으로는 설탕과 생크림을 듬뿍 얹은 커피를 마신 것이 오늘날 비엔나 커피의 시초가 되었다고 전한다.

8) 아포가토(Affogato)

바닐라 아이스크림을 2/3 정도 넣고 그 위에 싱글 샷으로 추출한 에스프레소를 부어 먹는 커피를 말한다.

9) 에스프레소 마끼아또(espresso macchiatto)

'마끼아또'는 이탈리아어로 '점을 찍다', '얼룩진'이라는 뜻으로, 에스프레소 마끼아또는 에스프레소 위에 우유를 따뜻하게 데울 때 생긴 미세한 우유 거품을 올려 준 커피를 말한다.

에스프레소 커피 메뉴 중에 카페모카를 제외한 나머지 커피는 기호에 따라 주문 시 설탕시럽을 주문해야 커피 고유의 맛을 즐길 수 있다. 또한 카페라테는 들어간 우유의 양에 따라서 맛이 달라질 수 있으며, 유럽에서는 우유의 양을 적게 하여 커피의 맛을 살리는 반면, 미국에서는 더 진하게 볶음 커피를 사용하고 우유도 많이 넣는 경향이 있다. 이들 메뉴에 들어가는 설탕시럽에 인공 향료 혹은 천연 추출액이 가미된 캐러멜 시럽이나 바닐라 시럽을 추가로 넣어주면 캐러멜 카푸치노와 바닐라 카페라테가 된다.

에스프레소 필기예상문제

1. 다음 중 에스프레소 두 잔을 추출하려 할 때 분쇄커피의 적절한 양은? (164쪽)

① 10g ② 18g ③ 9g
④ 25g ⑤ 30g

2. 에스프레소의 추출 시간이 짧은 경우 어떤 맛이 나는가?

① 쓴맛 ② 단맛 ③ 탄맛
④ 신맛 ⑤ 텁텁한 맛

3. 다음 중 에스프레소 추출 시 분쇄입자의 크기가 가늘 경우 나타나는 현상으로 틀린 것은?

① 쓴맛이 많이 난다. ② 추출 시 유속이 느리다.
③ 추출시간이 짧다. ④ 추출 양이 적다.
⑤ 크레마는 진한 갈색과 반점이 나타난다.

4. 에스프레소를 추출할 때 가장 적정 압력은?

① 1.2~1.5bar ② 5bar ③ 8~10bar
④ 12bar ⑤ 18bar

5. 다음 중 크레마(Crema)에 대한 설명으로 옳지 않은 것은? (159, 160쪽)

① 크레마는 지방성분과 수용성 성분이 결합한 미세한 거품이다.
② 크레마 위에 설탕을 올렸을 때 바로 가라앉아야 좋은 에스프레소이다.
③ 로부스타 커피가 많이 블렌딩(Blending)된 커피를 추출하면 크레마 층이 두껍다.
④ 크레마의 가장 좋은 색은 갈색 빛을 띠는 황금색이다.
⑤ 단열층의 역할을 하여 커피가 빨리 식는 것을 막아준다.

6. 다음 중 에스프레소의 평균적인 추출 시간으로 맞는 것은? (155쪽)

① 10~15초 ② 15~20초 ③ 20~30초
④ 30~40초 ⑤ 40초 이상

7. 다음 중 에스프레소의 장점으로 틀린 것은?

① 지방성분까지 추출하여 부드럽다.
② 추출시간이 짧고 빠르다.
③ 다른 추출 도구에 비해 깔끔한 맛이 특징이다.
④ 맛과 향의 손실이 적다.
⑤ 베리에이션 음료를 만들 때 다른 추출법에 비해 커피의 향과 맛을 표현하기 용이하다.

8. 다음 중 에스프레소 추출시간이 너무 짧을 때 해결하는 방법으로 틀린 것은?
(156쪽)

① 추출수 온도를 낮춘다.　　　② 탬핑을 강하게 한다.
③ 분쇄 커피의 투입량을 늘린다.　　④ 추출수 압력을 낮춘다.
⑤ 분쇄 굵기를 가늘게 조정한다.

9. 다음 중 에스프레소 추출이 늦어지는 이유를 모두 고르시오.

가. 분쇄 커피가 너무 가늘다.	나. 탬핑의 세기가 강했다.
다. 분쇄 커피의 양이 많았다.	라. 헤드필터가 막혔다.
마. 필터 바스켓이 막혔다.	

① 가, 나, 다　　② 가, 다, 라　　③ 나, 라, 마
④ 가, 나, 다, 라　　⑤ 가, 나, 다, 라, 마

10. 다음 중 물과의 접촉시간을 최대한 줄여서 바디감과 신맛, 향이 강한 특징을 가진 커피는? (160쪽)

① 리스트레토(Ristretto)　　② 에스프레소(Espresso)
③ 룽고(Lungo)　　④ 도피오(Doppio)
⑤ 크레마(Crema)

11. 다음 중 과잉추출의 원인으로 옳은 것을 고르시오. (156쪽)

① 낮은 펌프 압력　　② 굵은 분쇄 입자
③ 너무 적은 커피 사용　　④ 필터 바스켓의 구멍이 크다.
⑤ 낮은 추출수 온도

12. 다음 중 에스프레소를 추출할 때 주의해야 할 사항으로 옳지 않은 것은?
① 포터필터를 그룹헤드에 결합 후 즉시 추출 버튼을 누른다.
② 분쇄 커피를 탬핑 후 주변의 잔여물을 제거하고 그룹헤드에 결합한다.
③ 포터필터에 고르게 분쇄커피를 담고 수평으로 탬핑한다.
④ 탬핑은 있는 힘껏 강하게 해야 한다.
⑤ 도저에는 분쇄 커피가 남지 않도록 해야 한다.

13. 다음 중 에스프레소 추출 전 물 흘리기 작업에 대한 설명으로 틀린 것은? (165쪽)
① 그룹헤드에 커피 찌꺼기를 청소하기 위한 작업이다.
② 기계가 정상적으로 작동하는지 확인하는 점검이다.
③ 고여 있는 물을 흘려 물의 온도를 맞추기 위한 작업이다.
④ 시간이 지나지 않았다면 굳이 반복할 필요는 없다.
⑤ 물을 많이 추출하는 것이 바람직하다.

14. 다음 중 크레마(Crema)의 생성에 영향을 미치는 조건으로 틀린 것은? (159, 160쪽)
① 추출 속도   ② 블렌딩   ③ 커피의 품질
④ 추출수의 온도   ⑤ 잔의 모양

15. 다음 중 크레마(Crema)의 색이 흐리고 연하다면 그 이유는 무엇인가?
① 포터필터 바스켓 구멍이 막혔다.   ② 분쇄 굵기가 가늘다.
③ 펌프 압력이 낮다.   ④ 탬핑이 강하다.
⑤ 커피의 투입량이 너무 적다.

16. 다음 중 룽고(Lungo)에 대한 설명으로 옳지 않은 것은? (167쪽)
① 추출 시간은 30초 이상이다.   ② 쓴맛을 강조한 커피이다.
③ 신맛이 감소한다.   ④ 양은 30ml 이상이다.
⑤ 크레마(Crema)의 색상은 어두운 갈색이다.

17. 다음 중 필터 바스켓에 커피를 너무 많이 담았거나 그룹헤드 가스켓 마모가 심하면 어떠한 현상이 일어나는가? (157쪽)

① 추출된 에스프레소의 크레마 색이 진한 갈색이다.
② 에스프레소의 추출 시간이 짧다.
③ 추출된 에스프레소에서 쓴맛이 많이 난다.
④ 추출 시 포터필터 옆으로 새어나온다.
⑤ 추출되는 에스프레소의 양이 적다.

18. 다음 중 크레마(Crema)가 풍부하지 못한 에스프레소가 추출되는 이유로 바르지 않은 것은? (156쪽)

① 필터 바스켓이 막혀서 추출 시간이 오래 걸렸다.
② 추출수 압력이 높았다.
③ 커피 양이 작아 추출 속도가 너무 빨랐다.
④ 헤드필터가 막혀서 추출 시간이 길어졌다.
⑤ 로부스타 커피가 많이 블렌딩된 커피로 추출하였다.

19. 보기의 해결 방법을 보고 에스프레소 추출 시 문제점을 고르시오.

> - 굵게 분쇄되도록 그라인더를 조정한다.   - 펌프 압력을 높인다.
> - 약하게 다진다.   - 커피 투입량을 줄인다.

① 과소 추출이 된다.   ② 과잉 추출이 된다.
③ 잔에 커피 찌꺼기가 남는다.   ④ 온도가 떨어진 커피가 추출된다.
⑤ 추출 시 포터필터 옆으로 커피가 흘러나온다.

20. 다음 중 에스프레소 추출 시 물의 온도에 관한 설명이 틀린 것은?

① 보통 물의 온도는 90℃ 전후가 적합하다.
② 물의 온도가 낮을 경우 떫은맛이 날 수 있다.
③ 물의 온도가 높을 경우 쓰고 탄맛이 날 수 있다.
④ 원두의 로스팅이 달라도 물의 온도는 항상 일정해야 한다.
⑤ 추출한 에스프레소 온도는 64~70℃ 정도가 적당하다.

21. 다음 중 도피오(Doppio)에 대한 설명으로 바르지 않은 것은?

① 더블 에스프레소의 의미이다.

② 일반적으로 투 샷(Tow shot)이나 더블 샷(Double shot)이라 한다.
③ 에스프레소 40~60ml를 제공한다.
④ 리스트레또(Ristretto), 룽고(Lungo)는 도피오로 제공되지 않는다.
⑤ 추출시간은 카페 에스프레소와 같다.

22. 다음 중 에스프레소 추출에 관한 용어가 바르게 연결되지 않은 것은?
① 분쇄 커피를 담는 것 - Dosing
② 분쇄 커피 다지기 - Tamping
③ 과소 추출 -Under Extraction
④ 분쇄 - Grinding
⑤ 추출 - Leveling

23. 다음 중 탬핑(Tamping)에 관한 설명으로 바르지 않은 것은?
① 탬핑은 필터 홀더에 분쇄 커피를 일정한 힘으로 눌러 다져주는 동작을 말한다.
② 탬핑하는 힘의 정도는 커피의 맛에 영향을 주지 않는다.
③ 엄지와 검지를 펴준 상태에서 나머지 손가락으로 탬퍼를 감싸 안듯이 잡는다.
④ 탬퍼에 물이 묻은 상태로 사용하면 안 된다.
⑤ 탬핑은 물이 고르게 통과할 수 있도록 해 주기 위함이다.

24. 다음 중 커피 고르기(Leveling)에 대한 설명으로 바르지 않은 것은?
① 탬핑 전에 이루어지는 동작이다.
② 고르기를 할 때 손으로 커피 표면을 누르지 말아야 한다.
③ 패인 곳 없이 수평이 되도록 해주어야 한다.
④ 항상 일정량이 골고루 담기게 하는 것이 중요하다.
⑤ 더 많은 양의 분쇄 커피를 담기 위한 작업이다.

25. 다음 중 에스프레소가 정상 추출되었을 때의 추출 결과로 옳은 것은?
① 옅은 갈색을 띤 크레마가 2mm 정도 표면에 형성되어 있다.
② 약 15초 정도에 풍미가 풍부한 25~30ml의 에스프레소가 추출된다.
③ 커피의 유속이 느리며 거의 수직으로 추출된다.
④ 추출 버튼을 작동하자마자 커피가 물처럼 추출되기 시작한다.
⑤ 커피 색깔은 연한 노란색을 띤다.

26. 다음 중 에스프레소 추출 후 잔에 커피 찌꺼기가 남을 경우 해결 방법으로 옳은 것은?

① 분쇄 굵기를 가늘게 조정한다.
② 추출 압력을 높인다.
③ 헤드필터를 청소한다.
④ 그라인더 날의 마모 상태를 확인하고 교체한다.
⑤ 탬핑을 강하게 한다.

27. 다음 중 에스프레소 추출시간에 영향을 주는 요인이 아닌 것은?

① 추출수 압　　② 추출수 온도　　③ 분쇄 커피 양
④ 탬핑의 강도　　⑤ 원두의 로스팅 정도

28. 다음 중 에스프레소의 특징으로 바른 것을 모두 고르시오.

| 가. 즉석 추출 | 나. 신속 추출 | 다. 가압 추출 | 라. 여과 추출 |

① 가
② 나, 다
③ 나, 라, 다
④ 가, 나, 다
⑤ 가, 나, 다, 라

29. 다음 중 탬퍼(Tamper)에 관한 설명으로 틀린 것은?

① 탬퍼의 밑 부분인 베이스(Base)의 재질은 스테인리스 스틸, 알루미늄, 플라스틱 등이 있다.
② 탬퍼는 항상 깨끗하게 유지될 수 있도록 별도로 보관해야 한다.
③ 스테인리스 스틸 재질의 탬퍼는 무거워서 작은 힘으로도 탬핑이 가능한 장점이 있다.
④ 가벼운 재질의 탬퍼는 탬핑하는 힘을 조절하기 쉬운 장점이 있다.
⑤ 사용하는 머신의 필터 바스켓 크기보다 작은 것을 사용하면 된다.

30. 에스프레소를 추출할 때 다음과 같은 현상이 일어나면 추출된 에스프레소의 맛으로 옳은 것은?

추출 버튼을 누르고 한참이 지나서 검은색 커피가 조금씩 추출되어 30ml를 뽑는데 30초 이상이 걸리게 된다. 또한 크레마의 색상이 어둡고 얼룩이 보인다.

① 향이 풍부하다. ② 신맛이 많이 난다.
③ 싱겁고 바디감이 떨어진다. ④ 쓴맛과 탄맛이 많이 난다.
⑤ 여러 가지 맛이 어우러져 풍미가 좋다.

31. 다음 중 에스프레소 추출 시 신선한 커피에서 나오는 지방성분과 커피의 향 성분이 결합하여 생성된 미세한 거품으로 에스프레소 향을 지속시켜주는 역할을 하는 크레마의 올바른 판별법 중 틀린 것은?
① 농도 ② 칼라 ③ 복원력
④ 맛 테스트 ⑤ 문양

32. 다음 중 에스프레소 추출 시 맛의 변화를 주는 요인 중 올바르지 않은 것은?
① 추출시간이 길면 쓴맛이 추출된다.
② 압력이 낮으면 쓴맛이 추출된다.
③ 추출수 온도가 낮으면 떫은맛이 추출된다.
④ 압력이 높으면 무거운 맛이 난다.
⑤ 추출수 온도가 높으면 쓴맛이 추출된다.

33. 다음 중 에스프레소 커피 추출에 대한 설명으로 옳지 않은 것은?
① 데워진 물과 접촉하여 커피의 유효성분을 추출하는 것이다.
② 커피의 성분들이 추출시간에 상관없이 항상 일정하다.
③ 데워진 물의 접촉이 지나치게 길면 커피의 맛과 향은 감소한다.
④ 데워진 물의 접촉이 지나치게 짧으면 커피의 맛과 향이 부족하다.
⑤ 에스프레소 커피의 맛과 향의 좋은 성분들은 데워진 물과 접촉하면 보다 빠르게 추출할 수 있다.

34. 에스프레소에 관한 설명으로 틀린 것은?
① 추출수 압은 8~10bar 정도이다.
② 추출수 온도는 75~85℃이다.
③ 크레마 두께는 약 3mm 정도이며, 색은 황금색이다.
④ 에스프레소를 담는 잔을 데미타세라 한다.
⑤ 추출시간은 20~30초 정도이다.

35. 에스프레소 추출에서 과잉추출의 원인이 아닌 것은?

① 원두의 분쇄입자가 너무 가늘다.
② 포터필터 바스켓에 분쇄한 커피를 너무 많이 담았다.
③ 추출수 압이 너무 세다.
④ 헤드스크린이 막혀 추출이 고르게 되지 않았다.
⑤ 탬핑을 너무 세게 했다.

36. 다음은 무엇에 관한 설명인가?

- 추출량은 40~60ml이다.
- 일반적으로 투 샷(Tow shot)이다.
- 추출시간은 20~30초이다.
- "2배(Double)"라는 의미이다.

① Solo shot   ② Ristretto   ③ Lungo
④ Doppio   ⑤ Espresso

37. 과잉추출의 해결 방법이 아닌 것은?

가. 추출수 온도를 높여준다.
나. 필터 바스켓을 청소해 준다.
다. 커피 투입량을 줄인다.
라. 추출수 압을 높인다.
마. 탬핑을 세게 한다.
바. 헤드필터를 청소한다.
사. 그라인더를 조절하여 분쇄입자를 굵게 한다.

① 가, 나, 바, 사
② 나, 다, 라. 바, 사
③ 가, 나, 다, 라, 마, 바, 사
④ 가, 마
⑤ 마, 바, 사

38. 다음 중에서 에스프레소 추출 시 커피기계의 정상적인 가동 여부, 고여있는 물의 온도조절 및 그룹헤드를 청소를 위하여 점검하는 이 작업을 무엇이라고 하는가?

① Pouring   ② Whipping   ③ Steaming
④ Flashing   ⑤ Bubbling

39. 다음 중 분쇄 커피를 다지기(Tamping)할 때 힘을 조절해야 하는 요소들끼리 올바르게 짝지어진 것을 고르시오.

① 로스팅 정도 – 분쇄 굵기 – 추출수 온도
② 로스팅 정도 – 담은 양 – 추출수 온도
③ 분쇄 굵기 – 담은 양 – 추출수 온도 – 원두의 숙성 정도
④ 로스팅 정도 – 분쇄 굵기 – 담은 양 – 원두의 숙성 정도
⑤ 로스팅 정도 – 분쇄 굵기 – 담은 양 – 추출수 온도

40. 다음 중 그라인더로 커피를 분쇄한 후 배출레버를 당겨 일정한 양을 포터필터에 담는 동작을 무엇이라고 하는가?

① Grinding   ② Cupping   ③ Packaging
④ Dosing   ⑤ Tamping

41. 다음 중 에스프레소 커피의 크레마에 대한 설명으로 옳지 않은 것은?

① 부드러운 질감과 점성
② 오직 외부와의 단열층의 역할을 하며 시간이 지나도 남아 있다.
③ 향의 오랜 지속으로 식감의 풍부
④ 짙고 균일한 농도
⑤ 미세한 오일방울

42. 다음 중 커피 추출과정에서 항상 데워져 있어야 하는 것을 모두 고르시오.

| 가. 그룹헤드 | 나. 잔 | 다. 탬퍼 |
| 라. 포터필터 | 마. 잔받침 | |

① 가-나-다   ② 가-라-다-마   ③ 마-라-다
④ 가-나-라   ⑤ 가-나-다-라-마

43. 다음 중 에스프레소 커피 추출에 대한 설명으로 옳지 않은 것은?

① 가늘게 분쇄된 커피를 뜨거운 물과 접촉하여 짧게 추출한 커피
② 주문과 동시에 빠르게 압력을 가해 추출하여 즉석에서 마시는 커피

③ 너무 진한 커피원액으로 반드시 부재료를 첨가하여 마시는 커피
④ 원두의 숙성 정도, 로스팅 정도, 커피의 담은 양, 물의 온도와 압력, 추출시간의 컨트롤이 필요
⑤ 잔의 재질은 커피 맛의 유지를 위해 보온된 도자기 사용이 좋다.

44. 다음 중 데미타스(demitasse) 잔에 대한 설명이 틀린 것은?
① 프랑스에서 온 말로 demi(반)와 tasse(잔)을 뜻하는 합성어이다.
② 설탕은 넣지 않고 우유나 크림을 넣어 먹는다.
③ 공기와 접촉을 최소화하기 위해서 2~3oz의 용량이 적당하다.
④ 온도 유지를 위해 두꺼운 도자기 재질로 바닥이 좁고 높이가 높은 것이 좋다.
⑤ 에스프레소(espresso)나 터키쉬 커피(turkish coffee)를 담는 잔이다.

45. 다음 보기는 에스프레소의 특징 중 무엇을 설명한 것인가?

> 에스프레소는 시간이 지나면 표면에 거품이 사라지고 향도 날아가며 좋지 않은 짠맛이 증가한다. 그러므로 주문을 받으면 바로 추출하여야 한다.

① 침전 추출   ② 가압 추출   ③ 즉석 추출
④ 중력 추출   ⑤ 신속 추출

46. 커피를 추출하는 기구들 중 추출하는 방법이 다른 것은?
① 에스프레소 머신기   ② 체즈베   ③ 보일링법
④ 사이펀   ⑤ 퍼컬레이터

47. 다음의 기구들로 커피를 추출하는 방식은?

> 에스프레소 머신기, 모카포트, 페이퍼드립, 융드립, 더치커피

① 삼투압법   ② 우려내기법   ③ 달임법
④ 투과법   ⑤ 진공여과법

48. 다음 보기는 에스프레소의 특징 중 무엇을 설명한 것인가?

> 에스프레소 커피를 다른 커피추출 방법과 구별 짓는 중요한 요소이다.
> 분쇄된 커피층을 약 9기압의 뜨거운 물줄기가 통과하여 추출한다.
> 수용성 성분 외에 물에 녹지 않는 성분까지 추출된다.
> 페이퍼 드립 추출에 비해 농축된 맛이며 버터리한 맛과 강한 바디감을 느낄 수 있다.

① 가압 추출　　② 달임 추출　　③ 즉석 추출
④ 중력 추출　　⑤ 삼투압 추출

49. 카페 Ristretto의 특징은?

① 신맛, 단맛, 쓴맛이 균형 잡힌 맛이 난다.
② 에스프레소에 비해 신맛이 강하며 바디감이 높고 잔향이 지속된다.
③ 쓴맛이 많이 난다.
④ 색은 옅어지고 풍미가 풍부하다.
⑤ 텁텁한 맛과 탄맛, 쓴맛이 많이 난다.

50. 카페 Lungo의 특징은?

① 신맛이 강하고 바디감 높다.
② 신맛과 단맛, 쓴맛이 조화로운 균형 잡힌 맛이 난다.
③ 색은 옅어지고 신맛은 감소하고 쓴맛은 증가하며 바디감이 떨어진다.
④ 향이 풍부하고 강하다.
⑤ 크레마 색이 황금색이다.

51. 제대로 추출한 카페 에스프레소의 색은?

① 연한 갈색　　② 황금색　　③ 노란색
④ 진한 갈색　　⑤ 검은색

52. 카페 Ristretto에 대한 설명으로 틀린 것은?

① 추출시간은 약 15초~20초 정도이다.　② 신맛을 강조한 커피이다.
③ 추출량은 15~20ml이다.　④ 크레마 색은 연한 갈색이다.
⑤ 진하면서 아주 부드러운 맛이 특징이다.

53. 에스프레소 커피가 가지고 있는 맛의 균형 요소들 중 맞게 나열된 것은?

| 가. 탄맛 | 나. 풍미 | 다. 짠맛 | 라. 신맛 |
| 마. 텁텁한 맛 | 바. 쓴맛 | 사. 단맛 | |

① 가, 다
② 나, 라, 바, 사
③ 다, 마, 사
④ 가, 나, 라, 바, 사
⑤ 나, 다, 마, 바

54. 다음은 무엇에 관한 설명인가?

- 쓴맛을 강조한 커피이다.
- 크레마 색이 옅다.
- 신맛이 감소한다.
- 양이 30ml 이상이다.
- 추출시간이 30초 이상이다.

① Ristretto
② Espresso
③ Lungo
④ Doppio
⑤ Solo shot

55. 에스프레소를 추출할 때 적당한 추출수 온도는?

① 72~80℃
② 65~72℃
③ 96~100℃
④ 80~88℃
⑤ 88~96℃

56. 에스프레소 적정 추출량은?

① 15~20ml
② 10~15ml
③ 20~30ml
④ 30~35ml
⑤ 35~40ml

57. 커피를 추출하는 기구 중 달임법에 해당되는 것은?

① 터키식 커피
② 페이퍼 드립
③ 모카포트
④ 더치커피
⑤ 융드립

58. 에스프레소에 들어 있는 여러 가지 성분 중 클로로겐산에 관한 설명이 아닌 것은?

① 떫은맛을 내는 탄닌의 주성분이다.

② 쓴맛을 내는 성분 중의 하나이다.
③ 포도당 농축이나 혈당을 감소시켜 당뇨병 위험을 낮춘다.
④ 지방을 분해하여 체중유지에 도움을 준다.
⑤ 항산화 작용을 한다.

59. 에스프레소는 추출 시간에 따라 나오는 성분이 다르다. 쓴맛을 내는 성분 중의 하나이며 여러 성분 중 늦게 추출되는 것은?
① 미네랄　　　　② 클로로겐산　　　　③ 리놀렌산
④ 카페인　　　　⑤ 자당

60. 다음 중 카페인에 관한 설명이 아닌 것은?
① 위액 분비를 촉진시킨다.　　② 중추신경을 흥분시킨다.
③ 심장 수축력을 증가시킨다.　④ 뼈, 치아의 구성 성분이다.
⑤ 이뇨효과가 있다.

61. 에스프레소 추출 시간이 너무 빠를 때 조절하는 방법이 아닌 것은?
① 원두의 분쇄입자를 가늘게 한다.
② 탬핑을 세게 한다.
③ 포터필터 바스켓에 담는 양을 적게 한다.
④ 추출수 압을 낮게 한다.
⑤ 포터필터 바스켓을 확인하고 구멍이 커졌으면 교체해 준다.

62. 추출이 잘된 에스프레소의 일반적인 특징으로 옳지 않은 것은?
① 추출 시간은 15~20초 정도이다.
② 크레마 두께는 3mm 정도이다.
③ 크레마 색은 황금색이다.
④ 스푼으로 밀었을 때 복원력이 느려야 한다.
⑤ 추출량은 20~30ml이다.

63. 에스프레소 맛에 변화를 주는 요인에 관한 설명으로 틀린 것은?

① 추출 시간이 짧으면 신맛이 난다.
② 추출수 압력이 낮으면 가벼운 맛이 난다.
③ 추출수 온도가 낮으면 떫은맛이 난다.
④ 추출 시간이 길면 쓴맛이 난다.
⑤ 추출수 온도가 높으면 쓴맛이 난다.

64. 그라인더로 원두를 분쇄하는 것을 무엇이라 하는가?

① Flashing   ② Tamping   ③ Leveling
④ Dosing   ⑤ Grinding

65. 분쇄된 원두를 포터필터 바스켓에 담는 것을 무엇이라 하는가?

① Dosing   ② Flashing   ③ Tamping
④ Grinding   ⑤ Leveling

66. 포터필터 바스켓에 분쇄한 원두를 담고 바스켓 안에 고르게 채워주는 것을 무엇이라 하는가?

① Leveling   ② Tamping   ③ Dosing
④ Flashing   ⑤ Grinding

67. 포터필터 바스켓 안에 담겨진 커피 입자 사이의 밀도를 균일하게 만들어주어 물이 고르게 통과할 수 있도록 해주는 것을 무엇이라 하는가?

① Grinding   ② Leveling   ③ Tamping
④ Dosing   ⑤ Flashing

68. 커피를 추출하기 전 그룹헤드의 물을 제거해 주는 것을 무엇이라 하는가?

① Tamping   ② Flashing   ③ Grinding
④ Leveling   ⑤ Dosing

69. 에스프레소 추출과정을 순서에 맞게 나열한 것은?

> 가. 커피퍽 넉박스에 버리기
> 나. 추출 버튼 누르고 컵 내려서 받기
> 다. 포터필터 청소 / 그룹헤드에 장착
> 라. 포터필터 그룹헤드에 장착
> 마. 플레싱(Flashing)
> 바. 탬핑(Tamping) & 가장자리 정리
> 사. 커피 고르기(Leveling)
> 아. 포터필터 그룹헤드에서 분리하여 바스켓 물기 제거
> 자. Grinding & Dosing

① 가, 나, 다, 라, 자, 마, 바, 사, 아
② 마, 바, 라, 사, 다, 아, 나, 자, 가
③ 아, 사, 다, 라, 자, 가, 나, 마, 바
④ 아, 자, 사, 바, 마, 라, 나, 가, 다
⑤ 사, 자, 마, 다, 아, 가, 바, 나, 라

정답

1.②	2.④	3.③	4.③	5.②	6.③	7.③	8.①	9.⑤	10.①
11.①	12.④	13.⑤	14.⑤	15.⑤	16.⑤	17.④	18.⑤	19.②	20.④
21.④	22.⑤	23.②	24.⑤	25.③	26.④	27.②	28.④	29.⑤	30.④
31.④	32.④	33.②	34.②	35.③	36.④	37.④	38.④	39.④	40.④
41.②	42.④	43.③	44.②	45.③	46.①	47.④	48.①	49.②	50.③
51.②	52.④	53.②	54.③	55.⑤	56.③	57.①	58.②	59.④	60.④
61.③	62.①	63.②	64.⑤	65.①	66.①	67.③	68.②	69.④	

> **Tip** 에스프레소(espresso) 커피 맛있게 주문하기…
>
> 커피를 주문할 때 그 메뉴의 내용을 알고 주문해야 자신이 좋아하는 맛과 향을 즐길 수 있다. 대부분의 사람은 커피를 주문할 때 "카페라테 주세요." 혹은 "카페모카 주세요." 등과 같이 커피의 이름만을 말한다. 하지만 제대로 커피를 즐기고자 한다면 "단맛을 보통으로, 우유는 너무 뜨겁지 않게, 커피 맛은 진하게 해서 카페라테 한 잔 주세요."라고 주문해야 한다. 커피는 기호음료이기에 주문할 때 자신의 취향이나 기호를 제대로 표현하는 것이 좋다.

05
기계학

커피
바리스타
이론과
문제

05 기계학

NCS 기반

1 에스프레소 머신

1) 역사

에스프레소를 만들기 위한 최초의 기계는 1884년 토리노 박람회에서 실제 사례를 시연한 이탈리아 토리노의 Angelo Moriondo가 제작하고 특허를 받았다.

1901년 밀라노의 Luigi Bezzera는 기계 개선에 대한 특허를 받았으며, 그는 1901년 12월 19일에 첫 번째로 출원된 기존 기계에 대한 여러 가지 개선 사항에 대한 특허를 냈다. 1933년 헝가리-이탈리아인 Francesco Illy는 증기 대신 가압된 물을 사용하는 최초의 자동 커피 머신을 발명했으며, Illetta는 오늘날 에스프레소 머신의 전신이 되었다.

2) 구동 매커니즘

에스프레소를 생산하기 위해 여러 기계 디자인이 만들어졌는데, 여러 기계가 몇 가지 공통 요소를 공유한다. 분쇄도를 탬핑하는 데 사용되는 압력의 양 또는 압력 자체를 변경하여 에스프레소의 맛을 변화시킬 수 있으며, 일부 바리스타는 에스프레소의 더 높은 온도를 유지하기 위해 예열된 데미타스 컵이나 유리잔에 에스프레소 샷을 직접 제공하기도 한다.

3) 피스톤 구동

피스톤 구동식 또는 레버 구동식 머신은 에스프레소 머신 제조업체 Gaggia 의 설립자인 Achille Gaggia가 1945년 이탈리아에서 개발했는데 이 디자인은 일반적으로 작업자가 펌핑하는 레버를 사용하여 뜨거운 물을 가압하고 커피 찌꺼기를 통해 보내며, 에스프레소 샷을 생성하는 행위를 구어체로 샷 풀링이 라고 한다. 레버 구동 에스프레소 머신은 샷을 생성하기 위해 긴 핸들을 당겨 야 하기 때문에 레버 구동식 에스프레소 머신은 이 때문에 수동 에스프레소 머 신이라고도 한다. 레버 머신에는 두 가지 유형이 있는데, 수동 피스톤 및 스프 링 피스톤 설계. 수동 피스톤을 사용하면 작업자가 땅을 통해 물을 직접 밀어 낸다. 스프링 피스톤 설계에서 작업자는 스프링에 장력을 가한 다음 에스프레 소에 압력을 전달한다.

▲수직 보일러

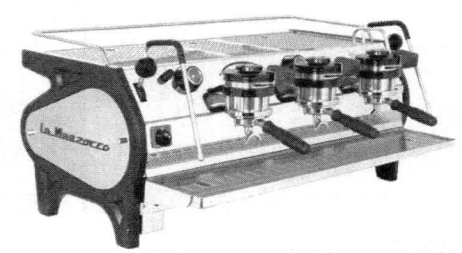
▲수평 보일러

4) 스팀 구동

증기 구동 장치는 증기 또는 증기 압력을 사용하여 커피에 물을 강제로 통과 시켜 작동하는 원리로 최초의 에스프레소 머신은 여러 종류의 커피를 동시에 만들 수 있도록 4개의 그룹 헤드에 공통 보일러를 배관할 때 생산된 스팀 방식 이었다. 이 디자인은 움직이는 부품을 포함할 필요가 없기 때문에 오늘날에도 여전히 저렴한 소비자 기계에 사용되며, 증기 구동 기계는 펌프 구동에 비해 추출을 위해 높은 압력을 생성하지 않으며, 에스프레소의 특징인 크레마가 품질이 떨어진다.

5) 펌프 구동

피스톤 기계의 개선 사항은 1961년 Faema E61에 도입된 펌프 구동 기계로 상업용 에스프레소 바에서 가장 인기 있는 디자인이 되었다. 수동 힘을 사용하는 대신 모터 구동 펌프가 에스프레소 추출에 필요한 힘을 제공하는데, 에스프레소 머신은 상업용 설비에서 흔히 볼 수 있는 냉수 라인 공급 또는 손으로 물을 채워야 하는 별도의 탱크에서 직접 물을 받도록 만들어졌고, 후자는 소규모 상업용 설비 및 가정용 에스프레소 머신에서 더 일반적이다. 요구되는 높은 펌핑 압력과 정밀한 유량 제어가 필요하기 때문에 일반적으로 사용되는 특정 유형의 전기 펌프를 솔레노이드 피스톤 펌프라고 한다. 이러한 펌프는 펌프의 용적형(일반 범주)으로 분류되는데, 양조 물과 증기가 끓는 방법에 따라 가정용 기계에는 네 가지 변형이 있다.

2 커피머신의 종류

커피머신은 성능이나 용량, 추출방식과 원리의 차이에 따라 1그룹, 2그룹, 3그룹, 4그룹과 수동식, 반자동식, 자동식, 전자동식 등으로 나뉜다.

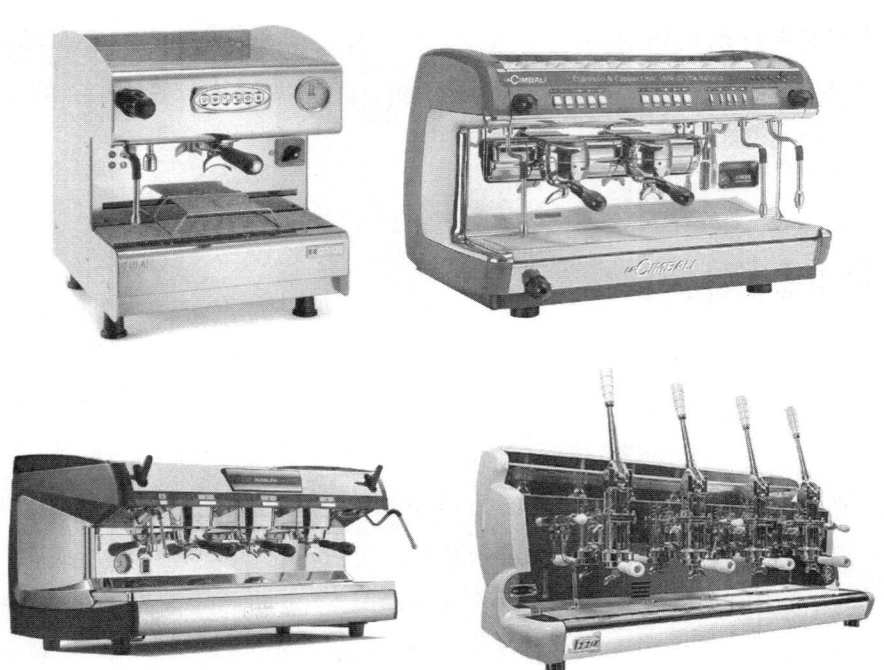

1) 수동식 커피머신

전통적인 형태로 사람의 손에 의해 모든 동작이 이루어지며 레버의 지렛대 원리를 응용한 피스톤 방식이다.

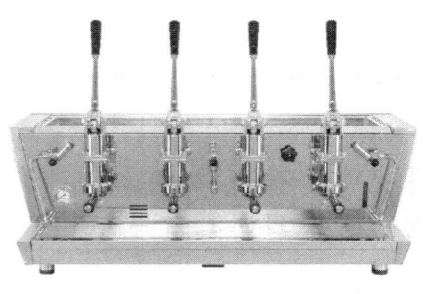

아래쪽 필터 바스켓에 커피가루를 담은 상태에서 레버를 위로 당겨주면 용수철이 압축되면서 피스톤이 들어 올려지고 그 하부 공간에 보일러의 물이 유입되는 방식이다.

이 수동식 머신은 편리성과 시각적이고 퍼포먼스적인 효과를 바탕으로 유럽의 카페를 중심으로 인기를 누렸다.

그러나 많은 사람들이 한꺼번에 몰릴 경우 빠른 대응이 어려워 균일한 커피 맛을 내기가 어렵다는 한계가 있다.

2) 반자동 커피머신

펌프를 이용해 추출 시간과 끝을 버튼으로 조작하여 추출하는 방식이다.

3) 자동 커피머신

자동의 장점은 그라인더와 커피 머신기가 분리되어 있어서 커피에 열이 가해지지 않아 맛의 변화가 적은 양질의 에스프레소 커피 추출에 용이하다는 것이다.

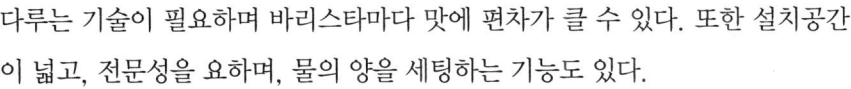

개성있는 에스프레소 커피를 만들 수 있으며 기계적인 메커니즘이 비교적 단순하기 때문에 고장이 적고 관리가 용이하며 전자동 커피머신에 비해 가성비가 뛰어나다.

자동 머신의 단점으로는 장비에 대한 이해와 다루는 기술이 필요하며 바리스타마다 맛에 편차가 클 수 있다. 또한 설치공간이 넓고, 전문성을 요하며, 물의 양을 세팅하는 기능도 있다.

4) 전자동 커피머신

커피머신 내부에 그라인더가 장착되어 있어 한번의 동작으로 분쇄와 추출이 동시에 이루어진다. 크기와 종류가 다양하며 프로그래밍에 의해 바리스타가 바뀌어도 한번 세팅해 놓으면 커피의 일정한 맛을 유지할 수 있다. 최근엔 터치식 컨트롤 패널을 적용한 첨단 커피머신도 판매되고 있다.

초기에는 주로 에스프레소 전용으로 개발되었으나 요즘에는 카푸치노 등 커피메뉴를 자동으로 추출해주는 제품도 출시되고 있다.

전자동 커피머신의 장점으로는 커피를 추출하기 쉽고 간단하며, 특히 아메리카노 추출에 유리하다. 여러 사람이 추출해도 일정한 맛을 유지하며, 작은 공간에 설치가 가능하다. 단점으로는 원두를 기계 내부에 장착되어 있는 호퍼에 담기 때문에 커피 사용량이 적을 경우 맛에 편차가 있을 수 있다.

전자동으로 기계가 복잡하고 잔 고장이 많은 편이며 구입비용이 수동이나 반자동에 비해 상대적으로 높고, 바라스타의 능력에 따라 개성있는 맛을 내기가 어렵다.

3 커피머신의 구조와 역할

커피머신에서 중요한 요소는 안정적인 온도와 일정한 추출 압력이다. 이 두 가지 요소에 의해 에스프레소 커피 맛과 향 등 전반적인 품질이 좌우되는데 바리스타는 구조와 역할에 대한 이해와 함께 설치법, 관리법 등을 잘 숙지해야 한다.

이 중 설치법은 기계에 대한 이해와 친밀도를 높이기 위해 기본적인 사항은 숙지할 필요가 있다.

커피머신 설치의 기본요건과 요령, 주변적인 조건에 이어 전원 부분의 명칭 및 역할에 대해 알아본다.

1) 전기의 역할

전기는 전력(electric power)과 전류(electric current)와 전압(voltage)으로 이루어진다. 이 중에서 전압은 커피머신의 성능과 밀접한 관련이 있다.

전압은 220V 단상과 380V 3상이 주로 사용되고 있다. 220V 단상은 1가지의 전기로 모든 부품을 작동하는 것이고, 380V 3상은 3가지의 전기로 가동하는 방식이다.

2) 220V 단상

220V 단상 전용기계는 〈그림 1〉처럼 전기선이 3가닥이며 3가닥으로 이루어지는 기계는 220V 단상 전용 기계이므로 〈그림 2〉처럼 접지와 연결이 가능한 플러그를 사용해야 한다.

〈그림 1〉에서 가운데 선과 왼쪽 선은 전기 연결선이고, 오른쪽 선은 녹색과 황색 2가지 색으로 되어 있다. 접지선이란 전열 기구에 흐르는 미세한 전류를 땅속으로 흘려보내는 선을 말한다.

커피머신을 사용할 때 간혹 이유없이 감전되는 경우가 있는데 이는 대부분 누전되거나 접지가 되어 있지 않아서 일어나는 현상이다. 따라서 대단히 위험할 수도 있으므로 꼭 접지선을 연결해야 한다.

플러그는 〈그림 2〉처럼 보이는 것을 사용해야 안전하며, 콘센트는 〈그림 3〉처럼 접지가 가능한 접지 콘센트를 사용해야 한다.

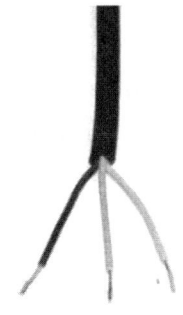
▲그림 1

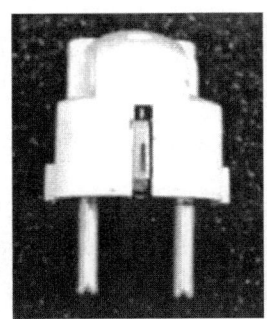
▲그림 2

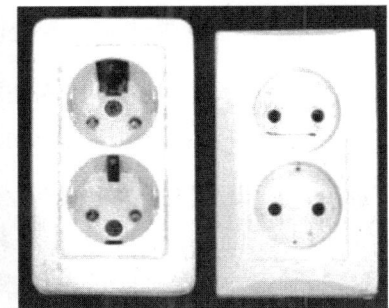
▲그림 3

3) 380V 3상

용량이 높은 기계에 많이 사용하며 전기선은 5가닥이다. 커피머신기 2그룹 이상의 대다수는 〈그림 4〉와 같이 380V, 220V 겸용인 5선을 많이 사용한다. 〈그림 4〉에서 왼쪽부터 두 번째, 세 번째, 네 번째 선은 380V 선이고, 첫 번째 청색선은 110V 전기선, 다섯 번째는 접지선이다. 첫 번째와 두 번째 선을 연결하면 220V가 된다. 마찬가지로 첫 번째와 세 번째, 네 번째 선을 연결해도 220V가 된다.

이처럼 5가닥의 전기선을 이용하면 부품별로 별도의 전기를 공급할 수 있기 때문에 에너지 효율이 높아진다. 안정적인 전기 공급으로 커피머신기도 더 안정적으로 사용할 수 있으며 전기료도 절감할 수 있다. 현장에 380V 전기가 설치되어 있지 않은 경우에는 〈그림 5〉와 같이 두 번째, 세 번째, 네 번째를 묶고 첫 번째 청색과 연결하여 220V 단상으로 사용할 수도 있다.

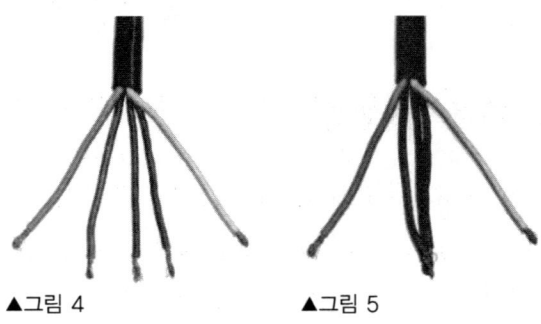

▲그림 4   ▲그림 5

4) 차단기의 용량

용량이 큰 커피머신기를 사용할 때는 〈그림 6〉과 같은 차단기가 좋다. 반자동 커피머신기를 사용할 때 전류는 보통 30A가 기본이다. 〈그림 6〉에서 적혀 있는 '20 또는 30'이라는 숫자는 전류를 나타낸다.

전력(W)은 전류(I) × 전압(V)이므로 커피머신기가 5kW이고 전압이 220V이면 전류는 5kW를 220V로 나눈 수치, 즉 약 23A가 된다. 그러므로 차단기는

30A 제품을 사용해야 한다. 만약 20A의 차단기를 사용하면 〈그림 6〉 기계보다 낮기 때문에 차단기가 내려가게 된다.

모든 플러그도 〈그림 7〉과 같이 V와 A로 표시되어 있으므로 두 숫자를 곱하면 쓸 수 있는지 없는지를 알 수 있다.

일반적인 전력은 2그룹 4.5kW, 3그룹 5kW 4그룹 5.8kW이므로 전력(W)=전압(V)×전류(A)의 공식에 의해 전압이 220V인 경우 차단기는 30A라는 계산이 나온다. 이때 전력은 220V×30A=6600W(6.6KW)가 된다.

 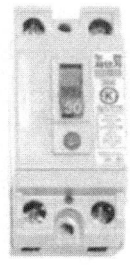 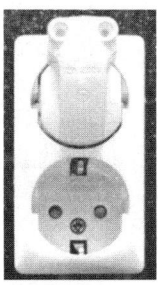

▲그림 6　　　　　　　　▲그림 7

5) 전압, 전류, 전력의 상관관계

220~240V AC : 정격전압이 교류 220V에서 240V 사이에서 정상 작동한다.

50/60Hz : 교류전압의 주파수가 50Hz 또는 60Hz에서 정상 작동한다.

우리나라의 가정용 전압은 220V 60Hz인 교류전압을 사용하는데 이는 나라마다 약간씩 다르다.

전기제품들은 교류전압을 직접 사용하지 않고 기기 내부에서 직류로 바꿔서 사용한다. 대부분 대형 가전제품은 내부에 회로가 내장되어 있어 가정용 콘센트에서 바로 전원을 입력해 주지만 소형 전기제품들은 이런 회로를 내부에 내장하지 않고 별도의 어댑터를 통하기도 한다.

4) 커피머신의 부분별 명칭과 역할

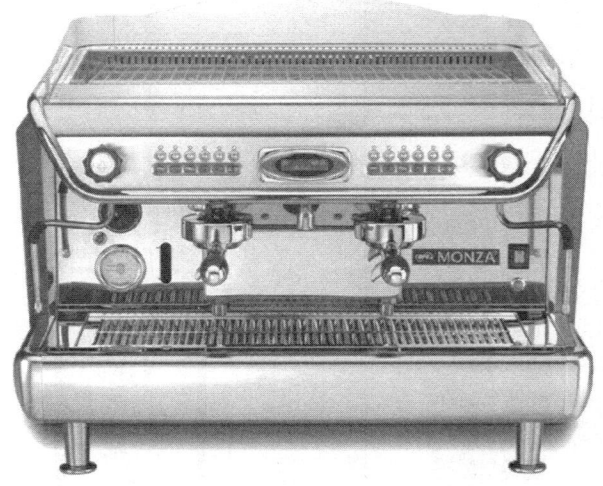

1) 커피머신 메인 스위치(Main Switch)

커피머신기에 전원을 공급하는 스위치이며 스위치에 숫자가 '0'으로 표시되면 'OFF' 상태이고 오른쪽으로 돌려 숫자 '2'가 표시되면 'ON' 상태가 된다. 전원 공급 스위치는 기계마다 조금씩 차이가 있으나 기계에 전원을 공급하고 차단하는 역할을 한다.

2) Drip Tray

커피머신기에서 떨어지는 물을 받아 배수로 흘려주는 배수 받침대로 기계에서 떨어지는 모든 여유분의 물이 흘러 내려가는 곳이다.

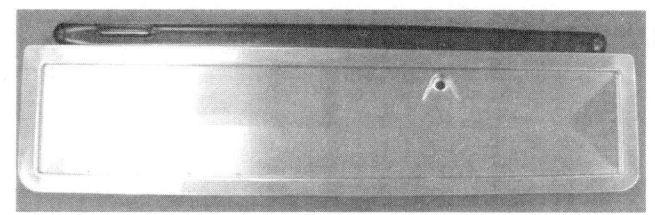

드립 트레이 청소 마감 시 머신기에서 분리하여 물로 깨끗이 청소해서 보관한다. 사용 중에 드립 트레이에 찌꺼기가 많이 있으면 물을 부어 찌꺼기를 배수통으로 흘려보내 청결을 유지할 수 있다. 드립 트레이 밑에 있는 배수통은 커피 찌꺼기가 쌓일 수 있기 때문에 마감 시 물을 부어 찌꺼기가 쌓이지 않도록 청소를 같이 해주어야 막히는 경우가 생기지 않는다.

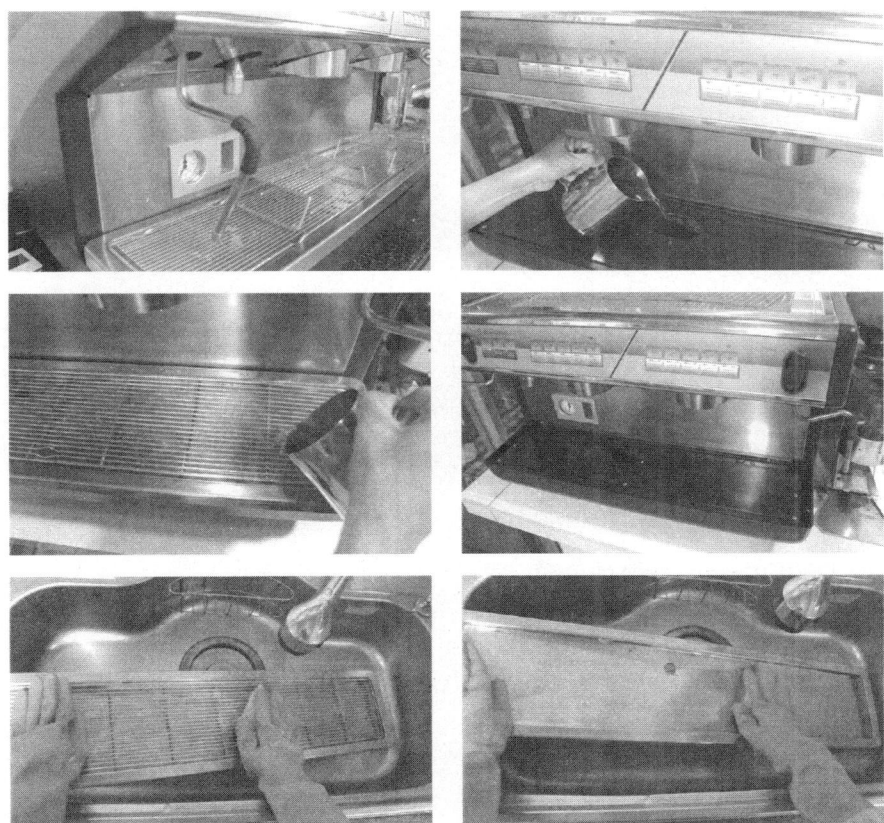

3) Drip Tray Grill

커피 추출 시 컵을 놓는 컵 받침대이다.

4) Steam Pipe

스팀이 나오는 스팀노즐은 우유를 데울 때 사용되는 부분으로 항상 청결한 상태를 유지해야 한다.

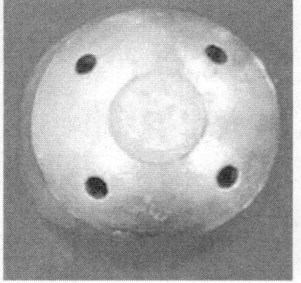

스팀노즐로 우유를 데운 후에는 우유가 남아 있어 응고가 될 수 있으므로 먼저 스팀밸브를 열어 스팀을 빼주어야 한다. 스팀을 뺄 때 우유가 튀어 지저분한 곳은 젖은 행주로 깨끗이 닦아준다.

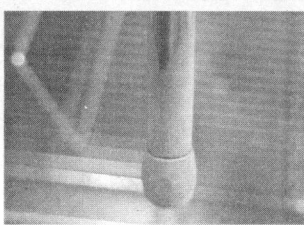

노즐 끝부분을 분리해서 청소를 한다. 노즐 끝부분에 우유 찌꺼기가 굳어 잘 분리되지 않는 경우가 많으니 영업 마감 시 꼭 청소를 한다.

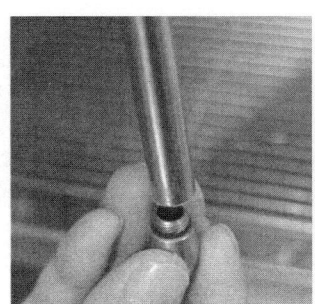

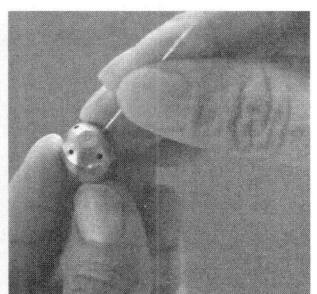

스팀이 나오는 구멍은 노즐보다 더 약한 재질의 기구를 이용해서 구멍에 있는 찌꺼기를 제거한다.

5) Steam Valve

스팀 사용 시 스팀을 열어주는 밸브이다.

▲다이얼 밸브(Dial Valve)

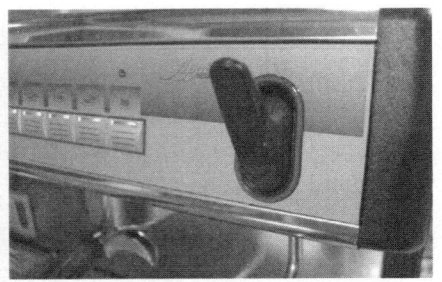
▲레버 밸브(Lever Valve)

종류에는 돌리는 다이얼 방식과 위에서 아래로 내리는 레버 방식이 있다. 스팀밸브는 사용하는 기계에 따라 약간의 차이가 있으나 본인이 사용하는 스팀 간격을 항상 체크하고 사용범위를 알고 있어야 항상 일정한 맛을 유지할 수 있다.

6) Hot Water Dispenser

추출 시 온수가 떨어지는 추출구이다.

7) 커피머신 펌프 압력계
(Water Pressure Manometer)

커피 추출 시 펌프의 압력을 표시해 주는 펌프압력 게이지이다. 펌프 게이지는 기계마다 약간의 차이는 있으나 일반적으로 0~15의 숫자로 표시되어 있으며 사용가능한 범위가 부채꼴 모양으로 표시되어 있다.

펌프의 압력이 정상범위보다 높을 경우(바늘이 적색 쪽으로 가 있을 경우)는 다른 부품에 영향을 줄 수 있으니 반드시 정상범위로 조절해야 한다.

펌프압력의 현재 수치를 확인하려면 기계를 작동시킨 후 압력계의 바늘이 표시한 수치를 보면 된다.

8) 커피머신 보일러 압력계(Boiler Pressure Manometer)

스팀온수 보일러의 압력을 표시하는 스팀압력 게이지이다. 스팀온수 보일러 압력계는 보통 0~3단계의 숫자로 표시되어 있으며 기계가 OFF 상태에서는 바늘이 0에 위치한다. 보일러의 압력이 정상일 경우 바늘은 1~1.5 사이를 유지한다. 항상 사용하기 전에 펌프압력 게이지와 보일러 압력 게이지를 확인하여 정상인지 확인 후 사용하는 것이 바람직하다.

9) Dispensing Group Head

커피 물이 데워지고 커피를 추출하는 곳이다.

❶ 포터필터(Porta Filter)

분쇄된 커피를 담아 에스프레소 머신의 그룹헤드에 장착시켜 커피를 추출하는 도구이다.

▲싱글 포터필터(One-Cup Porter Filter)
1잔 추출용 싱글 포터필더(7~9g) 사용

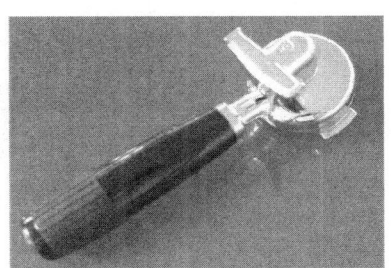
▲더블 포터필터(Two-Cup Porter Filter)
2잔 추출용 더블 포터필더(14~18g) 사용

❷ **포터필터 바스켓**(Porta Filter Basket)

포터필터에서 커피를 담는 도구이다.

▲싱글 바스켓   ▲더블 바스켓

❸ **블라인더 필터**

에스프레소 머신기 청소 시 포터필터에 장착하여 전용세제를 넣고 청소하는 필터이다.

❹ **포터필터 스프링**(Porta Filter Spring)

포터필터에서 바스켓이 빠지지 않게 고정해주는 것을 말한다.

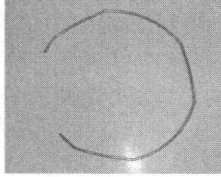

❺ **스파우트**(Spout)

커피가 추출되는 부분이다.

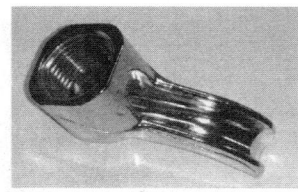 

❻ **워터펌프**(Water Pump)

보일러에 물을 공급하고 추출수 압을 조절하는 장치이다.(압력조절밸브를 시계방향으로 돌리면 추출압력이 높아지고 반대로 돌리면 낮아진다)
- 굉음현상 : 물공급이 원활하지 않을 때(단수, 물공급 라인이 꺾임)

❼ **스팀노즐**(Steam Nozzle)

스팀노브(스팀 여는 손잡이)를 작동하여 스팀이 통과되는 부분이다.

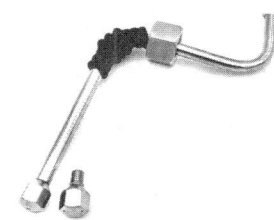

❽ **스팀노브**(Steam Knob)

스팀을 나오게 하는 손잡이를 말한다.

❾ **스팀완드팁**(Steam Wand Tip)

스팀완드(스팀노즐)의 맨 끝부분으로 스팀이 나오는 부분이다.

❿ **스팀완드탭**

재질은 고무나 플라스틱이며 노즐을 이동시킬 때 잡는 부분이다.

⓫ **바큠밸브**(Vacuum Valve)

스팀사용 후 우유가 빨려 들어가는 것을 막아준다.

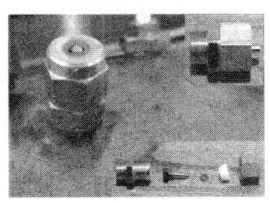

⑫ 드레인 박스(Drain Box)

커피추출 후 잔여물이 떨어져 하수구로 배출되는 곳이다.
- 드레인 박스에 물이 고여 있는 원인 : 드레인 박스에서 하수구로 나가는 관이 막혀서이다.

⑬ 솔레노이드 밸브

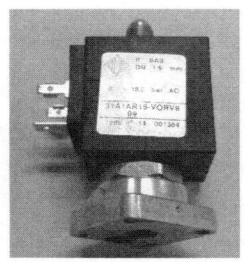

보일러와 그룹헤드에 물을 유입하고, Back Pressure 기능(그룹헤드 부분 청소 시 세제물이나 커피 잔여물이 역류하여 추출 보일러 안에 들어가지 못하게 드레인 박스에 버려지도록 하는 기능)을 한다.
- 추출 버튼을 눌러도 물이 안 나올 때 : 솔레노이드 밸브 고장, 헤드필터의 막힘

⑭ 압력게이지(Pressure Gauge)

커피를 추출할 때 나타내는 추출수 압력(7~10bar)과 스팀 보일러 압력(1.2~1.4bar)을 나타낸다.

⑮ 플로우미터(Flow meter)

에스프레소를 추출할 때 미리 추출액량을 설정할 수 있는데, 일정한 에스프레소 양을 추출하기 위한 물량을 제어하는 유량계이다. 플로우미터 내부에는 물이 들어오고 나가는 두 홀이 있고 이 홀 부분을 물이 통과하면서 플로우미터 내부에 설치된 임펠라를 회전시켜 그 회전수를 메인 보드에서 카운트해 물량을 인식한다. 각 그룹에 하나씩 장착되며 고장 시 설정된 에스프레소 양의 변동이 있다.
- 추출량이 일정하지 않을 때 : 플로우미터에 이물질 및 스케일 또는 고장

⑯ 커피머신 보일러(Boiler)

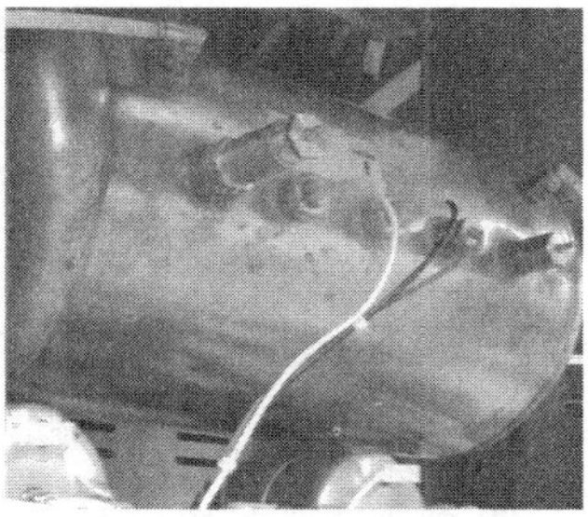

커피머신의 보일러는 전기히터에 의해 물을 가열하여 커피 추출을 위한 역할을 하며, 전기히터로 물을 데워 온수와 스팀을 만드는 스팀온수 보일러가 있으며, 커피 추출 시 필요한 커피 보일러가 있다.

커피머신 보일러 재질은 대부분 동으로 제작되며, 요즘에는 니켈, 니켈 도금, 니켈크롬 도금 등 스테인리스로 제작된 것도 판매되고 있다. 동 재질은 만들기가 편해서 공임비가 저렴하고 열전도율이 높으나, 타 재질에 비해 수명이 짧고, 관련 부품의 손상도가 크며, 스케일 발생률이 높은 단점이 있다.

니켈과 스테인리스 재질의 보일러는 부식 발생이나 스케일 생성이 적어 위생적이며 수명이 높으나, 재료 및 공임비가 높아지게 되므로 가격 또한 높다.

⑰ 오토필 시스템(Autofill System)

온수와 스팀용 보일러 안에서 물의 양을 감지하여 자동 조절할 수 있는 장치이다.

- 보일러에 물 보충이 안 될 경우 : 오토필 센서부분의 스케일 및 이물질에 의한 현상으로 물공급 라인이 차단된 경우이다.

⑱ 보일러 안전밸브(Boiler Saferty Valve)

보일러 내부 압력이 최고 압력에 도달하면 자동으로 증기를 내뿜어 압력의 상승을 방지하는 기능을 하는 밸브이다.

⑲ 컴퓨터 컨트롤러(Conputer Controller)

기계의 모든 기능을 제어한다.

㉠ 에스프레소 머신기에 설치하는 정수기

사용하는 환경에 따라 1개월~3개월 사용할 수 있다.
- 프리필터 : 녹이나 이물질을 걸러 준다.
- 카본필터 : 잡미나 잡향을 잡아준다.

㉑ 에스프레소 머신기에 설치하는 연수기

경수에는 칼슘과 마그네슘이 비교적 다량 함유되어 이런 염류의 함유량을 줄이기 위해 연수기를 사용한다.
- 칼슘성분은 보일러 내부벽에 끼게 됨
- 물을 끓이는 히터의 표면에 녹아 코팅되어 히터를 망가뜨리는 현상 초래
- 물을 공급하는 파이프라인을 막음
- 여러 가지 이온성분과 중금속, 불순물은 커피 고유의 맛을 잃게함. 양이온 교환수지가 수명이 다 되면 천연소금(NaCl)을 투입함

㉒ 넉 박스

커피 퍽(커피 케이크)을 버리는 통을 말한다.

10) 커피 그라인더의 모든 것

❶ 호퍼(Hopper)

원두를 담는 통으로 물세척이 가능하며, 물기를 완전 제거 후 사용한다.

❷ 그라인딩(Grinding)

원두를 가는 것을 말한다.

❸ **도저**(Doser)

분쇄된 원두가 담기는 통이며 마른 솔로 청소한다.

❹ **레버**(Lever)

계량 손잡이를 말한다.

❺ **도징**(Dosing)

포터필터 바스켓에 커피를 담는 동작을 말한다.

❻ **그라인더 날**(Grinder Burr)**의 형태에 따른 종류**

커피의 분쇄된 형태에 따라서 커피가 표현할 수 있는 맛이 달라지고, 그라인더의 날 형태에 따라서 달라진다.

가. 원뿔형 그라인더 코니컬 버(Conical burr)

그라인더의 날은 고정된 축과 그 축을 중심으로 원뿔의 회전축이 돌면서 그 사이로 커피가 들어가 부숴지는 형태를 가진다.

 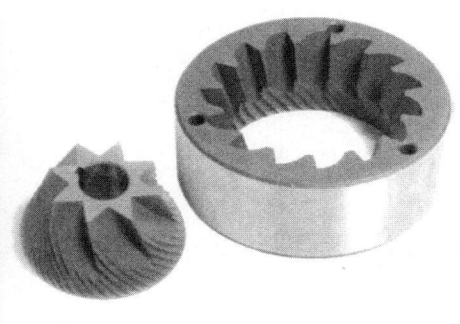

코니컬 버는 플랫 버에 비하여 분쇄도가 고르지 않은 편이다. 분쇄된 커피가루의 표면적을 확대해보면, 플랫 버로 분쇄한 커피가루보다 표면이 거칠고 날카롭다. 표면적이 거칠면서 물과 닿는 면적이 많아지는데 그로 인하여 더욱 다양한 향미를 끌어낼 수 있다는 장점이 있다.

코니컬 버는 분쇄된 입자의 표면적이 넓고 고르지 않으므로 일정한 맛을 유지하기가 어렵다. 때문에 도징이나 팩킹 작업이 중요하며 숙련된 바리스타의 기술을 필요로 한다. 또한 코니컬 버 형태의 그라인더는 플랫 그라인더보다 회전속도가 느려 열발생이 적다는 특징이 있다.

나. 평면형 그라인더 플랫 버(Flat burr)

그라인더의 형태가 멧돌과 비슷하고, 수평으로 위치한 두 날 사이에 원두가 들어가면서 분쇄되는 형식이다. 코니컬 버에 비하여 균일한 크기의 입자로 분쇄된다.

코니컬 버로 분쇄한 커피입자는 날카롭고 거칠었지만, 플랫 버로 분쇄한 커피입자는 코니컬보다는 좀 더 완만한 형태를 가진다. 그로 인해 표면적이 일정해지면서 성분도 고르게 추출된다. 이는 곧 바디감을 중심으로 하는 커피를 추출할 수 있는 장점이 있다.

향보다는 바디감을 위주로 하는 커피에 사용하며, 주로 다크 로스팅에 가까운 원두를 사용하는 것이 좋다. 코니컬 버로 분쇄한 커피보다 향 성분을 끌어내는 것이 어렵고 추출에 따라 잡맛을 많이 낼 수 있지만 바리스타의 기술에 따른 변수를 적게 받는 것이 특징이다.

그런 이유로 여러 명의 바리스타가 있는 카페에선 플랫 버 그라인더를 사용하는 것을 선호한다. 또한 분쇄 입자가 일정하므로 드립커피용 그라인더에 주로 플랫 날을 사용한다.

코니컬과 플랫의 장단점은 그라인더의 종류에 따라서 미세하게 다를 수 있다. 그라인더 날의 사용에서 가장 중요한 것은 주기적으로 청소해 주는 것이다.

톱니 모양의 날 사이에 원두의 미분이 끼게 되면 결국 날이 무뎌지는 것과 같은 효과를 가져오며, 마찰열이 많이 발생한다. 이로 인하여 분쇄가 고르지 않으며, 분쇄량 또한 줄어들기 때문에 사용 시 반드시 청소를 해주고, 매장의 사용 빈도에 따라 날을 교체해 주는 것이 좋다.

❼ 그라인더 날의 재질에 따른 종류

- 금속날
- 세라믹날 : 날 회전 시 열발생률이 적어 날의 수명이 김. 1000~1200kg 정도이다.

❽ 그라인더 날 청소

마른 솔로 청소한다.

11) Adjustable Foot

기계 받침 발을 말한다.

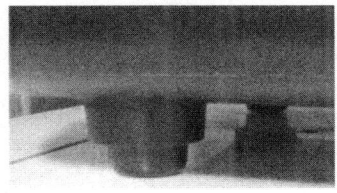

12) Hot Water Dispensing Buttons

온수 추출버튼을 말한다. 온수 디스펜서는 보일러에 있는 물이 직접 나오는 곳으로 가끔 보일러에 고여 있는 이물질이 같이 나와 이곳에 쌓일 수 있으므로 주기적으로 분리해서 청소를 해주어야 한다.

13) Coffee Control Buttons

커피 추출 버튼을 말한다.

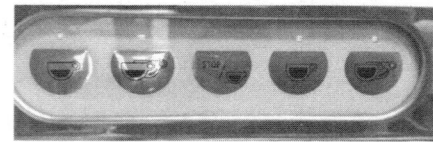 

14) 커피머신 그룹 헤드(Dispensing Group Head)

그룹 헤드(Group Head)는 에스프레소 커피머신의 핵심부분이다. 헤드 그룹의 숫자에 따라 1Group, 2Group, 3Group, 4Group으로 구분한다.

그룹은 물이 최종적으로 커피를 통과하는 곳으로 온도 유지가 중요하다. 또한 그룹 종류에 따라 예열방법이나 시간이 다를 수 있으므로 각 기계의 특성을 숙지해야 한다.

그룹의 구조는 크기에 따라 52~58mm 등으로 다양하며 기계마다 형태와 크기는 약간씩 다르지만 그 구조는 비슷하다.

 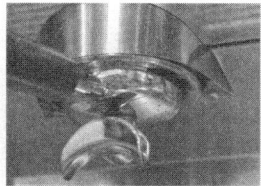

15) 그룹 가스켓(Gasket)

커피 추출 시 추출압력이 밖으로 새는 것을 막아주는 역할을 한다. 교환시기를 잘 판단해야 양질의 에스프레소를 추출할 수 있다.
교환시기와 방법은 다음과 같다.

❶ 그룹 가스켓의 교환주기

필터 홀더를 그룹에 장착했을 때 그룹 가스켓의 탄력이 느껴지지 않거나 정면으로 수직이 되지 않을 때 또는 우측으로 너무 많이 돌아가는 경우, 그룹 가스켓에 홈이 생길 경우, 추출 시 옆으로 물이 샐 경우 교환해 주어야 한다.

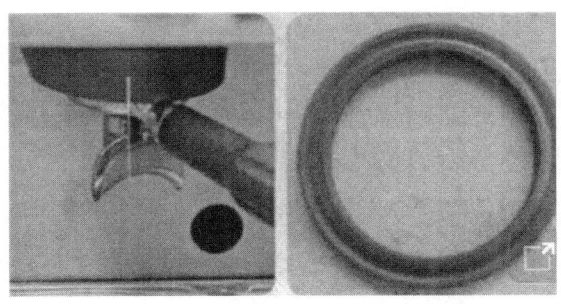

❷ 그룹 가스켓의 교환방법

그룹 가스켓을 교환할 때는 송곳을 이용해서 마모된 그룹 가스켓을 빼내고 필터 홀더를 이용해서 새로운 그룹 가스켓을 끼워 넣으면 된다.

16) 샤워 홀더(Shower Holder)

크롬 도금 그룹에서 한 줄기로 나온 물을 4~6줄기로 분서시켜 균일하게 커피를 적셔 주는 역할을 한다. 샤워 홀더는 커피와 접촉이 일어나는 부분으로 커피 오일이 쌓여 좋지 않

은 맛을 낼 수 있으므로 청소를 매일 해주는 것이 좋다.

(1) 그룹헤드 약품 청소방법

❶ 포터필터에서 필터 바스켓을 분리시킨다.
❷ 블라인더 필터를 장착하고 머신기 전용 세제를 넣는다.
❸ 그룹에 포터필터를 장착한다.
❹ 연속추출 버튼을 누른 후 포터필터에 압력이 찰 때까지 3~5초 기다린 후 포터필터를 그룹에서 분리하고 장착하는 동작을 10회 정도 반복하면서 청소해준다.

❺ ❹번 동작이 끝나면 포터필터를 장착한 다음 5초 정도 기다린 후 완전히 장착하면 포터필터에 압력이 생긴다.

❻ ❺번 동작을 통해 압력이 생기면 기계의 동작을 멈춘다. 동작이 멈추면 압력이 역류하면서 남아 있는 찌꺼기를 배수구로 배출시킨다.

❼ ❻번 동작이 끝나면 포터필터를 분리하여 젖은 행주로 깨끗이 닦아준다.

(2) 샤워 홀더 청소방법

❶ 공구를 이용해서 나사를 푼 후 샤워 홀더와 샤워 스크린을 그룹에서 분리한다.
❷ 뜨거운 물에 전용세제를 푼 후 샤워 홀더와 샤워 스크린을 넣는다.
❸ 샤워 홀더와 샤워 스크린은 저녁에 전용세제에 넣어 두었다가 아침에 청소하는 것이 좋다.
❹ 청소 후에는 먼저 손으로 샤워 홀더와 샤워 스크린을 나사로 살짝 그룹에 장착한다.
❺ 손으로 결합한 후 공구를 이용해서 그룹에 완전히 장착한다.

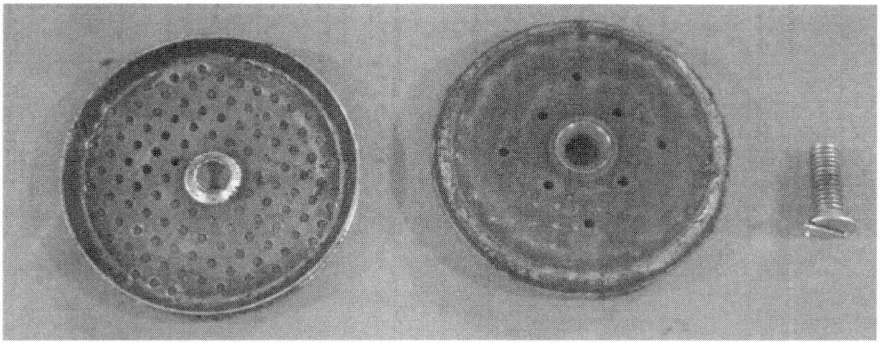

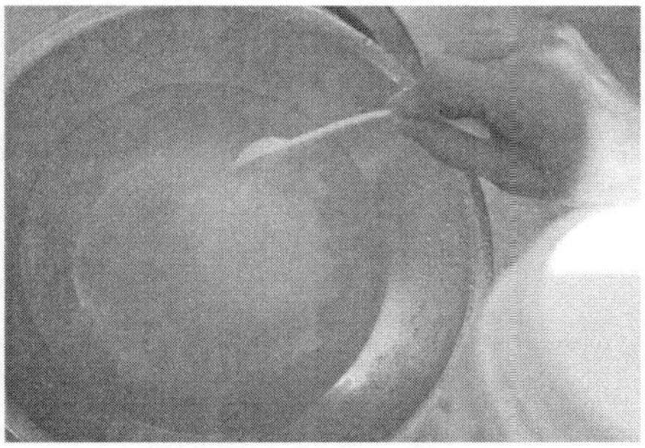

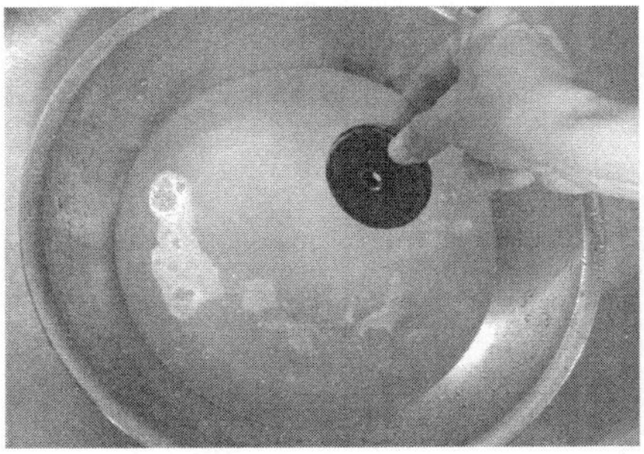

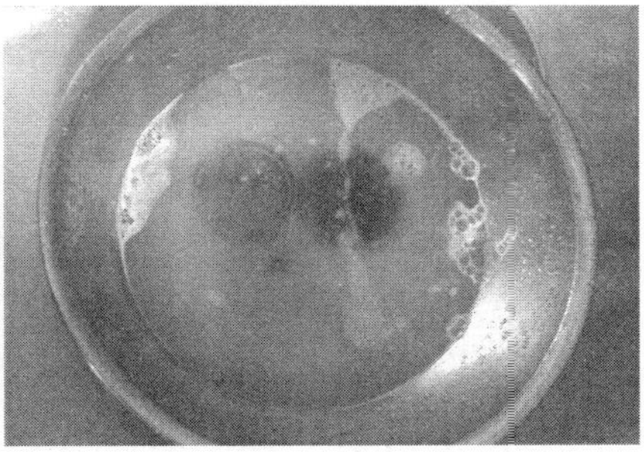

5 커피머신 내부의 구조와 명칭

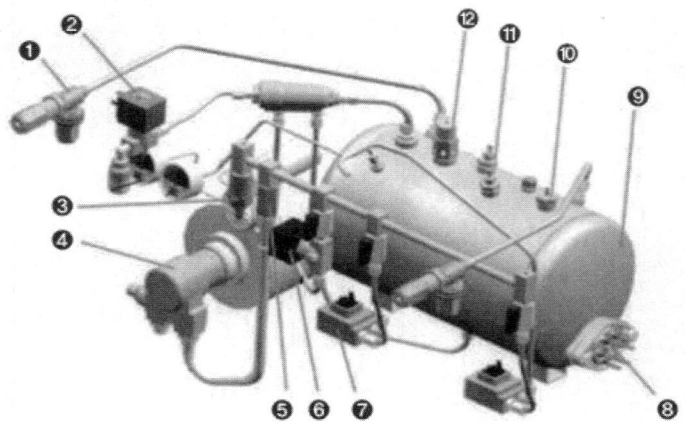

❶ 스팀밸브(Steam Valve)　　❷ 온수 전자밸브
❸ 과수압 방지밸브　　　　　❹ 모터펌프(Motor Pump)
❺ 역류 방지밸브　　　　　　❻ 물 공급 전자밸브
❼ 플로메타(Flow Meter)　　　❽ 히터(Heater)
❾ 보일러(Boiler)　　　　　　❿ 에어밸브(Vacuum Valve)
⓫ 수위 감지봉　　　　　　　⓬ 과압력 방지밸브

1) 온수 전자밸브(Electromic Hot Water Valve)

　온수 사용 시 작동하는 밸브이며 한 방향으로 되어 있어 입력과 출력만 제어할 수 있다.

　온수버튼을 작동하면 밸브의 코일에 전기가 공급되고 전자석의 원리에 의해 안에 있는 추가 당겨지면서 온수를 통과시킨다. 반대로 차단하면 스프링에 의해 다시 원위치하여 온수를 차단하게 된다. 유동추에서 스프링이 차단할 수 있는 압력은 10~11Bar 정도이다.

유동추가 불량일 경우 기계를 작동하지 않은 상태에서도 온수노즐을 통해 계속 물이 떨어진다. 이때는 유동추가 오염되었거나 마모되었을 가능성이 크다. 온수는 물량감지센서에 의해 작동되는 것이 아니라 메인 컨트롤보드에 입력된 시간에 따라 작동된다. 따라서 보일러의 압력 정도에 따라 추출되는 온수의 양에 차이가 있을 수 있다.

2) 과수압 방지밸브

커피머신기의 안전밸브로 공급되는 수압이 약 11Bar 이상이면 자동으로 작동한다.

스프링 압력에 의해 대기상태를 유지한다. 만일 수압이 높을 경우 10Bar 정도를 유지하는 전자밸브가 강제로 작동되어 보일러 및 물과 관련된 부품에 영향을 끼치며 이는 심각한 기계고장의 원인으로 이어질 수 있다.

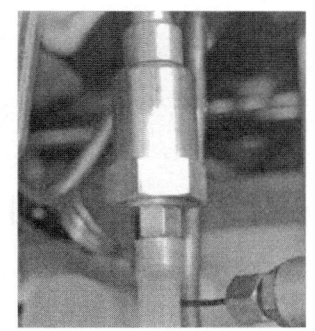

이를 방지하기 위하여 과수압 방지밸브가 장착되어 있다. 수압이 갑자기 높아질 때 중요한 역할을 하며, 이 밸브는 과수압이 걸릴 때 작동하며 평상시에는 대기상태로 세팅되어 있다.

과수압 방지밸브에 불량이 생기면 펌프모터가 작동할 때마다 배수통(drain tank)으로 연결된 관에서 물이 계속 흘러나온다. 이런 상태에서 커피를 추출하면 알맞은 입자의 커피를 적정량 투입하더라도 추출속도가 느려지면서 정상적인 에스프레소가 추출되지 않는다.

3) 커피머신의 펌프모터(Pump Motor)

커피를 추출할 때 정상적인 압력을 걸어주는 역할을 한다. 에스프레소 커피머신에서 추출되는 커피의 맛과 향을 결정하는 중요한 요소는 일정한 압력(7~10Bar)과 적당한 온도(88~96℃)다. 일정한 압력을 유지해 주는 중요한 부품이 모터펌프이다.

모터펌프는 1~2Bar의 수돗물을 7~9Bar의 압력으로 승압시켜 주는 역할을 한다. 이 모터펌프의 작동에 의해 일정한 압력이 유지되면서 풍부한 맛과 향을 지닌 에스프레소 커피를 추출할 수 있는 것이다. 모터펌프는 모터, 펌프헤드, 콘덴서, 연결고리 등 4개의 주요 부분으로 이루어져 있다.

(1) 펌프헤드에서 발생할 수 있는 문제의 원인과 해결방법

❶ 펌프에서 압력이 조절되지 않는 경우

펌프 내부의 카본 로우터와 카본 실린더가 불량하면 압력조절이 어렵고 스케일이 많이 끼어 있는 경우에도 압력이 약해질 수 있다. 카본 실린더는 전문가에게 교환의뢰하고 스케일 제거는 식용 윤활유를 바른 후 조립한다.

❷ 압력이 걸리지 않고 "웅" 하는 소리가 나는 경우

펌프 내부의 카본 로우터와 카본 실린더에 스케일이 많이 쌓이면 이런 현상이 발생한다. 해결 방법은 스케일 제거 약품이나 소량의 연마제를 이용해서 스케일을 제거하고 손으로 돌려 잘 돌아가는지 확인한 다음 조립하면 된다.

❸ **커피 추출 시 심한 소음이 나는 경우**

물 공급이 원활하게 이루어지지 않기 때문이며 먼저 수도밸브 개폐 여부를 확인한 다음 연수기와 정수기를 확인하고 모터펌프 앞부분에 있는 필터를 점검한다.

❹ **모터펌프 작동은 잘 되는데 압력이 올라가지 않는 경우**

펌프헤드 내부에 있는 카본 로우터와 카본 실린더가 파손되어 일어나는 증상이며 이때는 헤드펌프를 교환해야 한다.
- 예방법으로는 규정에 맞는 전압의 전기를 일정하게 공급한다.
- 단수 등으로 물이 공급되지 않을 경우 작동을 멈춘다.
- 펌프에 모래나 이물질이 유입되지 않도록 한다.

4) 역류 방지밸브

보일러의 물이 역류하는 것을 막아주는 역할을 한다. 역류 방지밸브에 이상이 생기면 물이 역류한다. 이상 유무는 기계 작동을 5분 이상 멈춘 후 다시 작동해보면 알 수 있다. 이런 증상이 계속되면 펌프에 무리가 가서 펌프 수명이 단축된다.

5) 물 공급 전자밸브

스팀온수 보일러에 물을 공급하고 차단하는 역할을 한다. 전자밸브는 스팀온수 보일러에 물을 공급할 때 작동하며 냉수 유입을 자동으로 통제한다. 스팀온수 보일러에 물이 부족하면 전원이 공급되면서 밸브가 열리고 냉수가 공급된다.

스팀온수 보일러의 물 공급 전자밸브에서 일어날 수 있는 고장은 밸브의 코일이 불량인 경우와 유동추가 오염된 경우이다. 이때는 수도밸브를 잠그고 전문가에게 수리를 맡겨야 한다.

6) 플로미터(Flow Meter)

에스프레소 추출 시 물의 양을 감지하는 센서이다. 플로미터(Flow Meter)는 센서와 유동자석, 본체로 구성되어 있다. 물의 양을 감지해서 컨트롤 보드로 전달해주는 역할을 한다. 물의 양은 유동자석의 회전수에 의해 감지된다.

플로미터에 문제가 생겨 물의 양 감지가 이루어지지 않으면 에스프레소 추출 시 물이 계속 나오는데 이럴 경우 머신의 추출버튼이 점멸한다. 이럴 경우에는 즉시 센서를 교환해야 한다.

6. 커피머신의 설치 방법

커피머신은 매출과 직결되기 때문에 일정한 설치 요건에 따라야 하는데 커피머신을 설치할 경우 주방의 위치와 높이, 물, 전기가 매우 중요하다. 또한 냉장고, 제빙기, 빙삭기, 블렌더 등 주방 기구들은 커피머신을 중심으로 가까운 곳에 배치해야 한다. 이러한 요건들이 충족되지 않으면 바리스타의 작업 능률이 크게 떨어진다.

1) 커피머신의 설치 기본요건

(1) 설치위치

커피머신은 주방이나 바의 인테리어와 밀접하게 연관되어 있으며 설치 위치를 바 앞쪽에 할 것인지 뒤쪽에 할 것인지를 결정해야 한다.

커피머신기 설치 위치는 바리스타가 커피를 추출하거나 메뉴를 만들 때 편리하고 가운데를 중심으로 좌우로 움직일 수 있는 동선이 확보되어야 한다. 또한 커피머신기 자체로 시각적인 효과를 발휘하며 인테리어와 디스플레이에서도 중요한 부분을 차지한다.

(2) 테이블 크기

테이블 크기는 여유롭게 잡는 것이 좋으며 기계의 가로 사이즈가 730mm라면 1200mm 이상의 공간이 필요하고 커피머신의 옆에 자리하는 그라인더는 넉박스와 함께 450mm 정도의 공간이 필요하다.

테이블의 깊이는 커피머신기 앞에서 100~150mm 정도 필요하고 메뉴를 만들 때 커피머신 앞에서 작업하는 것이 더욱 효율적이다. 예를 들어 기계의 깊이가 500mm라면 테이블의 깊이는 최소 600~650mm는 되어야 한다.

(3) 테이블 높이

커피머신의 설치 높이는 일반적인 주방 가구의 높이인 850~900mm 정도이며 커피머신기의 테이블이 너무 낮거나 높으면 바리스타의 작업 능률이 떨어진다. 특히 손님이 한꺼번에 몰릴 경우에는 커피머신의 높이와 위치가 더욱 중요한 요소가 될 수 있다. 또한 메이커에 따라 차이가 있을 수 있지만 대부분 커피머신기 밑에 테이블 냉장고와 제빙기가 설치되어 있기 때문에 여유있게 900mm는 확보해야 한다.

(4) 테이블 소재

테이블 소재는 인조 대리석이나 천연 대리석을 사용하는데 안정성이 뛰어날 뿐 아니라 커피머신의 이미지와 잘 어울린다. 일부 매장은 천연소재인 원목을 사용하는데 나무소재는 물이 스며들면 방수가 안 되고 오래 사용하면 색의 변질과 원목의 특성상 뒤틀림이 있을 수 있다.

2) 안정적인 설비 조건

커피머신을 설치하기 위한 중요한 설비 조건으로 전기와 물이 있다. 이 두 가지 조건은 정확한 숙지가 필요하다.

(1) 수도

지하수나 수돗물에서 정수기나 연수기를 통해 커피머신기로 연결되는데 커피머신기를 수도에 연결 시 반드시 밸브를 별도로 설치해야 한다. 이는 차후에 기계점검이나 이상이 발생할 때에 커피머신기로 공급되는 물을 차단하기 위해서이다.

(2) 급수 연결관

커피머신기 급수관은 강한 수압(1~5Bar)에 견딜 수 있는 재질로 된 것을 사용하며 사용할 때는 급수 연결관에 흠집이 생기지 않도록 주의하고 수시로 점검을 한다.

(3) 연수와 정수기

에스프레소는 98% 이상이 물로 이루어져 있어 물의 성질이 커피 맛을 좌우한다. 물은 크게 경수와 연수로 나누는데 물에 들어 있는 칼슘, 칼륨, 마그네슘 등 미네랄 성분의 함량을 수치화한 것을 경도(degree of hardness)라고 하며 경도6(107ppm, 107mg)을 기준으로 이보다 수치가 높은 물을 경수, 낮을 경우 연수라고 한다.

일반적으로 경도 1도는 약 18ppm을 말하며 물속에 함유되어 있는 미네랄 함량은 ppm(백만분의 1) 단위로 표시하는데 예를 들어 50ppm은 1리터에 칼슘과 마그네슘 등 광물질 성분이 50mg 녹아 있음을 의미한다.

커피를 추출할 때는 적당량의 미네랄을 함유하고 있는 연수를 많이 사용한다. 완전 연수는 커피가 가지고 있는 모든 맛이 표현되기 때문에 커피에 적당한 물이라 할 수 없다.

반대로 강한 경수를 사용하면 광물질 흡착으로 인해 기계고장이 높고 커피의 쓴맛과 떫은맛이 강해진다.

특히 바닷가 지형상 염분이나 광물질이 많이 포함되어 있는 지하수를 사용할 때는 반드시 연수기를 사용해야 한다.

(4) 연수기 설치 요령

연수기는 광물질을 걸러내어 경수를 연수로 만든다. 만일 경수인 물을 커피 머신기에 사용하면 머신기 내부에 스케일이 쌓여 잦은 기계 고장의 원인이 되며 머신기 수명도 단축될 수 있다.

우리가 마시는 수돗물은 보통 70~100ppm 정도로 연수에 해당하며 수돗물을 그대로 사용하면 건물 배관의 노후나 관리 정도에 따라 달라질 수 있다.

연수기는 물이 위에서 입력되어 아래로 출력되는 시스템이다. 이에 위 부분은 수도와 아래 부분은 정수기와 연결하여야 한다.

(5) 연수기 청소 방법

연수기는 물속에 함유한 광물질을 걸러내는 장치로 반영구적인 사용이 가능한 제품이며 평소에 관리와 청소가 매우 중요하다.

❶ 연수기 청소법

- 정상적인 연결 상태에서 위쪽 급수밸브를 반대쪽으로 돌려 연수기 내부의 압력을 제거한다.
- 이때 압력 제거 소요시간은 1분 정도로 한다.
- 출력 밸브는 반대쪽으로 돌려준다.
- 압력이 다 빠지면 위쪽 손잡이를 돌려 개봉한다.
- 연수기 뚜껑을 열고 소금을 넣어준 다음 뚜껑을 잘 닦아서 다시 조립한다.
- 조립이 완료되면 위쪽 급수 밸브를 다시 원상태로 돌려 물을 공급한다.
- 아래쪽 출구 쪽에서 물이 나오기 시작하면서 연수기 청소가 시작된다.
- 청소는 30분에서 1시간 정도 한다.
- 시간이 지난 후 아래쪽 밸브의 호스를 분리하여 물을 받아 맛을 본 후 짠맛이 없으면 아래 밸브도 정상적으로 돌려 기계로 물을 공급한다. 만약 짠맛이 나면 물을 좀 더 빼주면 된다.
- 일반적으로 에스프레소 기계에는 8리터 용량의 연수기를 많이 사용하고 있으며 약 50~60kg의 커피를 사용하고 청소해주면 적당하다.

❷ 연수기 청소주기 표

연수기 용량(리터)	온도에 따른 사용주기(리터)					소금양 (kg)
	20℃ 이하	30℃ 이하	40℃ 이하	60℃ 이하	80℃ 이하	
5	900	750	670	520	370	0.65
8	1400	1200	1100	840	600	1
12	2300	1800	1600	1200	900	1.5
16	3000	2500	2100	1700	1200	2
20	4200	3600	3100	2500	1800	2.5

연수기의 청소주기와 방법을 잘 숙지하고 용량에 맞게 주기적으로 청소한다면 양질의 에스프레소를 얻을 수 있다.

참고로 연수기는 주로 소금(NaCl)을 이용해 청소한다.

(6) 배수관 연결

하수구에서 올라오는 관으로 커피머신기 배수관과 연결되는 부분이다. 배수구는 지하 하수구와 연결되어 있으므로 배수관 연결 후 실리콘으로 빈틈을 막아 냄새가 밖으로 새어 나오지 않도록 해야 한다.

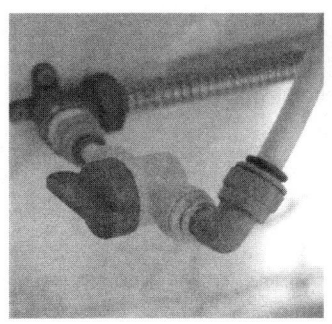 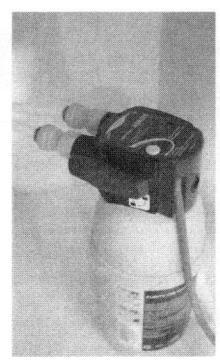 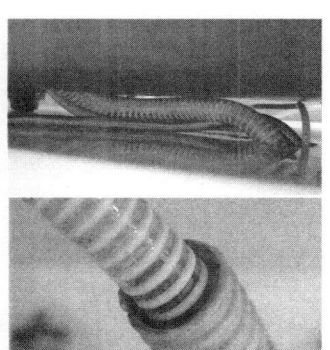

(7) 정수기의 설치 요령

정수기는 커피 맛에 영향을 줄 수 있는 물속에 포함된 이물질을 제거하며, 불쾌한 냄새를 제거하는 활성탄을 사용하여 탄소의 표면에 있는 활성화된 산소들이 염소와 같은 유기체를 유인하여 포획한다. 또한 정수기는 스케일을 방지해주는 역할을 한다.

스케일은 기계의 수명과 밀접한 연관이 있으며 특히 물맛을 결정하는 가장 중요한 요소이니 좋은 정수기를 설치하는 것이 좋은 맛의 에스프레소를 얻는 데 유리하다. 정수기 필터 중 프리필터는 녹이나 이물질을 걸러 주며 카본필터는 잡미나 잡향을 잡아준다.

(8) 정수기의 관리 요령

정수기는 용량이나 사용 정도에 따라 필터 교환 주기가 다르다. 녹물이 많이 유입되는 곳은 정수기 교환주기가 빨라지며 대개 제품에 필터 사용량이 표기되어 있으니 수시로 점검한다. 바리스타는 매일 매장에서 사용하는 물량을 체크할 필요가 있다.

연수기와 정수기는 주기적으로 교환하거나 청소해야 하기 때문에 작업이 용이하도록 설치해야 한다.

기계관리 필기예상문제

1. 다음 중 에스프레소 머신을 최초로 개발한 사람은?

① Desidero Pavoni ② Lugi Bezzera ③ Giuseppe Bambi
④ Achille Gaggia ⑤ Cremonesi

2. 다음 중 최초로 상업적인 워터펌프를 이용한 피스톤 방식의 커피기계를 제조한 사람은 누구인가?

① Achille Gaggia ② Desidero Pavoni ③ Lugi Bezzra
④ Giuseppe Bambi ⑤ Cremonesi

3. 다음 중 Desidero Pavoni의 커피 기계와 관련한 업적으로 옳은 것은?

① 증기압을 이용한 에스프레소 기계 특허 출원
② 최초 상업적인 워터펌프를 이용한 피스톤 방식의 커피 기계 제조
③ 추출수 온도 88~96℃, 추출 수압 7~10bar에서 가장 좋은 커피가 추출된다는 것을 발견
④ 수직형 보일러 형태를 수평형 보일러 형태로 개발
⑤ 피스톤 펌프를 개발하여 탄맛과 쓴맛을 없애는데 성공

4. 다음 중 에스프레소 머신의 명칭과 기능이 다르게 짝지어진 것은?

① 그룹헤드(Group head) - 포터필터를 장착하는 부분
② 샤워 홀더(Shower holder) - 물이 4~6개의 물줄기로 나눠져 압력이 필터 전체에 골고루 걸리게 해주는 역할
③ 워터펌프(Water pump) - 보일러에 물을 공급하며, 추출수 압을 조절하는 장치가 있음
④ 샤워 스크린(Shower screen) - 샤워 홀더를 통과한 물을 미세하고 수많은 물줄기로 분사하는 역할
⑤ 가스켓(Gasket) - 분쇄된 커피를 담아 에스프레소 머신의 그룹헤드에 장착시켜 커피를 추출하는 도구

5. 다음 중 에스프레소 머신에 공급되는 전압이 낮을 때 나타나는 반응으로 틀린 것은?

① 기계 내부의 펌핑(pumping) 압력이 저하된다.
② 보일러 히터의 히팅(heating) 시간이 길어진다.
③ 전자밸브의 개폐가 원활하지 못하다.
④ 컴퓨터 내장 방식의 경우 컨트롤러에 무리가 발생한다.
⑤ 누전현상이 일어난다.

6. 다음 중 연수기를 사용하지 않고 경수를 사용할 경우 커피에 끼치는 영향으로 틀린 것은?

① 물속에 함유된 칼슘성분이 보일러 내부 벽에 끼게 된다.
② 히터를 망가트린다.
③ 각 부로 연결되어 있는 작은 파이프라인 등을 막히게 하는 원인이 된다.
④ 여러 가지 이온성분의 중금속과 불순물로 인하여 커피고유의 맛을 잃게 하는 원인이 된다.
⑤ 에스프레소가 과소 추출된다.

7. 다음 중 워터펌프(Water Pump)에 대한 설명으로 옳은 것을 모두 고르시오.

> 가. 건조한 상태, 즉 물이 공급되지 않은 상태로는 절대 가동하지 말아야 한다.
> 나. 압력조절 밸브를 시계방향으로 돌리면 추출 압력이 낮아지고, 반대로 돌리면 높아진다.
> 다. 물이 공급되지 않는 상태로 가동되면 '끽-' 하는 소음이 발생한다.
> 라. Back Pressure 기능을 한다.

① 가, 나　　　② 가, 다　　　③ 나, 다
④ 다, 라　　　⑤ 나, 라

8. 다음은 에스프레소 머신의 보일러에 대한 설명이다. 틀린 것은?

① 독립형 보일러는 추출수 온도가 다른 형태의 보일러보다 안정적이다.
② 독립형 보일러는 온도의 자유로운 조절이 불가하다.
③ 일체형 보일러는 연속 추출할 때나 스팀, 온수 사용 시 추출수 온도가 떨어진다.

④ 일체형 보일러는 전력소비가 낮고 가격이 저렴하다.
⑤ 일체형 보일러는 간접 열을 이용한다.

9. 다음 중 커피 분쇄기의 날에 대한 설명으로 옳지 않은 것은?
① 커피 분쇄기의 날은 '평면', '원뿔', '드럼' 형태가 있다.
② 원뿔날은 평면날에 비해 날의 수명이 더 길다.
③ 하루 사용량이 커피 1.5kg이라면 1년에 한번은 칼날을 교체해야 한다.
④ 원뿔날은 평면날보다 사용 시간당 더 많은 커피를 분쇄할 수 있다.
⑤ 맛과 향의 보존에 더 유리한 것은 평면날이다.

10. 다음 설명하는 장치의 명칭으로 바른 것을 고르시오.

> 그룹헤드로 들어가는 추출수의 물 양을 계량한다.
> 자석 성질의 칩을 가진 휠이 있어 이것의 회전량으로 물의 양을 조절한다.

① Flow meter   ② Group Valves   ③ Boiler
④ Autofill System   ⑤ Boiler Safety Valve

11. 다음 중 오토필 시스템(Autofill System)의 역할로 옳은 것은?
① 온수와 스팀 보일러의 물의 양을 자동으로 조절할 수 있는 장치이다.
② 신호계통에 이상이 발생하면 과압력을 자동으로 배출시켜주는 역할을 한다.
③ 스팀 사용 후 순간적으로 스팀이 보일러 안쪽으로 빨려 들어가는 경우를 막는 장치이다.
④ 추출수의 온도를 컨트롤하는 역할이다.
⑤ 그룹헤드로 들어가는 추출수의 물 양을 계량하는 역할이다.

12. 다음 중 커피 그라인더(Coffee Grinder) 작동 시 굉음이 발생할 때 올바른 해결 방법은?
① 호퍼에 담겨 있는 원두의 양을 덜어낸다.
② 커피 그라인더 칼날을 교체한다.
③ 커피 그라인더 모터를 수리한다.
④ 커피 그라인더 손잡이 스프링을 교체한다.
⑤ 커피 그라인더 입자 조절 나사를 이용하여 커피 분쇄입자를 작게 한다.

13. 다음 중 커피 그라인더(Coffee Grinder)에 포함되어 있는 부품이 아닌 것은?

① 호퍼(Hopper)　　　　　　② 도저(Doser)
③ 포터필터 받침대　　　　　④ 버(Burr)
⑤ 전자밸브(Solenoid Valve)

14. 다음 중 커피 그라인더(Coffee Grinder) 사용에 대한 설명으로 옳지 않은 것을 고르시오.

① 너무 많은 커피 가루를 남기지 않아야 한다.
② 깨끗하게 유지하기 위해서는 매일 그라인더 날(Burr)을 세척해야 한다.
③ 커피가 적절한 굵기로 분쇄되도록 조정해야 한다.
④ 도저에 있는 분쇄커피를 호퍼에 넣으면 그라인더 날이 망가질 수 있다.
⑤ 분쇄된 커피 가루가 일정하지 않을 땐 칼날을 교체해야 한다.

15. 다음 중 최초의 상업용 에스프레소 머신 이름은?

① Pavoni Crema Caffe Machine　　② Gaggia Crema Caffe Machine
③ Tipo Gigante　　　　　　　　　④ Crema gigante
⑤ Bezzera Caffe Machine

16. 다음은 'Back Pressure' 기능에 대한 설명이다. ( ) 안에 들어갈 단어가 바르게 짝지어진 것은?

> (㉠) 부분을 청소하고 남은 잔여물이나 가는 입자의 분쇄된 커피를 추출할 때 추출수가 다 나오지 못하고 역류하여 보일러에 들어가는 일이 없도록 (㉡)에 버려지도록 하는 기능이다.

① ㉠ - 그룹헤드(Group head), ㉡ - 넉 박스(Knox box)
② ㉠ - 포터필터(Portafilter), ㉡ - 드레인 박스(Drain box)
③ ㉠ - 그룹헤드(Group head), ㉡ - 드레인 박스(Drain box)
④ ㉠ - 그룹밸브(Group valve), ㉡ - 넉 박스(Knox box)
⑤ ㉠ - 그룹밸브(Group valve), ㉡ - 드레인 박스(Drain box)

17. 다음 중 커피 그라인더(Coffee Grinder)의 유지관리에 대한 설명으로 옳은 것은?

① 도저는 항상 물로 씻어 커피 기름의 오염으로부터 청결을 유지한다.
② 커피 그라인더의 본체는 물에 민감하므로 마른 행주로만 닦아야 한다.
③ 커피 그라인더의 칼날 청소는 그라인더 칼날 하우징을 분리한 후 젖은 솔로 청소한다.
④ 청소 시 칼날의 상태를 확인하여 필요 정도에 따라 교체한다.
⑤ 호퍼는 물청소가 불가능하다.

18. 다음 중 진공밸브(Vacuum Valve)에 관한 설명으로 옳은 것은?

① 보일러의 아래 부분에 위치한다.
② 보일러에 스팀이 가득 차 있을 경우 꼭지 부분이 내려간다.
③ 보일러의 압력이 비정상적으로 높아지면 자동으로 배출하는 역할이다.
④ 청소가 불가능하며 오작동 시 교체해야 한다.
⑤ 스팀을 사용 후 보일러 안쪽으로 스팀이 빨려 들어가는 경우를 막기 위한 장치이다.

19. 다음 중 에스프레소 머신의 모든 전선이 한곳으로 모이는 부분이며, 전반적인 전자/전기를 제어하는 장치의 이름은?

① Thermostat
② Computer Controller
③ Autofill System
④ Flow meter
⑤ Solenoid Valve

20. 다음 중 에스프레소 머신의 고장에 대한 해결방법으로 틀린 것을 고르시오.

① 오염된 물이 에스프레소 기계 밑으로 새어 나옴 – 드레인 박스 및 라인을 청소
② 에스프레소 추출 시 포터필터 주변 누수 – 그룹헤드 가스켓 교체
③ 스팀이 새는 현상 – 스팀밸브 가스켓을 교체
④ 버튼을 눌러도 추출이 되지 않음 – 디퓨져 스크린을 청소해주고 필요 시 교체
⑤ 추출 시 물의 압력이 너무 높을 때 – 솔레노이드 밸브를 확인하고 필요 시 교체

21. 다음 중 포터필터의 구성 부품으로 옳지 않은 것은?

① Porta Filter Basket
② Spout
③ Gasket
④ Porta Filter Spring
⑤ Handled

22. 다음 중 에스프레소 머신의 종류와 특성이 틀리게 짝지어진 것은?
 ① 수동식 머신은 사람의 힘에 의해 피스톤을 작동하여 추출하는 방식의 머신이다.
 ② 반자동 머신은 플로우 미터(flow meter)가 없어 일일이 추출 버튼을 작동시켜 추출량을 조절해야 한다.
 ③ 자동 머신은 추출량을 자동으로 세팅할 수 있다.
 ④ 자동 머신은 그라인더가 내장되어 있다.
 ⑤ 완전자동 머신은 별도의 탬핑 작업 없이 버튼 작동만으로 추출이 가능하다.

23. 다음 중 보일러에 대한 설명으로 옳지 않은 것은?
 ① 커피머신의 보일러는 전기히터에 의해 물을 가열한다.
 ② 전기히터로 물을 데워 온수와 스팀을 만드는 역할을 한다.
 ③ 커피머신 보일러 재질은 대부분 동으로 제작되어 있다.
 ④ 보일러의 추출 압력은 1.2~1.4bar을 유지해야 한다.
 ⑤ 동 재질은 만들기가 편해서 공임비가 저렴하고 열전도율이 높으나 수명이 짧다.

24. 다음 중 보일러 형식에 따른 장·단점을 바르게 짝지은 것은?
 ① 일체형 보일러는 독립형 보일러에 비해 내부에 스케일이 더 많이 낀다.
 ② 독립형 보일러는 일체형 보일러에 비해 전력 소비가 낮은 편이다.
 ③ 일체형 보일러는 추출수 온도를 자유로이 조절할 수 있다.
 ④ 독립형 보일러는 연속 추출을 할 경우에도 안정적인 맛을 내기 용이하다.
 ⑤ 독립형 보일러는 일체형 보일러에 비해 가격이 저렴하다.

25. 다음 중 압력 게이지에 대한 설명으로 옳지 않은 것은?
 ① 추출수 압력과 스팀 보일러 압력을 표시한다.
 ② 과압력이 발생하여 보일러 안전밸브가 열리는 것을 게이지를 통하여 알 수 있다.
 ③ 추출수 압력 게이지의 범위는 0~16bar까지 표시되어 있다.
 ④ 추출수 압력 게이지는 펌프 모터에서 발생된 압력을 나타낸다.
 ⑤ 스팀 압력 게이지의 범위는 일반적으로 0~10bar까지 표시되어 있다.

26. 다음 중 에스프레소 머신 구조 중 외부에 위치해 있는 장치가 아닌 것은?
① Group head
② Hot water nozzle
③ Steam wand
④ Solenoid valve
⑤ Drip tray

27. 다음 중 그룹헤드(Group Head)에 대한 설명으로 옳지 않은 것은?
① 포터필터를 결합시키는 부분을 말한다.
② 그룹의 두께가 얇고 가벼울수록 그룹 내부 물의 온도가 급속히 떨어지거나 올라가는 것을 막을 수 있다.
③ 분쇄된 커피가 바로 접촉되는 부분이므로 청결 유지가 절대적으로 필요하다.
④ 스테인리스 재질로 강한 열과 심한 냉동에도 견딜 수 있게 설계되어 있다.
⑤ 온도 유지를 위해 예열 시스템(Pre-heating)을 갖추고 있다.

28. 다음 중 그라인더 날(Grinder burr)의 설명으로 바른 것은?
① 원뿔형(Conical burr)은 회전수가 많아 열발생이 높다.
② 평면형(Flat burr)은 순간 회전 속도가 빠르다.
③ 평면형(Flat burr)은 원뿔형보다 그라인더 교체 주기가 길다.
④ 원뿔형(Conical burr)은 사용시간 2배 이상의 휴식시간을 가져야 한다.
⑤ 원뿔형(Conical burr)은 평면형에 비해 순간 갈리는 양이 많다.

29. 다음 그림의 부품이 고장났을 경우 일어나는 현상으로 옳은 것은?
① 에스프레소 추출 시 물 양의 조절에 문제가 발생한다.
② 보일러에 물이 채워지지 않는다.
③ 스팀노즐 사용 전후, 우유가 스팀노즐 안쪽으로 빨려 들어간다.
④ 추출수의 온도가 낮아진다.
⑤ 버튼을 눌러도 추출되지 않는다.

30. 증기압을 이용하여 커피를 추출하는 에스프레소 머신의 특허를 출원한 Bezzera는 어느 나라 사람인가?
① 영국
② 프랑스
③ 이탈리아
④ 독일
⑤ 스위스

31. Bezzera가 에스프레소 머신의 특허를 출원한 시기는?

① 1901년　　② 1910년　　③ 1920년
④ 1930년　　⑤ 1940년

32. Luigi Bezzera의 기계 특허권을 인수하여 에스프레소 머신의 적정 추출수 압력과 물의 온도를 발견한 사람은?

① Cremonesi　　② Pavoni　　③ Linne
④ Gaggia　　⑤ Bambi

33. 9기압 이상의 압력에서 추출된 커피에서 크레마(Crema)를 발견한 사람은?

① Cremonesi　　② Pavoni　　③ Valente
④ Gaggia　　⑤ Bezzera

34. 1947년 최초로 워터펌프를 이용한 피스톤 방식의 에스프레소 머신을 제조한 사람은?

① Bezzera　　② Bambi　　③ Pavoni
④ Cremonesi　　⑤ Gaggia

35. 에스프레소 머신에 정수기를 사용하는 이유로 옳지 않은 것은?

① 수돗물에 함유된 염소 성분이 커피 본연의 맛을 파괴한다.
② 정수기를 사용해 필요 없는 맛과 냄새를 제거한다.
③ 이물질을 걸러내어 물의 원활한 흐름을 유지하고 기계 고장을 방지한다.
④ 칼슘과 마그네슘 등의 성분을 걸러낸다.
⑤ 신선하고 맛이 좋은 물을 사용하기 위해서이다.

36. 에스프레소 머신에 공급되는 전압이 높을 때 일어나는 현상으로 틀린 것은?

① 보일러의 히팅 시간이 길어진다.　　② 기계 내부 펌프의 망실 우려가 있다.
③ 누전현상이 일어난다.　　④ 전자밸브의 망실 우려가 있다.
⑤ 컴퓨터 회로기판의 망실 우려가 있다.

37. 워터펌프(Water pump)의 기능으로 옳은 것을 모두 고르시오.

ㄱ. 보일러에 물을 보충시켜준다.
ㄴ. 추출수 양을 조절한다.
ㄷ. 추출 시 물의 압력을 조절하는 장치가 장착되어 있다.
ㄹ. 물의 흐름을 통제한다.

① ㄱ   ② ㄴ, ㄷ   ③ ㄱ, ㄷ
④ ㄴ, ㄹ   ⑤ ㄱ, ㄴ, ㄷ, ㄹ

38. 다음 ( ) 안에 들어갈 말로 옳은 것은?

펌프는 물의 상태에 따라 부품의 손상에 영향을 주기 때문에 펌프의 유지 관리에는 (   )의 관리가 매우 중요하다.

① 수도관   ② 수도밸브   ③ 정수필터
④ 연수기   ⑤ 압력조절밸브

39. 독립형 보일러의 장점으로 옳은 것을 모두 고르시오.

ㄱ. 온도의 안정성   ㄴ. 낮은 전력 소비
ㄷ. 가격 저렴   ㄹ. 추출수 온도의 자유로운 조절

① ㄱ, ㄴ   ② ㄱ, ㄹ   ③ ㄴ, ㄷ
④ ㄷ, ㄹ   ⑤ ㄹ

40. 다음 중 일체형 보일러에 대한 설명으로 옳지 않은 것은?

① 열교환 방식의 2중 구조의 보일러이다.
② 간접열을 이용하여 물의 온도를 유지시킨다.
③ 추출수 온도가 떨어질 수 있다는 단점이 있다.
④ 가격이 저렴하다.
⑤ 전력소비가 높다.

41. 다음 그림의 그라인더 날의 특징으로 옳은 것은?

① 열발생이 적어 커피의 향과 맛을 유지시키는데 유리하다.
② 매우 빠른 속도로 회전한다.
③ 같은 시간 분쇄할 수 있는 커피의 양이 평면날에 비해 상대적으로 적다.
④ 분쇄의 굵기는 균일한 편이다.
⑤ 칼날의 교환 주기가 짧은 편이다.

42. 다음 ( ) 안에 들어갈 숫자로 옳은 것은?

> 그라인더의 칼날은 매일 사용하는 것을 기준으로 하루 사용량이 1.5kg의 커피는 (㉠)에, 2~3kg의 커피는 (㉡)에, 4~6kg의 커피는 (㉢)에 칼날의 교체가 필요하다.

① ㉠ - 6개월　㉡ - 3개월　㉢ - 1개월
② ㉠ - 1년　　㉡ - 6~7개월　㉢ - 3~4개월
③ ㉠ - 2년　　㉡ - 10~12개월　㉢ - 6~7개월
④ ㉠ - 2년　　㉡ - 1년　　㉢ - 6~7개월
⑤ ㉠ - 1년　　㉡ - 5~6개월　㉢ - 1개월

43. 플로우미터(Flow meter) 설명 중 올바르지 않은 것은?
① 에스프레소를 추출할 때 미리 추출액량을 설정할 수 있다
② 에스프레소 양을 추출하기 위한 물량을 제어하는 유량계이다.
③ 플로우미터 내부에는 물이 들어오고 나가는 두 홀이 있다
④ 플로우미터는 그룹 수와 상관 없이 하나가 장착되며, 고장 시 설정된 에스프레소 양의 변동이 있다.
⑤ 플로우미터 내부에 설치된 임펠라를 회전시켜 그 회전수를 메인 보드에서 카운트 해 물량을 인식한다.

44. 자동추출 버튼을 눌렀을 때 커피의 추출량이 일정하지 않다면 어떤 장치의 고장인가?

① Water pump ② Flow meter ③ Gasket
④ Group head ⑤ Steam nozzle

45. 장치의 끝 부분에 금속재질의 센서가 부착되어 있으며, 이 센서로 물의 양을 조절하는 역할을 하는 장치는?

① Safety valve ② Flow meter ③ Group head
④ Group valve ⑤ Autofill system

46. 온수와 스팀 보일러의 물의 양이 자동제어되지 않는다면 살펴봐야 할 곳을 모두 고르시오.

| ㉠ Group valves | ㉡ Computer controller | ㉢ Autofill system |
| ㉣ Boiler | ㉤ Drain box | |

① ㉠, ㉡, ㉢   ② ㉡, ㉢   ③ ㉢, ㉣
④ ㉠, ㉢, ㉤   ⑤ ㉡, ㉢, ㉣, ㉤

47. 'Back pressure' 기능이 있는 장치로 옳은 것은?

① Flow meter ② Brewing pad ③ Solenoid valve
④ Autofill system ⑤ Vacuum valve

정답

1.②	2.①	3.③	4.⑤	5.⑤	6.⑤	7.②	8.②	9.⑤	10.①
11.①	12.③	13.⑤	14.②	15.②	16.③	17.④	18.⑤	19.②	20.⑤
21.③	22.④	23.③	24.④	25.⑤	26.④	27.②	28.②	29.①	30.③
31.①	32.②	33.④	34.⑤	35.④	36.①	37.③	38.③	39.②	40.⑤
41.①	42.②	43.④	44.②	45.⑤	46.②	47.③			

06
식품의 안전성에 대하여

커피
바리스타
이론과 문제

06 NCS 기반 식품의 안전성에 대하여

식품의 안전성에 관하여
Food safety

2016년 숭실대 경영대학원 특강 황대호

목차

- 식품의 정의
- 식품 위해 요소
- 식품 안전성 관리 제도
- 식품 안전의 향후
- 부록(1, 2)

食品

창자가 세계를 지배한다. <파브르>
빵만 있다면 웬만한 슬픔은 견딜 수가 있다. <세르반테스>
굶주림은 날카로운 가시보다 더 예민하다. <헬더>
밥주머니가 텅 비어서는 우수한 정치가가 될 수 없다. <아인슈타인>
남자란 대체로 자기 아내가 그리스어를 지껄이고 있는 것보다
자기 식탁에 맛있는 요리를 놓아주는 것을 더 좋아한다. <새뮤얼 존슨>

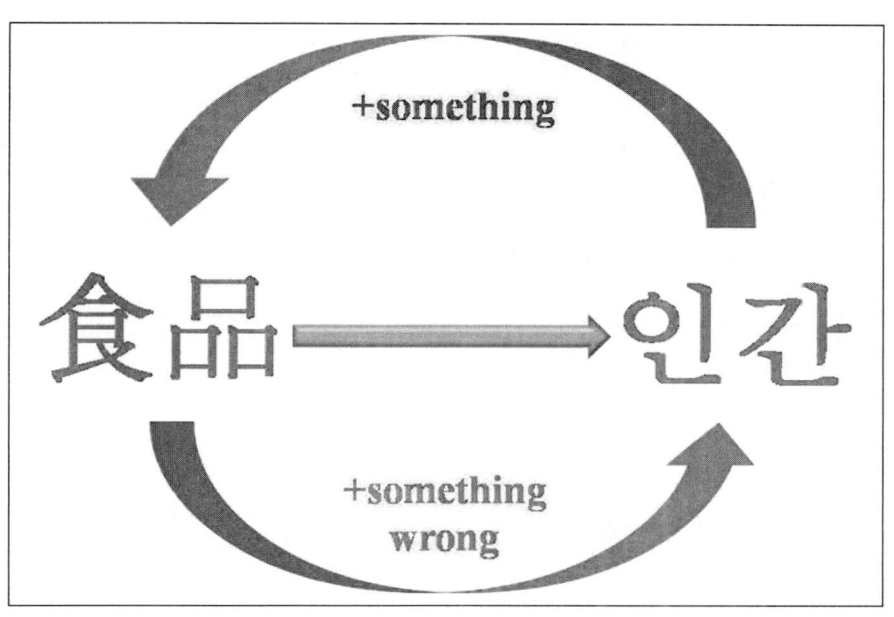

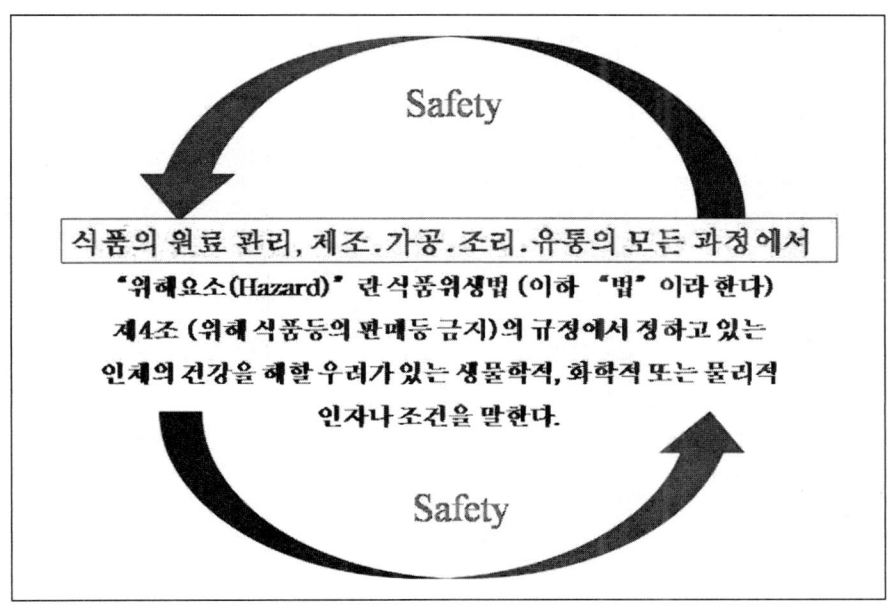

식품 위해 요인의 증가

수입쇠기름 유해성 파동(1989)
고름우유논쟁(1995)
화학간장의 발암물질 파동, 불량 식용 돈지 유통, 쓰레기 만두 파동(1996)
영국산 쇠고기 광우병 파동(1996)
미국산 수입 쇠고기에서 병원성 대장균(O-157:H7)과
식중독의 원인이 되는 리스테리아균 검출(1997)
중국산 납 꽃게 파동(1999)
국내 구제역 발생, 유전자 변형식품(GMO)유해성 여부(2000)

식품의약품안전처
MINISTRY OF FOOD AND DRUG SAFETY

식품·의약품의 안전관리체계를 구축·운영하여 국민이 안전하고 건강한 삶을 영위할 수 있도록 하고자 설립(1998))

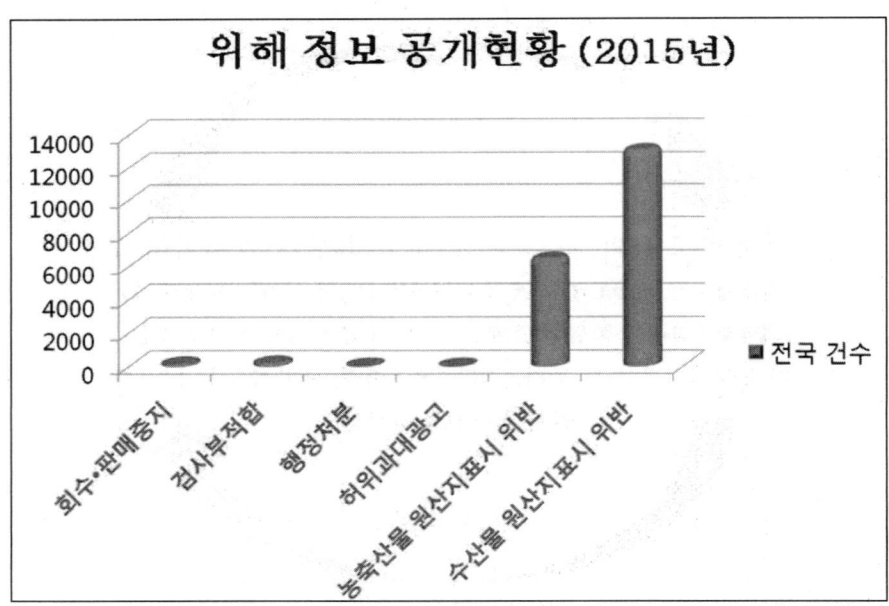

회수·판매 중지

1. 세균수, 대장균군 양성 또는 초과
2. 식품조사처리기준위반 원료 사용
3. 이산화황 기준초과
4. 염소산이온 초과
5. 벤조피렌 초과
6. 클로스트리디움 퍼프린젠스 초과
7. 3-MCPD(3-Monochloropropane-1,2-diol) 초과
8. 총 아플라톡신 기준 초과
9. 오크라톡신A 초과 검출
10. 자가품질 결과 프락토올리고당 함량 미달
11. 보존료 검출
12. 금속성이물(쇳가루) 초과
13. 유리조각 이물 혼입
14. 철수세미 이물 혼입
15. 유통기한 경과 원료 사용
16. 유통기한 변조, 미표시, 품목제조 보고한 내용보다 초과하여 유통기한 표시
17. 영업등록을 하지 않고 식품 제조 등등

검사부적합 (국내)

1. 대장균 양성 또는 기준 초과
2. 세균수 초과
3. 살모넬라 검출
4. 클로르피리포스 기준초과
5. 다이지논 초과
6. 포르사이미돈 초과
7. 페니트로티온 초과
8. 페니클로스트로 검출
9. 엔도설판 초과
10. 유니코나졸 검출
11. 비펜트린 초과
12. 염소산이온 초과
13. 프로사이미돈 초과
14. 이프로디온 초과
15. 에토프로포스 초과
16. 금속성 이물 등등

검사부적합 (국외)

1. 세균 및 대장균 검출
2. 함량미달 및 불검출
3. 이산화황 검출
4. 합성보존료(소르빈산) 검출 및 기준초과, 부적합 보존료 검출 및 기준초과
5. 식용색소적색 제102호 검출
6. 타르색소 검출
7. 안식향산 검출
8. 수출국 표시 및 유통기한 임의 연장
9. 금속성 이물 검출
10. 안티몬 검출
11. 프로피온산 검출
12. 일차방향족아민 부적합
13. 잔류농약 검출 등등

행정처분

1. 14년 식품위생교육 미이수
2. 품질관리인 교육 미필
3. 세균수 기준규격 초과 수입판매
4. 우수건강기능식품제조기준 적용업소로 지정받지 아니한 업소에 제품생산을 위탁하여 제조
5. 자가품질검사 전항목미실시
6. 이물 혼합된 수입판매
7. 원료성분함량 변경 미신고
8. 잔류농약허용 기준 초과
9. 허가받은 소재지에서 시설 및 영업소 없음
10. 정당한 사유없이 6개월이상 휴업 등등

식중독의 분류

원인물질에 따라
1. 미생물 식중독
2. 화학적 식중독
3. 자연독 식중독

1) 감염형 – 병원성 대장균, 리스테리아 모노사이토제네스, 살모넬라균, 장염비브리오균, 바실러스 세레우스, 여시니아 엔테로코리티카, 캠필로박터 제주니
2) 독소형 – 클로스트리디움 퍼프린젠스, 황색 포도상구균, 클로스트리디움 보튤리늄
3) 바이러스성 식중독 – 노로바이러스, A형 간염 바이러스, 로타 바이러스, 아스트로바이러스

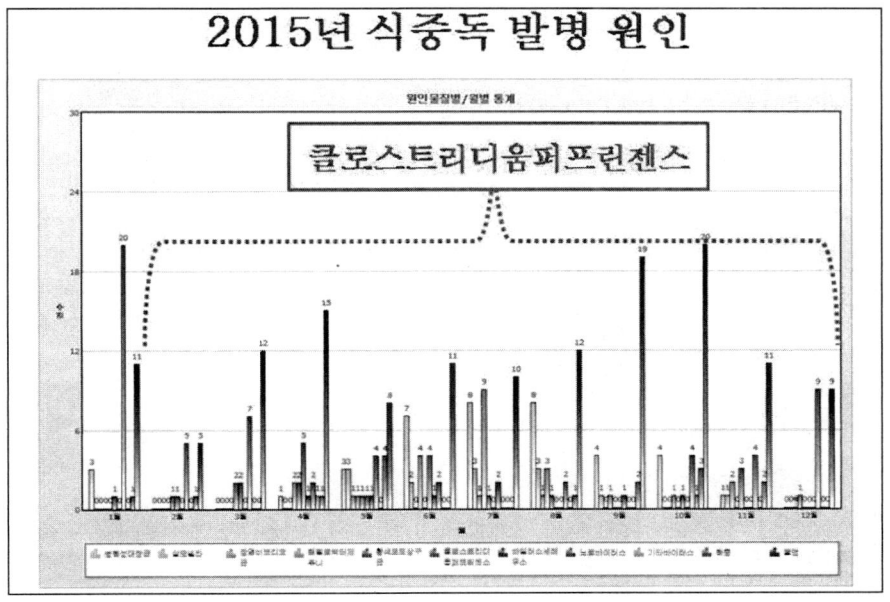

2015년 식중독 발병 원인

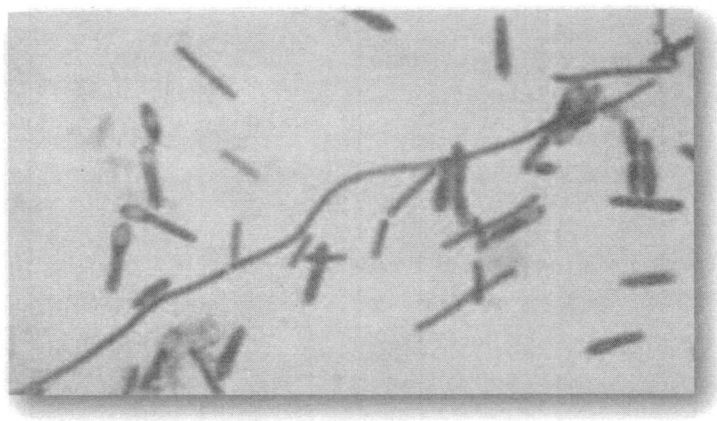

클로스트리디움퍼프린젠스
(Clostridium perfringens)

병원성대장균
(Pathogenic Escherichia coli)

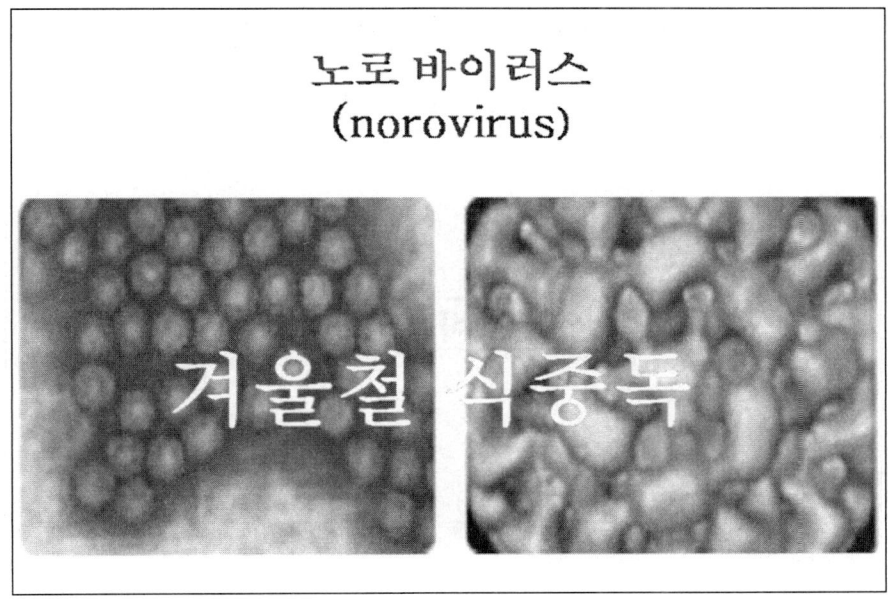

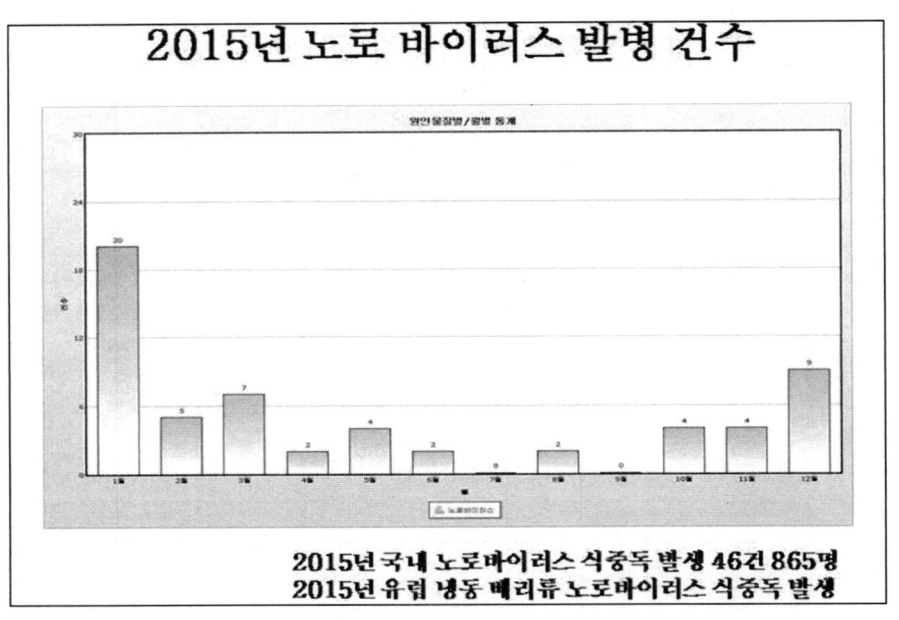

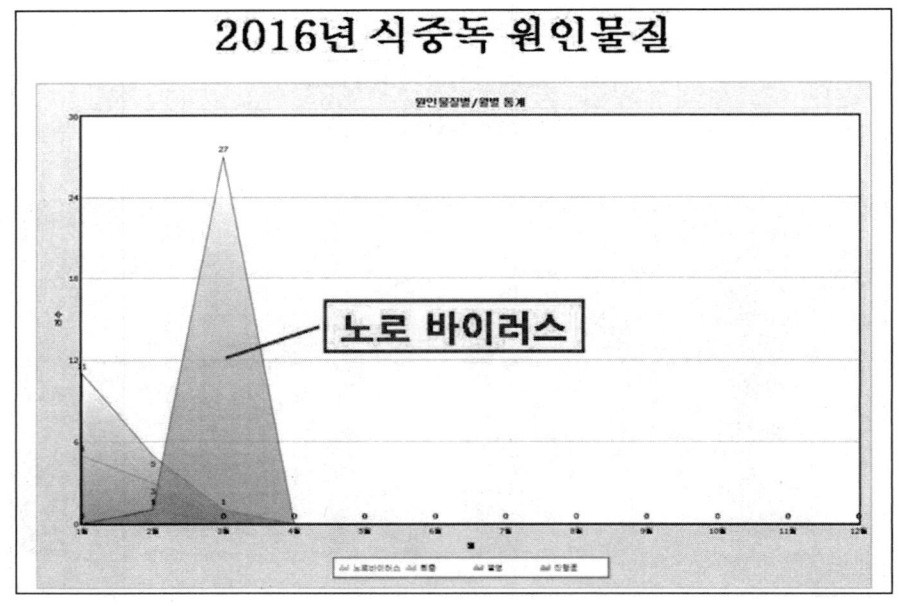

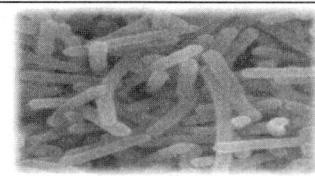

리스테리아 모노사이토제네스
(Listeria monocygenes)

황색포도상구균
(Staphylococcus aureus)

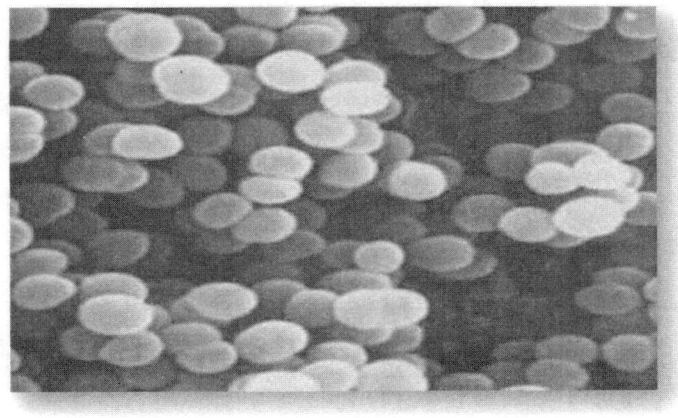

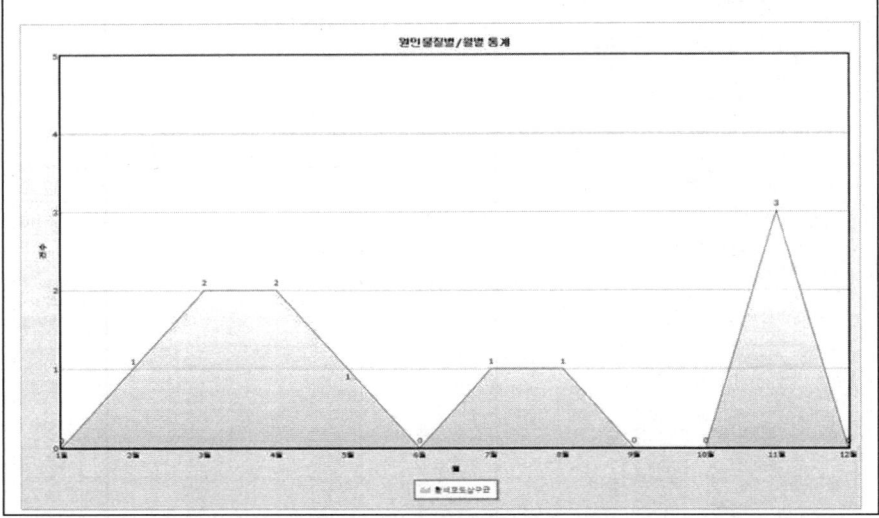

식중독 예방법

1. 충분히 가열하기
2. 음식점이나 집단급식소 등은 야채, 과일 등 농산물도 살균·소독 후 사용하기
3. 일반적으로 병원성 대장균 및 노로바이러스 등 식중독균은 잔류염소 농도 0.5ppm에서 1분 이상 처리하면 사멸되므로 샐러드나 배추 등 가열조리 없이 섭취하는 농산물은 소독액에 5분간 담근 후 수돗물로 충분히 세척하기
4. 식육, 수산물 및 조개류는 상하기 쉽고 실온에서 2시간 이상 방치할 경우 식중독 발생 우려가 크므로 85℃에서 1분 이상 충분히 익히기
5. 식중독 예방 3대 요령인 손 씻기, 익혀먹기, 끓여먹기

부록(1) 식품만 안전하면 되나요?

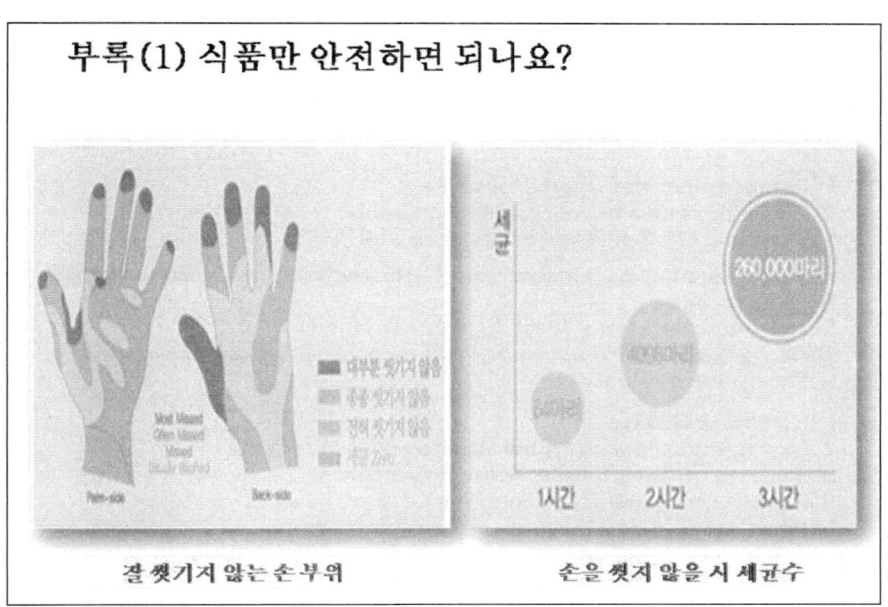

잘 씻기지 않는 손부위 / 손을 씻지 않을 시 세균수

식품만 안전하면 될까요? (1)

식품만 안전하면 될까요? (1)

1. Remove any rings or other jewelry.
2. Use water and wet your hands thoroughly.
3. Use soap (1-3 mL) and lather very well.
4. Scrub your hands, between your fingers, wrists, and forearms with soap for 15 seconds.
Scrub your hands for at least 20 seconds. Need a timer? Hum the *"Happy Birthday" song from beginning to end twice* (Centers for Disease Control and Prevention)
5. Scrub under your nails.
6. Rinse thoroughly.
7. Dry your hands with a single use towel or air dryer.
8. Turn off the taps/faucets with a paper towel.
9. Protect your hands from touching dirty surfaces as you leave the bathroom. (Canadian Centre for Occupational Health and Safety)

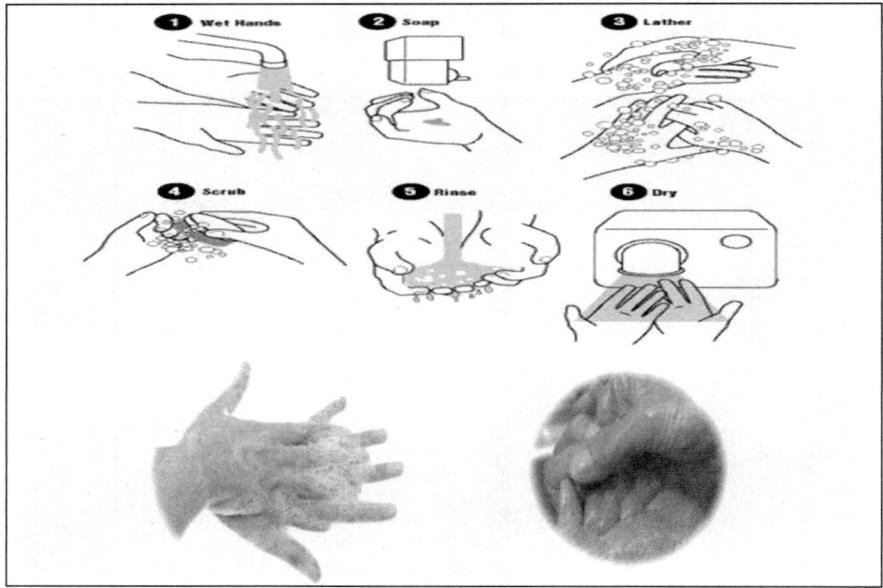

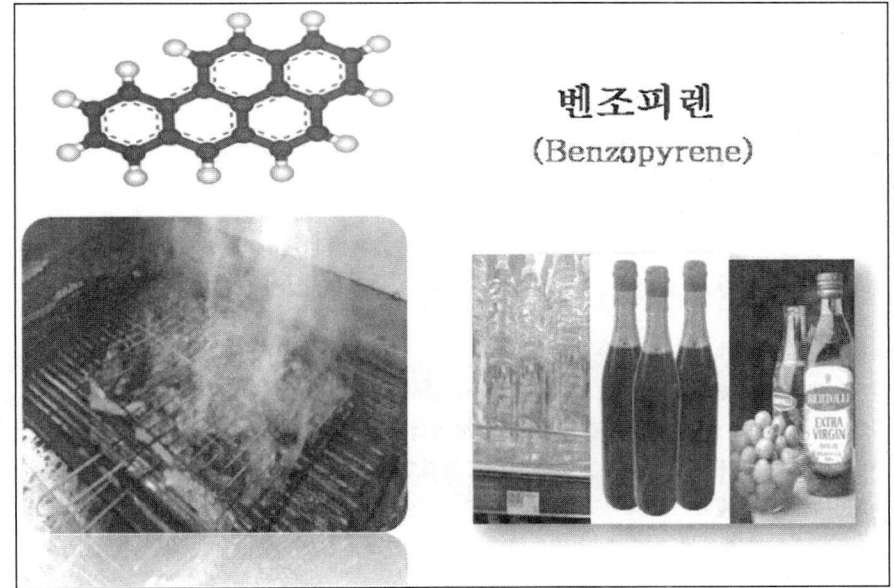

식품 안전성 관리 제도

HACCP system
위해 요소 중점 관리 기준
(Hazard Analysis and Critical Control Points)

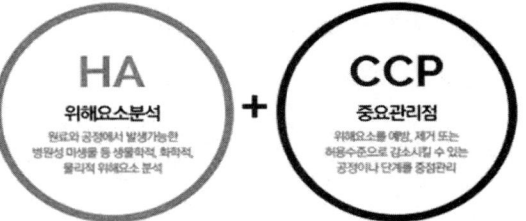

HA 위해요소분석
원료와 공정에서 발생가능한 병원성 미생물 등 생물학적, 화학적, 물리적 위해요소 분석

+

CCP 중요관리점
위해요소를 예방, 제거 또는 허용수준으로 감소시킬 수 있는 공정이나 단계를 중점관리

식품 안전성 관리 제도

회수제도(Recall System)
판매목적의 식품 등을 제조·수입한 영업자가 식품위생상 위해가 발생하였거나 발생우려가 있다고 인정할 때에는 그 사실을 국민에 알리고 유통 중인 식품을 회수하는 제도
사전적 피해구제/기업의 손해배상부담 경감

추적관리제도(Traceability System)
위험의 존재를 전제로 위해의 발생에 대한 사전대응, 즉 위험관리방법으로서 생산부터 유통까지의 이력정보를 축적하여 제공하는 수단으로 주목되는 것이 추적관리제도
예) 프랑스의 광우병 감염 소고기만 회수

제조물 책임제도(Product Liability)
사전규제방식인 회수제도와 병행하여 제품의 결함으로 피해를 입은 소비자를 사후적으로 보호하기 위하여 시행되는 제도
현행법상 제품의 결함으로 피해를 입었다는 사실만 입증하여도 손해배상 받음
제조물 배상책임보험 등과 같이 기업의 부담을 분산시킬 수 있는 제도도 정착시킬 필요가 있음

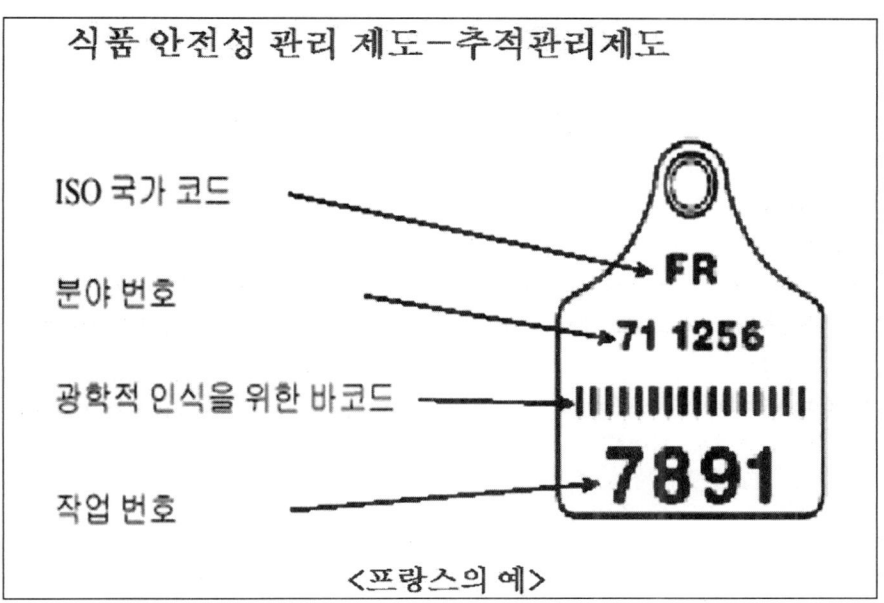

식품 안전성 관리 제도 - 추적관리제도

- ISO 국가 코드 → FR
- 분야 번호 → 71 1256
- 광학적 인식을 위한 바코드
- 작업 번호 → 7891

<프랑스의 예>

식품 안전성 관리 제도

생산이력제도 (Product Liability)
각 단계에서 생산기록을 작성하고, 기록된 내용을 바코드나 IC카드, 인터넷 등을 통하여 검색할 수 있는 체계
1차 생산이라는 제한적인 범위에서 적용

농산물은 품목 및 품종, 생산자정보, 주소, 전화번호, 농장정보, 재배방법구분, 시비내용, 방제내용, 작부내용

축산물은 출생 연월일, 품종, 암수 및 거세여부, 종빈·종모정보, 사료정보, 병력 및 접종내역, 사육방법, 축사정보, 생산자정보, 도축장까지의 출하방법, 분뇨처리방법 등을 기록하거나, 바코드 또는 IC칩 등을 이용한 이표를 통하여 사육에 관련된 정보들을 통합정보화

우수농산물관리제도(GAP)
농산물의 안전성을 확보하기 위하여 농산물의 생산단계부터 수확 후 포장단계까지 토양·수질 등의 농업환경 및 농산물에 잔류할 수 있는 농약·중금속 또는 유해생물 등의 위해요소를 관리하는 기준

자연환경에 대한 위해요인을 최소화하고, 소비자에게 안전한 농산물을 제공하기 위하여 농산물의 재배, 수확, 수확후처리, 저장과정 중에 농약·중금속·미생물 등의 관리사항을 소비자가 알 수 있게 하는 체계

생산농가의 경쟁력과 수출 경쟁력 확보

식품 안전성 관리제도의 원칙

HACCP system
회수(Recall System)
제조물책임제도(Product Liability)
추적관리제도(Traceability System)
생산이력제도
(Product Liability)
우수농산물관리제도(GAP)

→

'푸드체인 일관관리원칙'
(Farm to table)
식품안전성 확보를 위해서 식품의 생산단계에서부터 가공, 유통, 소비에 이르는 모든 푸드체인의 식품위해요소가 체계적이고 일관되게 관리되어야 한다.

부록 (2) 종이컵, 페트병 안전한가요?

안전은 작은 번거로움으로부터

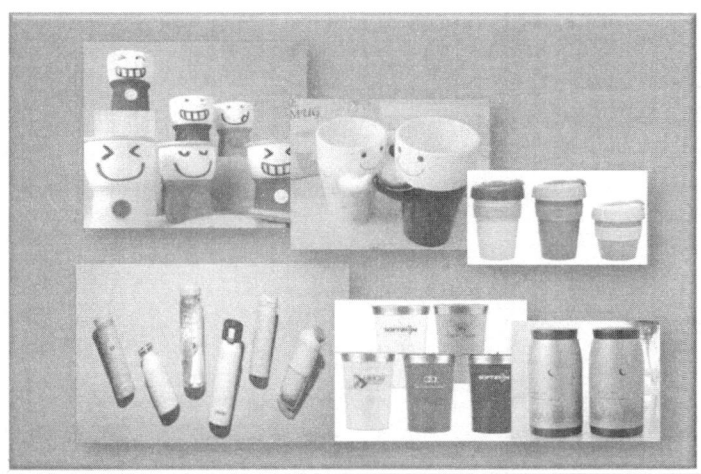

농축산물, 수산물 원산지 표시 위반

『농수산물의 원산지 표시에 관한 법률』 법 제 9조에 따라
2회 이상 원산지를 표시하지 아니하거나
거짓표시한 사람에 대한 1차 시정명령 처분이며,
원산지를 미표시한 사람에 대해서는 과태료 부과,
거짓표시한 사람에 대해서는 수사과정을 거쳐 사법기관에 송치하고
7년 이하의 징역 또는 1억원 이하의 벌금 등 처분을 추가로 부과

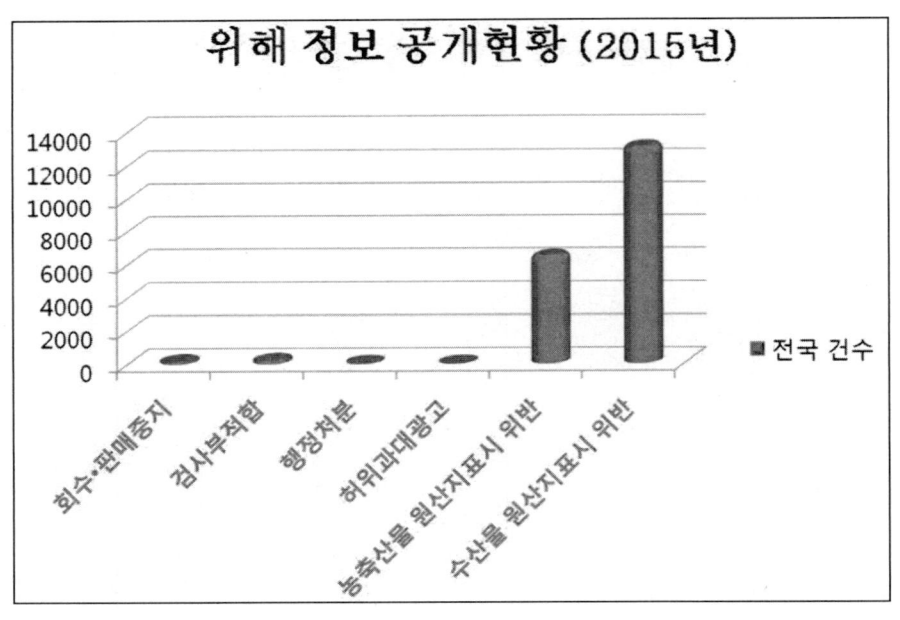

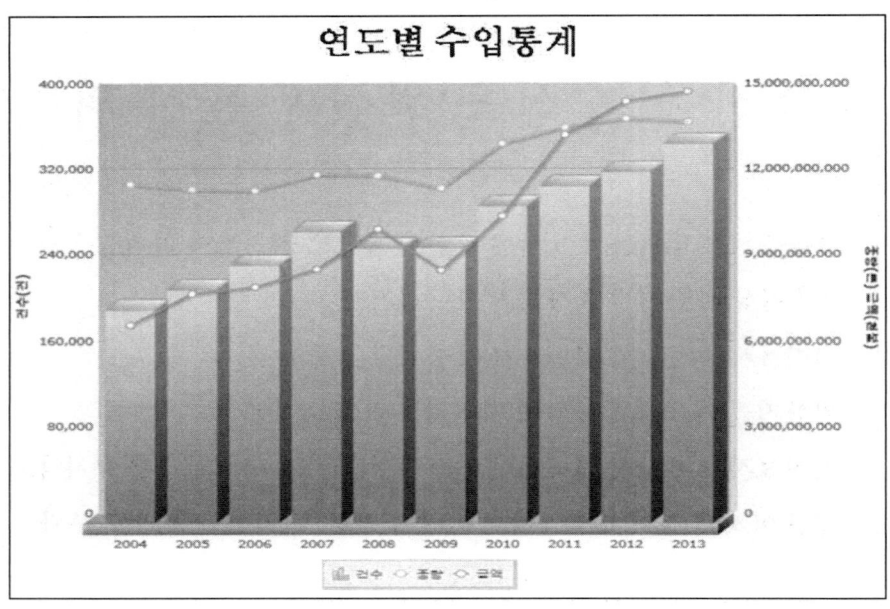

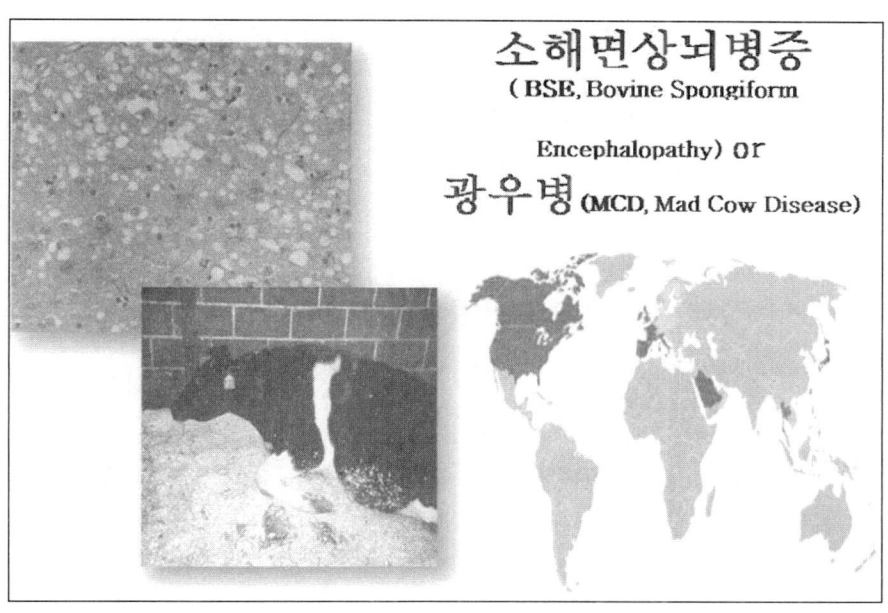

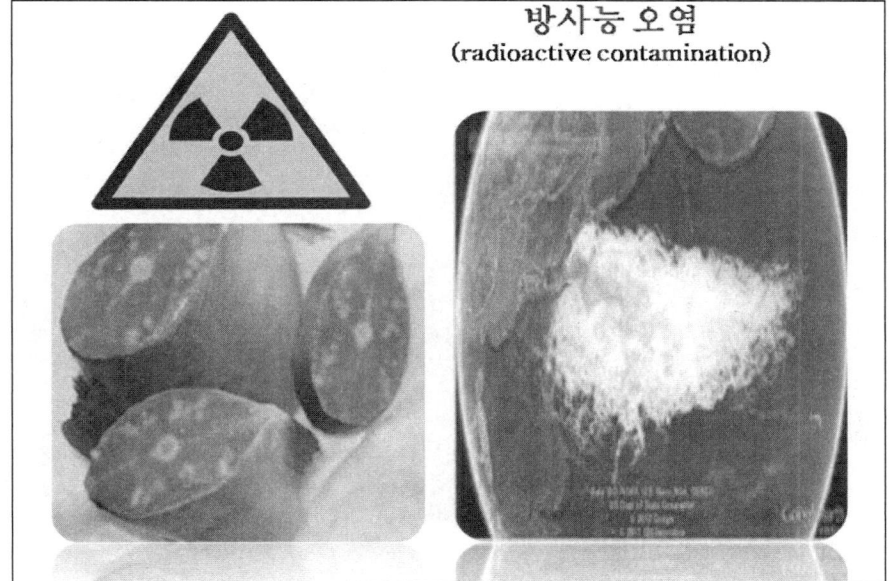

방사능의 영향과 세계 분포 현황

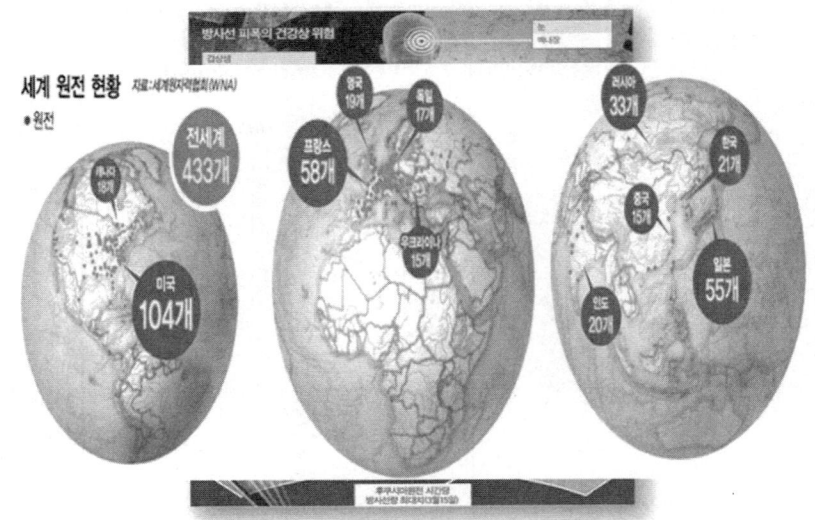

북미 태평양 연안과 우리나라 주변에도 다소 영향을 줄 것으로 예측되었으나, 수치모델 결과 Cs137[1]의 농도는 심각하게 우려할 만한 수준은 아니라고 한다.

후쿠시마 현은 도쿄전력 후쿠시마 제1원자력 발전소 사고 후, 18세 이하 아동, 청소년을 대상으로 현민건강조사 실시했다.

현 검토위원회는 15일, 갑상선암 확진 어린이가 100명을 초과하여 전국 갑상선암 이환율(암이라고 진단된 비율)를 토대로 한 추계가 대폭 상회하는 것으로 미루어 보아 '수십 배에 달하는 갑상선암이 발견'되었다는 중간정리의 최종안을 대략적으로 승인했다.

현 검토위원회는 방사선이 본 조사결과에 미치는 영향에 대해서 부정적인 평가를 하면서도 '현 단계에서 완전히 부정할 수 없다'고 평가했다. (마이니치 신문 2월)

북미 태평양 연안과 우리나라 주변에도 다소 영향을 줄 것으로 예측되었으나, 수치모델결과 Cs137[1]의 농도는 심각하게 우려할 만한 수준은 아니라고 한다.

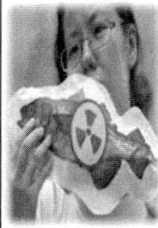

"현재 방사능 오염수의 북태평양상 분포와 농도 등에 대해 수치 모델링한 결과에 근거하여 요약해보면, 일본 태평양 연안의 해양방사능 농도는 후쿠시마 사고 이전 수준(약 1 Bq/㎥내외)으로 거의 회복되었으며, '지하수를 통한 오염'은 최근 동경전력 관측치에서 약 1 Bq/㎥내외로 나타났습니다. 즉, 후쿠시마 주변 해수는 해류에 의한 이동으로 회복되고 있으나, 아직도 후쿠시마 주변해역, 특히 후쿠시마 현재 미야기 현 연안의 해저면은 방사능 물질이 축적된 상태로 남아있어 긴장의 끈을 놓지 않고 지속적으로 동태를 지켜봐야 하는 상황입니다."

― KIOST 해양환경방사능연구센터 김경태 책임연구원 ―

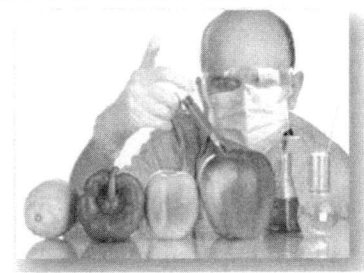

유전자 변형 생물
(GMO: Genetically Modified Organism)

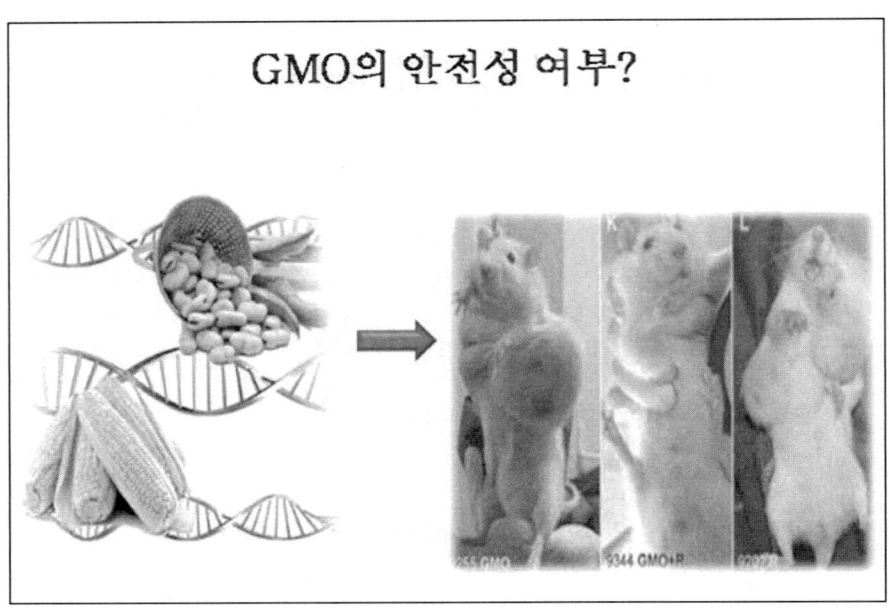

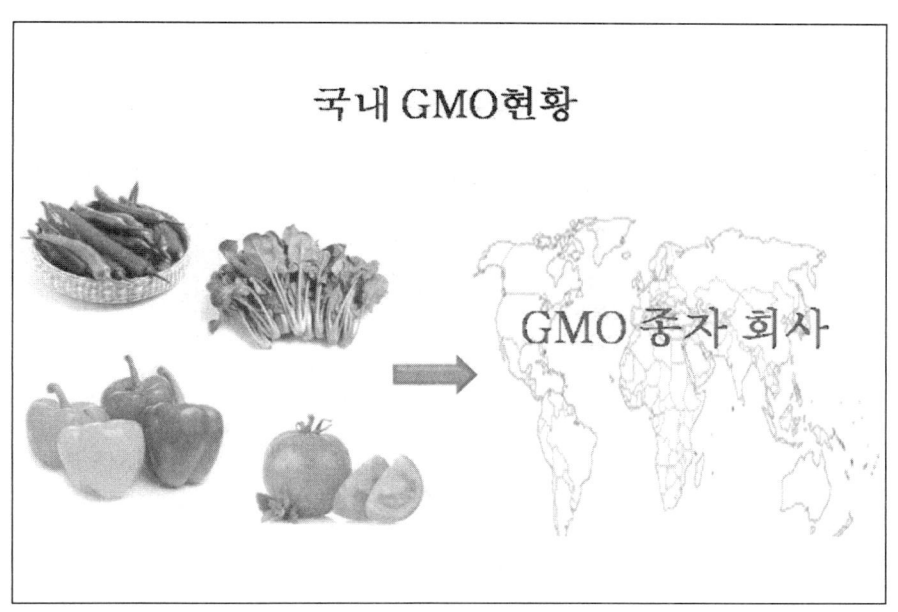

구분	국가 (시행일)	표시기준	표시대상식품
식량 수입국	한국 ('01. 3월)	(의무표시) 유전자변형 원재료를 주요원재료(함량 5순위)로 사용한 식품 중 유전자변형 DNA 또는 외래단백질이 남아 있는 식품 (자율표시) 유전자변형 원재료를 사용하지 않은 식품은 Non-GMO라는 표시가능(비의도적 혼입처 인정하지 않음)	· 승인된 GMO 5종(콩, 옥수수, 면화, 유채, 사탕무)과 이를 원재료로 사용한 가공식품 * 간장, 전분당, 식용유지 등 표시제외
식량 수출국	미국 ('01.1월)	(자율표시) 일반표시기준에 따라 기존 식품과 영양성, 알레르기성 등이 현저하게 차이 나는 경우만 표시	승인된 GM 고올레인산 대두 및 그 대두유
식량 수출국	EU ('97.5월)	(의무표시) 유전자변형 DNA 또는 외래단백질 잔류여부와 관계없이 모두 표시	승인된 GMO 6종(콩, 옥수수, 유채, 면화, 사탕무, 감자)과 이를 원재료로 사용한 모든 식품 * GM 사료를 먹인 가축의 생산물(육류, 우유, 달걀 등)은 표시제외
식량 수출국	중국 ('02.3월)	(의무표시) 유전자변형 DNA 또는 외래단백질 잔류여부와 관계없이 표시	승인된 GMO 5종(콩, 옥수수, 면화, 유채, 토마토)과 이를 원재료로 사용한 17개 가공식품
식량 수출국	호주 ('01.12월)	(의무표시) 유전자변형 원재료량과 관계없이 유전자변형 DNA 또는 외래단백질이 남아 있는 식품 일반식품과 비교하여 기존 특성(영양학적 변화 등)이 변화된 경우 표시	승인된 GMO 8종(콩, 옥수수, 유채, 면화, 사탕무, 감자, 알파파, 쌀)과 이를 원재료로 사용한 모든 식품 * 전분당, 식용유지 등 표시제외

GMO동물식품 허가

농장 연어와 유전자조작 연어의 비교

GM 연어
길이 : 61 cm
무게 : 3 Kg

농장 연어
길이 : 33 cm
무게 : 1.3 Kg

두 고기 모두 18개월령

GM커피의 가능성......

커피 생산량은 이미 줄고 있다?

"가능성은 있다."
엠마 세이지 (월드커피리서치)

CODEX 유전자재조합식품 안전성평가 원칙

1. 공여체와 숙주의 특성, 유전자재조합과정의 특성
2. 새로운 단백질의 발현과 단백질의 독성, 알레르기성
3. 유전자재조합의 이차적인 효과를 포함한 대사에서의 변화
4. 유전자재조합식품으로부터 인간/동물의 장내 미생물로의 유전자 전이 가능성
5. 식품으로서의 유전자재조합식품의 섭취수준

유전자변형식품 표시제도

목적: 「식품위생법」 제18조에 따른 안전성 심사 결과 식용으로 승인된 농수산물과 이를 주요원재료로 제조·가공한 식품에 유전자변형식품임을 의무적으로 표시하도록 함으로써 소비자에게 올바른 정보를 제공하기 위함

현황: 현재 우리나라를 포함하여 EU, 일본, 뉴질랜드 등 전 세계 20여개국이 시행하고 있으며 과학적 검증과 사회적 검증을 병행하여 운영하고 있음

미래식량? or 독?
GMO......
끝나지 않을 이야기......

터미네이터 (terminator) 종자
= F1 (first filial generation) 씨앗

제 1차 식품·의약품 등의 안전기술 진흥 기본계획 확정
(2016-2020, 식품의약품 안전처)

4대 핵심투자전략
1. 국민 체감형 안전기술 개발 강화
   (육류섭취로 인한 발암 가능 유해물질 위해평가, 식중독 고위험 식품군, 세척제, 행굼 보조제 등 성분 시험법 개발)
1. 식품·의약품 안전기술 글로벌 수준 확보 (생산-소비까지)
2. 미래 유망분야 안전기술 선제 대응
3. 연구개발(R&D) 시스템 혁신

식품 안전의 향후……

식품 안전의 선진국을 위한 통합적 노력 필요		
기업	정부	소비자
일관된 안전관리체계	위해평가 시험, 연구, 규제, 지도 및 육성	소비자 참여 프로그램 및 안전교육 실시

07

실기시험 규정

커피 바리스타 이론과 문제

07 실기시험 규정

- 에스프레소 2잔과 카푸치노 2잔을 평가한다.
- 에스프레소 평가 기준
  - 에스프레소 한 잔의 커피 추출량은 25±5ml이다.
  - 에스프레소 커피 추출온도는 88~96℃이다.
  - 에스프레소 추출시간은 25±5초이다.
  - 에스프레소 머신기의 추출 압력은 8~10bar이어야 한다.
  - 에스프레소 잔(데미타세 : Demitasse)은 60~90ml 용량의 도자기 잔에 제공해야 한다.
  - 에스프레소 커피는 스푼, 냅킨, 설탕, 물과 함께 빠르게 제공한다.
- 필터 바스켓의 청결 상태와 물기를 확인한다.
- 필터 바스켓을 그룹헤드에 장착하기 전에 플래싱(Flashing : 기계점검, 찌꺼기 제거, 추출수 온도를 맞추기 위해 한다)을 확인한다.
- 그라인더의 조작 숙련도(분쇄와 담기, 커피의 낭비 정도)
- 탬핑(Tamping) 수평도
- 분쇄한 커피를 담은 후 포터필터의 청결 상태를 확인한다.
- 신속한 포터필터 장착과 추출
- 추출한 에스프레소 크레마는 3ml 정도이어야 한다.
- 추출한 에스프레소 크레마 색은 황금색(Brown with reddish)이어야 한다.

- 추출한 에스프레소의 맛은 신맛과 쓴맛, 풍미, 향 등이 균형 잡힌 맛이어야 한다.
- 크레마의 복원력, 점성, 농도, 밀도, 문양, 채도를 평가한다.
- 카푸치노 커피는 적절한 에스프레소 커피
- 우유 거품의 일관성과 밀도
- 우유 피처의 청결
- 우유의 낭비 정도(50ml 이하)
- 우유 스팀 전/후 스팀노즐의 청결 및 응축수 제거
- 카푸치노 잔 테두리에 크레마 색과 가운데에 흰색의 우유 거품
- 우유의 적정 온도(60~68℃)
- 양쪽 잔에 같은 거품 분배
- 카푸치노 맛의 균형
- 카푸치노 제출 시 스푼, 설탕, 냅킨, 물과 함께 제공한다.
- 카푸치노 잔은 150~180ml의 손잡이가 달린 흰색 도자기 잔이어야 한다.
- 바리스타 2급 실기시험은 준비시간 5분, 조리시간 10분, 정리시간 5분이다.
- 바리스타 2급은 준비시간 5분 안에 기계점검, 예비추출, 잔예열, 조리를 위한 청소과정이 있다.
- 바리스타 2급은 조리시간 10분 안에 에스프레소 2잔과 카푸치노 2잔을 조리하여 제공한다.

실기시험 규정 필기예상문제

1. 다음 중 실기시험에서 조리하는 커피의 종류로 옳은 것은?
  ① 카페라떼 ② 아메리카노 ③ 카페 에스프레소
  ④ 카페 마끼야또 ⑤ 카페 모카

2. 다음 중 실기시험에서 카페 카푸치노의 맛 평가 기준으로 바르지 않은 것은?
  ① 에스프레소를 기본으로 하여 우유와 거품이 조화롭게 혼합되어 제공되어야 한다.
  ② 에스프레소와 우유의 맛 사이의 균형과 부드러움이 중요하다.
  ③ 바로 마실 수 있는 온도로 제공되어야 한다.
  ④ 카푸치노의 이상적인 온도는 65℃이다.
  ⑤ 카푸치노를 마셨을 때 우유 맛이 강하게 나야 한다.

3. 다음 중 실기시험 시 조리된 음료와 함께 나가는 부재료로 옳지 않은 것은?
  ① 설탕 ② 스푼 ③ 냅킨
  ④ 물 ⑤ 시나몬가루

4. 다음 중 카페 카푸치노의 조리에 사용되는 스팀피처에 관한 설명으로 옳지 않은 것은?
  ① 조리가 끝난 후 우유 스팀피처는 비어 있거나 소량의 우유만 남아 있어야 한다.
  ② 사용한 피처의 외부가 깨끗하여야 한다.
  ③ 카페 카푸치노 조리를 위한 피처는 안에 물기가 없어야 한다.
  ④ 준비시간 동안에 우유를 미리 부어놓아야 한다.
  ⑤ 씻지 않고 연속으로 사용해서는 안 된다.

5. 다음 중 잘 만들어진 카페 카푸치노에서 느낄 수 있는 맛으로 옳지 않은 것은?
  ① 진한 커피의 맛 ② 우유의 고소한 맛과 단맛
  ③ 우유 거품의 부드러움 ④ 커피와 우유의 균형 잡힌 맛
  ⑤ 커피의 진한 향과 강한 우유 맛

6. 다음 중 에스프레소의 크레마 생성과 관련된 요소로 옳은 것을 모두 고르시오.

| 가. 블렌딩 | 나. 로스팅 | 다. 분쇄 |
| 라. 추출시간 | 마. 추출압력 | |

① 가, 나, 다 ② 가, 나, 다, 라 ③ 가, 나, 다, 마
④ 가, 나, 라, 마 ⑤ 가, 나, 다, 라, 마

7. 다음 중 크레마(Crema)에 대한 설명으로 바르지 않은 것을 고르시오.
① 크레마의 색으로 과잉추출과 과소추출 여부를 알 수 있다.
② 크레마의 색이 너무 옅으면 에스프레소의 추출이 빠른 것이다.
③ 크레마는 많을수록 무조건 좋은 것이다.
④ 과잉추출의 크레마는 짙거나 어두운 색을 띤다.
⑤ 크레마의 색이 옅은 에스프레소는 추출수의 온도나 압력이 적절하지 않은 경우이다.

8. 다음 중 좋은 크레마(Crema)가 가지는 특징으로 옳지 않은 것은?
① 전체적으로 윤기가 돈다.
② 흰색 반점이나 기포가 있어야 한다.
③ 농도가 짙고, 부드러우며 균일해야 한다.
④ 가장 좋은 빛깔은 붉은 빛이 감도는 황금색이다.
⑤ 적정한 두께는 약 3mm 정도이다.

9. 다음 중 카페 에스프레소 평가 시 고려할 사항으로 옳지 않은 것은?
① 신맛, 쓴맛, 풍미 그리고 향기의 조화가 필요하다.
② 크레마의 색과 농도, 지속성의 평가는 신속히 평가하는 것이 필요하다.
③ 카페 에스프레소의 가장 중요한 점은 추출시간이다.
④ 목으로 넘기고 난 후의 느낌이 깔끔하면서도 좋은 여운을 오래 남길 수 있어야 한다.
⑤ 촉감은 풍부하면서 부드럽고 매끈해야 한다.

10. 다음 중 적절한 에스프레소 커피 잔에 대한 설명으로 옳은 것은?
① 열전달이 빠른 재질을 이용하여 만들어진 잔이어야 한다.
② 형태는 바닥이 넓고 높이가 높은 것이 적합하다.

③ 공기와 접촉하는 면을 최대화하기 위한 잔이 좋다.
④ 반드시 도자기 잔이어야 한다.
⑤ 두께는 얇은 것이 좋다.

11. 다음 중 실기시험 복장에 관한 설명으로 옳지 않은 것을 고르시오.
① 향수를 뿌리지 않는다.
② 흰색 블라우스에 어두운 색 하의를 입어야 한다.
③ 정확한 조리 시간을 위해 손목시계를 차야 한다.
④ 귀걸이, 반지 등의 액세서리는 착용하지 않는다.
⑤ 매니큐어는 바르지 않아야 하며, 손톱은 짧게 정리한다.

12. 다음 중 실기시험의 조리시간으로 옳은 것은?
① 5분   ② 10분   ③ 15분
④ 20분   ⑤ 25분

13. 다음 중 실기시험에서 심사위원의 행동으로 옳지 않은 것은?
① 커피 향을 가리므로 향수를 뿌리지 않는다.
② 심사 전 자극적인 음식은 먹지 않는다.
③ 시험 중에는 시험과 관계있는 최소한의 행동만을 한다.
④ 응시자의 질문에 대답을 해서는 안 된다.
⑤ 응시자의 커피 맛에 따른 표정변화를 보이지 않는다.

14. 다음 중 실기시험의 합격 제한 점수로 옳은 것은?
① 50% 이상   ② 60% 이상   ③ 70% 이상
④ 80% 이상   ⑤ 90% 이상

15. 다음 중 실기시험 중 행주가 바르게 사용되지 않은 상황을 고르시오.
① 잔을 뜨거운 물로 데운 후 닦는다.
② 우유나 커피를 흘렸을 때 닦아 낸다.
③ 물기가 없도록 쟁반과 찻잔받침을 닦아 낸다.

④ 젖은 행주로 바 테이블을 청소한다.
⑤ 스팀노즐 사용 후 묻어 있는 우유를 닦아 낸다.

정답

1.③ 2.⑤ 3.⑤ 4.④ 5.⑤ 6.⑤ 7.③ 8.② 9.③ 10.④
11.③ 12.② 13.④ 14.② 15.④

참고문헌

커피가 돌고 세계사가 돌고(우스이 류이치로 저/ 김수경 옮김)
올 어바웃 커피(윌리엄 H. 우커스/ 박보경 옮김)
커피 인사이드(윤대준 저/LION)
네이버 지식백과

저자소개

■ 이 강 일
- 숭실대학교 외식경영학과 석사
- 숭실대학교 경영학 박사

  현) 숭실대학교 경영학부 겸임교수
  　　동작구 도시재생센터 자문위원
  　　Jeong F&B 대표

■ 강 영 욱
- 경희대학교 관광경영학 석사
- 세종대학교 호텔관광경영학 박사
- 호텔1급 지배인 자격(한국관광공사)
- 리츠칼튼 호텔 근무

  현) 강동대학교 창업경영과 교수
  　　국제관광산업학회 이사
  　　한국산업인력공단 주주기능사 심사위원
  　　C&W 문화연구원 식음료부문 심사위원

■ 김 동 준
- KOV Grand Commandeur
- 경희대학교 호텔경영학 석사
- 가천대학교 호텔외식 박사
- 쉐라톤워커힐호텔 지배인 역임
- 호텔등급심사위원(한국관광공사)
- (사) 대한관광경영학회 부회장
- (사) 한국 엔터테인먼트 산업학회 부회장
- (주) 스메쉬 엔터테이먼트 대표이사

  현) 영남이공대학교 호텔관광전공 교수

■ 김 종 윤
- (주) 대상 커피사업본부 기획팀장
- (주) 로즈버드 영업본부장
- C&W 문화연구원 식음료부문 심사위원
- 고양여성인력개발센터 창업부분 전임강사
- NCS 커피창업실무, 강사

  현) 지니컴퍼니 카페 마로네 프랜차이즈 대표

■ 백 주 현
- KOV Commandeur
- Treasurer of FICB(Fédération Internationale des Confréries Bachiques) Korea
- 제주관광대학교 겸임교수
- 한국와인기사문화협회 이사
- (사)한국평생능력개발원 자격평가 심사위원
- CHA, American Hotel Association.
- World Barista School 운영위원장 역임
- ABC뉴욕제과 · 아비치로마 · F&B사업부 총괄본부장

  현) 한국커피&와인문화연구원장

■ 강 희 석
- 동국대학교 관광 · 호텔경영학 학사 졸업/호텔경영학 석사 졸업
- 경기대학교 호텔&외식 전공 관광학 박사
- 한국관광공사 호텔등급심사위원 역임

  현) 한국엔터테이먼스산업학회 상임이사
      한국관광레저학회 정회원
      한국조리학회 산학 부회장
      한국호텔경영인협회 호텔컨설팅 이사
      한국관광서비스학회 이사
      고객만족서비스관리사 자격검정위원
      한국조리사협회중앙회 경북지부 이사
      한국호텔관광연구원 부원장

커피 바리스타 이론과 문제

2018년 2월 28일 초 판 발행
2024년 1월 31일 2판 1쇄 발행

저 자 이강일 · 강영욱 · 김동준 · 김종윤 · 백주현 · 강희석
발행인 한인환 · 한재성
발행처 도서출판 **기문사**
등 록 1978. 8. 9. NO. 6-0637
주 소 서울시 동대문구 안암로 50-1(용두동) 홍신빌딩 3층
전 화 02) 2265-7214/922-8662~8663
팩 스 02) 922-8772

homepage : www.kimoonsa.co.kr
e-mail : book@kimoonsa.co.kr

ISBN : 978-89-7723-977-7 03170

정가 : 18,000원

저자와의
협의하에
인지생략

● 불법복사는 지적재산을 훔치는 범죄행위입니다.
　저작권법 제 97조의 5(권리의 침해죄)에 따라 위반자는 5년 이하의 징역 또는
　5천만 원 이하의 벌금에 처하게 됩니다.